经之策文化
www.wenjiebook.com Tel:010-82618157

工商管理经典译丛·财务与金融管理系列
Financial Management Series

资产保全
——概念与战略

Asset Protection
Concepts & Strategies for Protecting Your Wealth

杰伊·D·阿基森（Jay D. Adkisson）
克里斯托弗·M·赖泽（Christopher M. Riser） /著

世纪纵横 /译

中国人民大学出版社

序 言

作为一个确定的专业实践领域，资产保全计划出现的时间并不长。正因为如此，即使在处理最普通的情况时，不同的实践者之间也会有各种不同的理论。在很少有或根本就没有确定的判例法来处理许多计划策略的情况下，两种理论可能看起来没什么差别，直到某种理论经受住了法律的严峻考验。由于当前在资产保全计划领域没有成形的案例，任何鼓吹一种特定理论的人都可能被当成天才或傻子——这完全取决于该领域中的其他人怎样看待那个理论。

虽然在某个特定的领域里可能没有判例法，但是一个曾上过法庭并站在法官面前，就一件有争议的案例与法官进行过讨论的律师可以推测法官可能会怎样看待某个特殊的策略。本书的一个主要目的是让人们对于法庭会怎样对待某些特殊的资产保全策略有一个印象——不管这些策略背后的学术性法律理论是什么样的。

20 世纪 80 年代末和 90 年代初，杰伊在许多存贷款案例中积累了追讨债务人和保护债权人的诉讼经验，这些经验对他来说很宝贵。他在 20 世纪 90 年代处理了一系列高难度的技术出口案例，打破了许多阻碍他的客户收款的国际结构壁垒，这些经验对他也大有裨益。在一个针对杰伊的诉讼案例中，他的许多反对方起诉他以及《休斯敦纪事报》（*Houston Chronicle*）和赫斯特出版公司（Hearst Publishing），告他意图在以通用的方式解决客户案例的过程中谋取大量的财产。虽然对杰伊的起诉最终被法院驳回，但是这促使杰伊开始考虑应该如何保护自己的资产。

当资产保全计划在 20 世纪 90 年代中期成为一个热门的专业实践领域时，杰伊实际上已经打过好几次针对这方面问题的官司了，而其他规划师在这方面还仅仅处于理论研究阶段。他建立了第一个资产保全信息网站，发布了许多广为流传的资产保全技巧和理论，包括被广泛认同的理论：美国法官没有权力对在国外建立了外国资产保全信托的美国人做出不利的判决。在 20

世纪90年代后期，当克里斯（Chris）开始将注意力从不动产计划和税收实践转移到资产保全计划时，他把杰伊和其他资产保全领域中的思想家当成了他的导师。在阅读了成千上万的研究报告和进行了大量离岸研究后，克里斯相信杰伊和其他少数人是正确的。

作为美国律师协会资产保全计划委员会（American Bar Association's Asset Protection Planning Committee）的会员、职业教育研讨会的**演讲者**、许多期刊文章及本书的作者，我们尽量对资产保全计划采取一种平衡的观点，而不是简单地重复天花乱坠的宣传（这种宣传已经使越来越多自称资产保全专家的人成了有钱人）。一个简单的事实是，资产保全计划与任何其他的法律计划是一样的。这世上没有防弹计划。为了让资产保全计划起作用，你必须能正视法官并且诚实地声称你对计划师的能力有信心。这些计划师分析你提供的信息，给你健全的专业意见并使你的个人、财务和商业计划合法化的过程中，要遵循这些意见。然而，这很难做到。例如，你的计划师的另一个客户去年可能在法庭上受到嘲笑，并被投入监狱，或者你的计划师可能同时也因为帮助其他人逃税和洗钱而被起诉。好的资产保全计划需要最好和最有声誉的律师，这些律师必须受到严格的培训，有相关的经验。这些律师会欢迎棘手的问题，甚至欢迎别人提出建议。我们希望这本书能够起到一定的作用，说服计划师和客户抛弃那些已经过时的策略。而且，我们希望这本书能鼓励计划师和客户能像在其他领域一样，一起继续把资产保全计划当成一个实践领域，并在规则允许的范围内制定资产保全计划。

目 录

第1章 绪论 ·· (1)
　　错误的转折点 ·· (1)
　　资产保全的定义 ·· (3)
　　资产保全计划 ·· (4)
　　领先债权人一步 ·· (5)
　　避开地雷 ·· (7)

第2章 资产保全是什么? ·· (10)
　　资产保全是关于什么的? ··· (10)
　　面对不名誉的因素 ·· (11)
　　资产保全和法律 ·· (12)
　　资产保全和法律风险管理 ··· (14)
　　资产保全和保险 ·· (15)

第3章 资产保全的道德问题 ··· (17)
　　资产保全与商业关系 ··· (18)
　　资产保全与受托人 ·· (19)
　　资产保全与离婚 ·· (20)
　　道德问题的应用 ·· (21)
　　作为最终裁决人的资产保全规划师 ··· (22)
　　"完美的城堡"真的如此完美吗? ·· (22)

第4章 资产保全的目的 ·· (24)
　　有利于和解的心理状态 ··· (24)
　　巧妙性 ··· (25)
　　创造进攻的机会 ·· (26)
　　转移 ··· (26)

整体性 ··· (26)
　　限制 ··· (27)
　　灵活性 ··· (28)
　　冗余和多样性 ··· (28)

第5章　资产保全诉讼 ··· (30)
　　资产保全与保密 ··· (31)
　　特权与豁免权 ··· (32)
　　宣传者的市场营销资料 ··· (33)
　　规划师的责任 ··· (33)
　　突破传统思维还是固守传统思维 ····································· (35)

第6章　欺诈转让和破产理由 ··· (37)
　　《统一欺诈转让法》 ·· (38)
　　欺诈的标志 ··· (40)
　　美国联邦和州破产法 ··· (40)
　　什么是"可接受的"破产前计划？ ···································· (42)
　　曾被提议的破产改革立法 ·· (42)
　　破产中的刑事问题 ·· (43)
　　案例研究：重新看待斯蒂芬·J·劳伦斯的案例——刚出狼窟，又入虎穴 ··· (43)

第7章　离岸计划 ··· (46)
　　离岸计划与法律的冲突 ··· (48)
　　未被记录的离岸账户的危险 ·· (48)
　　遣返与藐视 ··· (50)
　　离岸银行 ·· (51)
　　离岸恶名 ·· (52)
　　离岸税收计划 ··· (52)

第8章　资产保全的方法 ··· (54)
　　裁决权方法 ··· (55)
　　集成方法 ·· (56)
　　分别处理与分离方法 ··· (56)
　　机会转移 ·· (58)
　　结构的方法与转移的方法 ·· (59)
　　挑战分析 ·· (60)

第9章　法定免除计划 ·· (63)
　　房产免除 ·· (64)
　　其他的免除条款 ·· (65)
　　改变居住地 ··· (66)
　　退休金计划 ··· (67)
　　高级计划 ·· (70)

第 10 章　抵押 ·· (72)
　　商业资产剥离 ·· (73)
　　受控的资产剥离 ·· (74)
　　受控的债务融资 ·· (75)
　　暂时的资产剥离 ·· (76)
　　交叉担保协议 ·· (76)
　　剥离其他资产 ·· (77)

第 11 章　资产保全信托 ······································ (79)
　　信托的定义 ·· (79)
　　不动产冻结 ·· (80)
　　离岸信托的大规模销售 ······································ (81)
　　自行设立的规定受益人不得自由处理的信托 ···················· (82)
　　信托与放弃控制 ·· (82)
　　生存信托 ·· (83)
　　虚假信托 ·· (84)

第 12 章　规定受益人不得自由处理的信托和可自由决定的信托 ···· (85)
　　基本概念 ·· (85)
　　规定受益人不得自由处理的信托 ······························ (86)
　　可自由决定的信托 ·· (87)
　　指定受益人的权力 ·· (87)
　　朝代信托 ·· (88)
　　受益人控制的信托 ·· (89)
　　信托与《统一欺诈转让法》 ·································· (90)

第 13 章　美国国内资产保全信托 ······························ (91)
　　美国国内资产保全信托机制 ·································· (92)
　　美国国内资产保全信托的局限 ································ (93)
　　美国国内资产保全信托与遣返命令 ···························· (94)
　　美国国内资产保全信托与外国资产保全信托 ···················· (95)
　　其他潜在的缺点 ·· (95)
　　什么时候使用美国国内资产保全信托？ ························ (97)

第 14 章　外国资产保全信托 ·································· (99)
　　什么是外国资产保全信托？ ·································· (99)
　　外国资产保全信托/家庭有限合伙企业结构 ···················· (100)
　　离岸信托的蓬勃发展 ······································· (101)
　　外国资产保全信托的优点 ··································· (102)
　　外国资产保全信托的控制问题 ······························· (103)
　　外国资产保全信托的缺点 ··································· (104)
　　外国资产保全信托在规划中的作用 ··························· (107)

第15章　外国信托控制 (109)
- 托管人协议 (110)
- 机构托管人 (112)
- 信托监管安排 (113)
- 私人信托公司 (114)

第16章　股权结构介绍 (116)
- 对负债的限制 (118)
- 关于公司的壳 (118)
- 揭破面纱 (120)
- 董事与高级管理者的负债 (121)
- 债务融资的优点 (122)
- 公司股票期权 (123)

第17章　美国国内公司 (124)
- 特拉华州的《一般公司法》 (124)
- 公司与破产隔离实体 (125)
- 选择成立的州 (126)
- 债权人的权利 (127)
- 专业公司 (128)
- 外国公司的注册 (128)
- 内华达州的公司 (129)

第18章　外国公司和国际业务公司 (131)
- 国际业务公司 (132)
- 不记名股票 (133)
- 其他的股权结构 (134)
- 受控的外国公司 (134)

第19章　抵押令保护实体 (136)
- 合伙企业 (136)
- 有限责任公司 (137)
- 有限责任公司的历史 (137)
- 税收分类 (138)
- 有限责任公司与不动产计划 (141)
- 保护S公司的股权 (141)

第20章　美国国内抵押令保护实体和系列有限责任公司 (143)
- 英美法律中的抵押令 (144)
- 单一成员有限责任公司与抵押令 (144)
- 丧失抵押品赎回权 (145)
- 欺诈转让问题与有限责任公司 (146)
- 在破产中有限责任公司与有限合伙利益的特殊考虑 (147)
- 特拉华州系列有限责任公司 (148)

第21章　外国抵押令保护实体 ………………………………………… (151)
　　奇异实体 ……………………………………………………………… (151)
　　离岸有限责任公司 …………………………………………………… (152)
　　把离岸有限责任公司作为资产保全工具 …………………………… (153)
　　离岸有限责任公司的纳税问题 ……………………………………… (157)
　　英国有限责任合伙企业 ……………………………………………… (159)

第22章　管理公司、租赁公司和员工持股计划 …………………… (162)
　　管理公司结构 ………………………………………………………… (163)
　　离岸管理公司 ………………………………………………………… (164)
　　租赁公司 ……………………………………………………………… (165)
　　员工持股计划 ………………………………………………………… (166)

第23章　高级人寿保险和养老金策略 ………………………………… (169)
　　人寿保险 ……………………………………………………………… (169)
　　离岸私募可变通用人寿保险 ………………………………………… (170)
　　分期付款销售和养老金 ……………………………………………… (175)

第24章　受控的保险公司 ……………………………………………… (180)
　　保险公司经济学 ……………………………………………………… (181)
　　受控的保险公司结构 ………………………………………………… (182)
　　受控的保险公司与风险管理 ………………………………………… (183)
　　资产保全与受控的保险公司 ………………………………………… (184)
　　封闭型控股保险公司 ………………………………………………… (186)

第25章　其他先进方法 ………………………………………………… (188)
　　公司策略 ……………………………………………………………… (189)
　　迁移策略 ……………………………………………………………… (190)
　　赎回 …………………………………………………………………… (191)
　　贬值方法 ……………………………………………………………… (192)
　　延期交割金 …………………………………………………………… (192)
　　结构性金融产品 ……………………………………………………… (193)

第26章　特殊的情形 …………………………………………………… (195)
　　房地产开发商 ………………………………………………………… (195)
　　公司董事 ……………………………………………………………… (196)
　　企业所有者 …………………………………………………………… (196)
　　内科医生 ……………………………………………………………… (197)
　　整体计划 ……………………………………………………………… (199)
　　补救和计划过程 ……………………………………………………… (200)
　　结束语 ………………………………………………………………… (202)
　　索　引 ………………………………………………………………… (203)
　　译后记 ………………………………………………………………… (234)

第 1 章
绪 论

先让我们来看看斯蒂芬·J·劳伦斯（Stephen J. Lawrence）的案例。斯蒂芬·J·劳伦斯是一名金融衍生工具的交易者，他在1987年10月的股市崩溃中破产了。不仅公司倒闭了，他的个人财产也因为证券公司贝尔史登（Bear Stearns）对其保证金的追讨而受到损失。在多年努力私下解决纠纷但均告失败后，贝尔史登开始着手通过仲裁程序要回劳伦斯所欠的保证金。

这个案例是一个纯粹的民事债务纠纷。如果劳伦斯在仲裁中败诉，最坏的结果是被判归还欠贝尔史登的钱。但是由于劳伦斯想到了一个"巧妙"的小计划，贝尔史登很可能无法取回全部保证金。劳伦斯可以在佛罗里达州购买一座昂贵的房子并且迁居到那里。佛罗里达州宽松的房产免除规定（homestead exemption）可以使贝尔史登无法收取房子和财产来抵债。确实，很多年来，佛罗里达州的房产免除规定保护了很多债务人的财产，这些债务人犯的罪比没有缴纳保证金要严重得多。

虽然房产免除规定被广泛应用而且非常简单，但是它对劳伦斯来说并不是惟一可以选择的资产保全方法。许多州的法律还可以保护**人寿保险金**（life insurance）、**年金**（annuity）和**退休金计划**（retirement plan）。虽然这些金融产品不是万无一失的，但它们一样能保护劳伦斯的资产，而且是完全合法地提供保护。

错误的转折点

尽管有房产免除规定这个保护措施，1991年初，在仲裁判决的前几个星期，劳伦斯还是决定采取更激进的措施。简单地说，他将所有的流动资产都转移到国外（也就是贝尔史登所能控制的范围之外）交给一个离岸资产保全信托公司。刚开始，这个信托公司是根据泽西岛的法律建立的。泽西岛是英国在英吉利海峡的一个保护国。1个月后，劳伦斯显然觉得泽西岛还不够远，他又将资产转移到毛里求斯，一个位于印度洋的小岛国。

当时普遍使用的资产保全理论，要求贝尔史登的律师了解这家离岸信托公司，并弄清楚他们的委托人永远不可能得到信托公司的任何资产。因此，按照这个理论，贝尔史登要么放弃诉讼以避免进一步的诉讼费用，要么就得不偿失。

劳伦斯预感到仲裁会对他不利，而这个预感成真了。裁决结果是在劳伦斯将他的资产转移到国外几个星期后宣布的。多年来，贝尔史登一直试图通过法律手段控制劳伦斯的资产，包括那些转移到离岸信托公司的资产。1997年，劳伦斯申请破产保护，希望将贝尔史登的债务一笔勾销，并最终让讨债的律师永远远离他的生活。

很不幸，劳伦斯和他的顾问在预测联邦破产法庭的审判结果时，犯了可怕的错误。由于太过高明的国外信托策略以及逃避回答与信托公司和自己的资产相关问题，劳伦斯被判藐视法庭并入狱多年。而且，在破产过程中他的债务也没有被免除。本来劳伦斯只是遇到一场纯粹的民事纠纷，只会导致金钱上的损失；但是由于涉及外国资产保全信托公司，结果演变成多年的监狱生活，和一个可能永远也不会撤销的判决。

劳伦斯是怎样陷入这个可怕结局的呢？资产保全的大师们在众多全国性的研讨会上声称那些外国资产信托公司是"不可战胜的"，贝尔史登的律师难道没有看到这些详细分析吗？难道贝尔史登不知道即使试图惩罚一个人也是愚蠢的吗？为什么劳伦斯不能指着联邦破产法庭的法官，告诉他法庭将对外国资产保全信托公司无能为力呢？很明显，所有这些都是航空公司的杂志上刊登的资产保全广告所承诺的结果。

劳伦斯的案例不是外国资产保全信托公司失败的第一个案例，也不是后果最严重的案例。此外还有，一对圣迭戈夫妇，迈克尔（Michael）和德尼斯·安德森（Denyse Anderson）在一个电话推销案中被美国联邦贸易委员会（Federal Trade Commission）逮捕后，因为拒绝将他们的钱从库克群岛的资产保全信托公司转移回来而被判入狱。内华达州联邦地区的法院审判员劳埃德·乔治（Lloyd George）以藐视法庭罪判安德森入狱6个月。在这段时间内，许多资产保全专家发表意见，认为应该立即否定审判员乔治的判决。然而，联邦上诉法院第九巡回审判庭非常赞同判处安德森藐视法庭罪和入狱的判决，认为这是强迫债务人将资产从离岸信托公司转移回来的一种适当的手段。

在后来的案例中，法院用"安德森赔偿"来对付债务人的离岸信托手段，这已经成了一种惯例。有些债务人忍受着数年的牢狱之苦，拒绝将资产从离岸信托公司转移回来；有些债务人则在监狱里待上几夜后便马上同意将资产转移回来；有些债务人由于进行了离岸信托，面临着被控破产欺诈的威胁。随着债权人越来越咄咄逼人，债务人的资产保全规划师也因为参加此类计划而面临着民事共谋（civil conspiracy）或类似罪名的指控。

安德森和劳伦斯的案例使资产保全的神话破灭了——在20世纪90年代很流行的资产保全模式。外国资产保全信托公司无法实现它在法律出版物及研讨会上所允诺的结果，这使人怀疑用资产保全计划来减少将来被裁决的风险的整个设想是不是存在问题。许多委托人意识到：他们被离岸信托大师的允诺误导了。他们开始寻找健全的资产保全方法，这些方法必须有效，并且不会使他们进入监狱。

到 2002 年，两份专门介绍资产保全计划的专业杂志停止出版了。这两份杂志是《资产保全期刊》（Asset Protection Journal）和《资产杂志》（Journal of Asset），都是在离岸信托发展的鼎盛时期出现的。斯蒂芬·劳伦斯由于在毛里求斯的信托行为仍然待在监狱里，并且至少还有 6 个被告也被送进了监狱，他们同样对离岸计划抱着不切实际的希望。然而，资产保全计划的推广进入了高速发展时期。规划师们仍然在推销离岸信托和其他令人怀疑的计划，即使这些计划存在不足之处，而且还遭到法官和法律学术界的强烈批评。

资产保全错在哪儿了？

资产保全的定义

在离岸信托蓬勃发展之前的几个世纪里，债务人已经开始运用比较传统的策略来保护资产免受债权人的侵害，并取得了相当大的成功。在很多年里，诉讼和破产律师都利用州和联邦的免除规定、公司制与合伙制、资产剥离、交叉担保和其他有创造性的债务融资技巧合法并成功地保护了客户的大量财产。离岸信托带来的不是得到证明的有效方法，而是国外的营销狂潮。资产保全突然被看成一个"新的"实践领域，但事实上根本不是这样的。

自从一个野人从另一个野人那里借了一把斧头而没有还回去，债权人就一直在追讨债务人。关于资产保全的标准案例是特怀恩的案例（Twyne's Case），这是由洛德·科克（Lord Coke）在 1601 年审理的一个英国案例，他是第一个指出"欺诈标志"的人，这些标志仍被美国的各个司法管辖区域用来判断资产转移是否属于欺诈行为（更多关于欺诈标志的信息参见第 6 章）。不论好坏，联邦政府采取了一项自由破产政策，允许债务人在勾销债务的同时保留一些资产。所有的州都采用了在某种程度上保护核心资产（例如个人的房屋或人寿保险单利息）的法令。不幸的是，这些保护措施鼓励债务人利用这些规定，在法令允许的范围内保护尽可能多的财产。债务人计划，无论叫什么名字，从那时开始就一直是法律计划的一个领域。

资产保全的"新"在于它提出了一个概念：将一个特定的实践领域出售给富有的客户，以此来减轻他们对潜在的"掠夺性原告"（predator plaintiffs）的恐惧和对即将分手的配偶瓜分他们物质财产的担忧。然而，作为一个法律学术问题，还没有一种可以识别的法律条文能作为资产保全的法律依据。我们阅读法令条文或法律摘要时会发现，没有哪个部分或章节被命名为"资产保全"。法庭上的案例，除了公然帮助客户隐藏资产的发起人使用的宣传资料外，也很少提到资产保全。那什么是资产保全呢？

实际上，资产保全是一种风险管理计划，这个计划可以阻止潜在的诉讼发生，或者为客户提供最为有利的解决方案。要管理的风险是法律风险，这些风险可能会使客户在诉讼中失去财产。这本书的目的就是讨论能够适当地达到这些目的的工具以及其他不合适的做法。

资产保全计划

资产保全计划就是构造一个合理的故事讲给法官或陪审团，而正是法官或陪审团可以决定被保护资产的最终命运。的确，有一些相关的法例、法规、条例和通告可以被找到，但是所有这些都要在一个由特定事实构成的背景中应用。整个英国普及的法律就是一个由法律记录员收录的富含现实性观点的故事集。当一个律师陈述她的开场白、展示证据并进行结案陈词时，她都是在讲述那个案例的故事。当法官总结案例时，他是在复述那个故事。诉讼就是在可证明的事实基础上竞相讲述故事。

本书自始至终都在强调讲好故事的重要性，它是资产保全的一个关键部分。拥有一个好的故事是诉讼计划的基础。如果一个读者看完这本书后什么也没有学到，他至少也应该知道一个资产保全计划文件应该摆出哪些事实。这样的话，一旦计划受到挑战，它就可以真实地讲述一个好的故事。

资产保全计划就像是为一场盛大的戏剧写剧本。好的计划有助于产生好的结果。这个故事必须将客户置于这样的位置上：当法官或陪审团做出对客户有利的裁决时，它将是这个故事惟一符合逻辑又公平的结论。资产保全基本上是诉讼前计划。一项资产保全计划就是要给后来评估它的法官或陪审团看的，而且要让他们从中得出有利的结论。但自相矛盾的是，故事总是与资产保全无关。虽然有明显的例外，例如法定的豁免和代价高昂的信托（分别参见本书第 9 章和第 12 章），但是法律一般不赞成资产保全。债务人没有固有的权利保护他们的资产免受债权人的侵害，除了州法律或联邦破产法提供给债务人的一些非常有限的豁免。虽然不能将债务人扔到大街上，让他们和亲戚一起住或者去收容所（有些州法律允许），也不能剥夺债务人的退休金（安然公司破产之后，许多人认为至少对犯错误的公司首脑应该这样做），但法律对一般债务人提供的保护的确很有限。事实上，最近关于修改破产法的提议将在很大程度上限制房产免除规定和其他州的法律免除规定。

法官一般也不愿意允许债务人保护自己从而逃避法庭做出的裁决。原因很简单：法官希望他们的裁决生效。而且他们意识到：债务人在尽量使这个制度对他们有利。因此，追账诉讼的免除规定通常被解释得非常陕狭。许多法官也表示：反对扩展有利于债务人的理论，他们也反对过分热情地取消阻止他们的裁决生效的理论。

于是，和许多避税手法试图利用税法疏漏一样，许多资产保全措施也借助法律疏漏来达到目的：利用法令的不确定结果和法院的其他法规。例如我们将在第 19 章看到，当前的资产保全措施可能包括利用指令保护的手段达到保护目的。这种保护将阻止特定商业利益所有者的债权人得到企业资产，以及获得对商业利益的投票控制权。相反，债权人只能让法院下令收取债务人对债务的利益，这意味着债权人将得到债务人分配到的所有利益。如果负责这种分配情况的人从来没有做过这方面的工作，那么债权人的运气就可能很糟。本来，这种保护措施是用来保护非债务合伙人无需承担企业中其他合伙人的债务的。可以主动要求指令保护这个事实可能会导致无法预料的结果，然而资产保全计划师追求的正是这种不确定性，并且试图在资产保全计划中利用它。

领先债权人一步

资产保全也是一场比赛。在这场比赛中，老谋深算的债务人扮演着龟兔赛跑中兔子的角色，债权人则扮演着乌龟的角色。由于诸多原因，债务人常常领先债权人很多步：（1）债务人会不断尝试新方法来保护资产，而债权人必须去识别那些方法；（2）债权人必须设计一些战胜债务人的方法；（3）债权人必须说服法院或立法机构，让他们相信债务人的策略从根本上是与国家政策相对立，从而应该被禁止的。因此，资产保全是一场创新派与顽固派之间的持续斗争。

从债务人的资产保全角度来看，发现有效策略是一个不断前进的目标。今天可以保护资产的方法明天也许就无效了。如果没有经过足够长的时间，就很难实行能够得到法院认可的"资产冻结"。即使时间过去很久，法院或立法机构的变化也会使一项资产保全策略失效。这与税收和不动产规划有很大的不同，后者适用的法律是一项特定交易发生在当天的法律。美国国税局（Internal Revenue Service，IRS）或州税务当局不能用后生效的法律追溯以往的行为责任。但是在资产保全案件中，法官对债权人的宽泛解释却可以这样做。因而，建立的计划和结构必须很灵活，要考虑到法律的改变，并且规划师必须定期修改计划，以确保他们的策略在当前的法律下对他们的客户仍然适用。

因为债权人追逐债务人的法律环境一直在变化，所以资产保全策略可以分成3大类。第1类是**效果已知的**，包括那些很容易识别，并且根据当前的法律可以明确判断有用或没用的策略。例如我们知道，如果债务人在裁决的前1天晚上将他的资产以1美元的价格卖给他的兄弟，那么债权人就会怀疑债务人的资产，认为他会放弃资产的所有权并在第2天同样以1美元的价格买回他的资产，那么这种转移可能被取消而不会生效。另一方面，在一些拥有有效的房产免除规定的州，债务人可以用可能被用来偿还债权人的现金购买房子，而法律将保护房子——这增加了债务人的权益，这种权益可以不受债权人支配。

第2类是**效果受到置疑的策略**，包括那些已经被当成资产保全策略但法律还没有定论的策略（这在资产保全推销者的营销资料中非常常见）。通常这类策略在一开始是有用的。然而，债权人的律师会运用一个又一个的创新理论来否定它们。最后，会出现一项法律条文，否定或肯定这种策略在特定条件下的效果。

没有一项完美的策略可以一直保护所有的财产。即使被看成债务人最强堡垒的免除规定也会遇到例外。例如，你不能在阿拉巴马州抢劫一家银行，越过边境，然后用这些钱在佛罗里达州买一栋房子，并希望房子得到保护。近年来，美国国会计划大幅度改变破产法规，这将在很大程度上限制许多以前被认为是神圣不可侵犯的州房产保护法。因为没有一种策略可以在一切情况下保护所有的债务人，所以根本不会有完美的策略。研讨会的演讲者经常提到"防弹的"资产保全策略，在现实生活中也可以看到这些策略。优秀的资产保全规划师会利用已知的还没有被债权人击败的策略和那些还没有被发现的策略。

第 3 类是**创新前沿的策略**，包括还没有被当成资产保全策略的新的独创策略，以及还没有成为研究对象的策略。在特定的情况下，第 3 类策略可能完全被债权人忽略。然而，即使债权人确实怀疑某项创新是资产保全策略，她也无法利用先前的案例或经验突破这项策略。

在资产保全计划中有一句格言："新的就是好的"，这是因为新策略可能还没有被当成资产保全策略。因此，第 3 类策略比第 2 类策略要有效得多，但是任何第 3 类策略在经常使用后都会变成第 2 类策略。资产保全计划必须足够灵活，从而使每个开始采用一项特定策略的人都可以再次把这次计划变成创新的计划来处理。

最好的资产保全策略是 3 类策略的组合，特别是第 1 类策略中被证明有效的工具和第 3 类策略中创新工具。当然，应该避免使用第 2 类策略中的风险工具。那是以资产保全名义做的最差的计划，经常给客户造成遗憾。

资产保全充满了难以置信的动态变化。没有一个解决方案能被广泛接受，很简单，这是因为最好的资产保全规划师一直在探索新策略和新技巧。而且，法律也在快速改变，因此即使在大范围内适用的策略也可能会失效。

这本书的主要目的不是介绍在今天、下一年甚至往后数十年仍然有用的策略或手段。相反，本书的目的是以深思熟虑和实践的眼光来考察资产保全计划如何实现，以及在一般和特殊的情况下如何制定策略。

同样，这本书也不是为了详细分析某种资产保全策略的税收处理。因为税法比债权债务法改变得要快得多。本书最大限度仅能够让读者对税收影响有个大致的了解，并指出规划师在实施资产保全措施时需要进行的独立研究。

遗憾的是，一项不良的资产保全策略很难消失，并且在它失效后（如果它曾有效过）很久都还会有人支持它。这往往是因为不良策略的宣传者的名声会因此遭受损害。他们即使被扳倒，也仍然是被攻击的对象。资产保全策略经常是建立在纯理论基础上的，因此，理论经常和策略本身一样受到宣传。所以不论提供者是否意识到，宣传者都是把他的专业名声押在了他推销的策略背后的理论上。如果理论在法庭上被否认、没有通过立法或因为其他原因失效了，提倡者的名声也会随之消失。规划师不愿向好不容易拉来的客户承认自己错了。所以，宣传者会出于纯粹的私心而继续推销他的理论并否认理论上的缺陷，掩饰理论的失败会给客户带来损失，但宣传者不会给其他规划师趁火打劫的机会。显然，不良的理论在未经受住法院的考验夭折后，仍然会被推崇很长时间。本书的另一个目的就是揭露已被证明是失败的资产保全理论，并分析它们为什么失败以及为什么即使被证明失败后却仍然被宣传。

避开地雷

多年来，我们看到许多资产保全的宣传者出现，而后又消失。离岸计划在20世纪90年代后期蓬勃发展起来，导致杰尔姆·施奈德（Jerome Schneider）的书大量出现，这些书都力赞离岸计划的保密功能以及太平洋小岛上的私营银行的种种好处。离岸计划的盛行也带来了马克·哈里斯（Marc Harris）所极力提倡的网络营销。他在巴拿马的哈里斯机构（Harris Organization）承诺：提供折扣价格的离岸基金和共同基金。多年以来，就是这些人和其他宣传者主导着资产保全领域，在便宜且完全保密的基础上给大众提供资产保全和"税收减免"的服务——至少在一段时间内是这样的。

马克·哈里斯涉足离岸市场数年后，因为损失了大约2 000万美元的客户基金而变成了一个逃亡者。他最终被引渡回美国并且被指控洗钱和共谋等16项罪状。同时，著作丰富的施奈德也同意承认一项共谋罪，作为交换条件他同意与美国联邦检察官办公室（U. S. Attorney's office）合作，调查他以前的客户。然而，即使施奈德与法院达成了认罪协议，那些想尝试离岸计划这种骗人的把戏的人仍然可以很容易地买到施奈德的书。

对那些寻找优质计划的人来说，威望和专业许可证也不能让他们完全放心。总部位于盐湖城的梅里尔·斯科特法律公司（Merrill Scott & Associates）通过在豪华生活杂志上做税收减免和资产保全广告赢得了大量客户。该公司以提供积极的离岸人寿保险和年金合同计划来为客户服务。对于它们的客户来说，很不幸的一点是这家公司还控制着那家离岸人寿保险公司和投资。上百万美元的客户资金被客户送到国外当做"养老用的储蓄"。结果这些资金都消失了，同时该法律公司和它的附属机构也都破产了。

在这些类似的离岸计划大师开始一一遭遇失败之前，美国国税局就已经成功地查询了成千上万的美国公民的离岸信用卡记录，并将这些信用卡账户与成千上万个姓名保密的离岸金融账户一一对应起来。由于美国在大部分离岸港口都强制执行了"互相协助"条约，所以执行这项任务变得容易了很多。就这样，美国杜绝了"离岸保密"成为有效计划的这种可能因素。

对资产保全的宣传从遮遮掩掩发展为肆无忌惮。律师在全国奔走，召开关于家庭有限合伙和离岸信托的研讨会。在每次研讨会结束时，许多与会者都会蜂拥至研讨会后面的会议室，迫不及待地支付2 000美元，购买一个能为他们构造一个资产保全计划的工具包。当然，许多率先跑到研讨会场后面的热情购买者都是雇来的"托儿"——他们出现在每个研讨会上，而他们的支票当天晚上就会被撕掉。那些少数被吸引来并真正出钱购买这些工具包的参会者，要么是得到一个简单的内华达州合伙企业的帮助，而这些连一个平庸的债权人都对付不了；要么是得到一个由离岸信托公司给他们提供的保护模板，但他们要随时准备因避免被判藐视法庭入狱而不得不逃离国家。当那些"自己动手、丰衣足食"的购买者在不了解税收后果的情况下采用复杂的商业和资产保全策略时，这些工具包的惟一作用就是产生上百万美元毫无必要的税负。

在资产保全计划这条"食物链"的最底端，还有一些宣传者出售的"纯信托工具"很畅销。他们许诺，这些信托工具是无懈可击的。而许诺的根据则仅仅是美国《宪法》中的某些特定条款和 19 世纪初的一些模糊案例。宣传者错误地声称，所有美国最富有的家庭都使用了这种信托工具，并且还不用为这些信托工具缴纳任何所得税。那些购买这些信托工具的人真是不幸，因为美国国税局并不同意这种说法。美国国税局推出了一项立法提案，旨在将尽可能多的这种纯信托工具的鼓吹者绳之于法。到目前为止，美国国税局的确 100% 地阻止了这些纯信托工具的鼓吹者，但是无法阻止宣传者继续出售它们。的确，这些纯信托工具有时会通过多级市场营销机构出售给大众。

资产保全计划的多级市场营销并不局限在纯信托工具上。现在很多团体都在向没有受过法律教育或没有法律背景的人出售资产保全计划的发行人资格，而那些人便成了"资产保全顾问"，试图在大众市场中推销内华达州的公司。只要支票兑现了，这些特许经销商就可以得到进行资产保全规划的资格证书。他们对债务人—债权人法律或者对一个好的资产保全规划师必须知道的其他事情基本上一无所知。例如在对债务人的质问进行裁决后可能出现的情况或者复杂的商业安排的税收处理等问题上，他们都一窍不通。当顾客怀疑他们的计划时，宣传者早已卖出许多特许权，并且带着这些钱逃之夭夭，只留下惊讶的特许经销商们独自面对混乱的局面。

即使在有专业资格证书的专家中，也没有一个明确的标准来定义资产保全规划师。许多不动产律师挂出资产保全的招牌仅仅是因为这样似乎能赚取更多的费用。即使他们没有什么诉讼与催款的经验，至少他们的客户可以享受律师与当事人之间的特许保密权（attorney-client privilege），并且律师也有能力研究法律问题从而避免最差的情况出现。不幸的是，许多会计师在肤浅的假设下涉足资产保全计划领域，这个假设就是：因为他们理解资产保全策略的税务效应，所以也能理解它的法律效应。然而，尽管理解税收含义是使客户远离美国国税局骚扰的关键，但是却与资产保全计划的效果没有关系。一些重大的资产保全灾难就是由那些自认为理解与资产保全计划相关的非税收法律的会计师所造成的。

对不良宣传者的处罚一开始完全缺失（因为他们中的许多人在客户开始诉讼时已经消失了），而近年来的趋势是把他们当成民事共谋案件中的共同被告，因此不良宣传者必须对他们客户的债务承担共同责任。真正受到伤害的是客户，如果计划以合理的方式执行，他们本可以很好地保护自己。然而，钱在外国消失了，客户因逃税和破产欺诈罪被起诉，债权人不仅通过资产保全计划拿回了钱，而且还要求债务人支付他们为了打破债务人的保护结构而付出的额外成本。在这种情况下，客户最好的结果是与债权人打成平局，并且希望漫长的诉讼把债权人搞得筋疲力尽——虽然漫长的诉讼对债务人来说往往与对债权人一样成本高昂。

尽管资产保全计划可能相当具有创造性，但它也不是在真空中产生的。相反，在欺诈转让、破产、公司、合伙企业、合同、保险、税收和许多其他领域都存在着无数与之相关的法律。如果在做计划时没有充分考虑到这些领域，就会使计划的有效性大打折扣。资产保全计划很重要的一部分是避开为没有经验的客户和规划师设置的"地雷"。这本书的一个重要目的就是识别这些"地雷"并推荐可供选择的计划方法。

第 2 章
资产保全是什么？

资产保全意味着保护资产免受债权人的侵害。这看似一个相当明确的定义，其实它并没有说明资产保全在实践领域中都涵盖哪些内容。换句话说，资产保全可以更恰当地定义为诉讼发生前用来阻止其发生及促进双方达成协议的计划。资产保全的主要目标是在尽可能少地影响债务人的生意并在尽量减少财产损失的情况下，终止已有或潜在的诉讼。事实上，更确切地描述资产保全规划师的工作的词语是**财产维护**（wealth preservation），它不是要保护一个没有生命力的对象免受债权人的侵害，而是在较长的时间里保护财产不会在大量不可预见的情况下受到损失。

资产保全是关于什么的？

资产保全的目的不是保护某项资产，而是在诉讼之后能最大限度地保留住财富。人们往往在本来能够赚钱的时候被卷入诉讼。即使胜诉，也不算是胜利，因为他们没有集中精力去挣钱——简单地说，本来可以获得 1 美元的时候，他们却在争夺 1 角硬币。好的资产保全计划可以让被告很快摆脱诉讼或远离诉讼，从而实现有效管理，让客户可以用宝贵的时间来赚钱。

资产保全是**风险管理**（risk management）的一部分，而风险管理是一个更大的、非法律的概念。风险管理是一项力求保护客户免受未来潜在损失并包括多种活动的计划。预防由于市场波动而导致的财务损失的计划是财务风险管理的一部分。实施生产稽核来避免员工受伤、检验产品来减少安全问题与购买保险等都是风险管理的形式。

法律风险管理是风险管理这个大概念下的一个子集。法律风险管理的目的在于预测并阻止未来的法律问题以及有效地结束当前的法律问题。有效地结束诉讼通常意味着尽早达成解决方案。因此，推动解决方案早日达成是资产保全的一个主要目标。

面对不名誉的因素

　　许多人认为资产保全不是一种名誉的行为。毕竟，如果人们能轻易地偿还债务，就没有必要保护资产了。是不是这样呢？核心问题是，资产保全不是关于如何逃避债务的。更好的资产保全计划的重点是风险管理。如果资产保全规划师工作出色，最终计划将使客户能够回避风险，或者在风险确实出现以后，资产保全规划将抑制和管理这些风险，这就可以让客户很快地解决争端。

　　尽管如此，资产保全仍然被许多人看成是不光彩的，包括法官和陪审团。因此，让我们面对一个问题：为什么资产保全被认为是不光彩的呢？

　　1. 合法的债权人会遭受损失。资产保全计划一般不会区别善意的、公正的和恶意的、不公正的债权人。它们也没有考虑到如果受保护的客户犯了错误，他应该做正确的事来弥补这种情况。资产保全计划经常被用于保护犯罪或欺诈行为的不当所得，或者欺骗一位没有疑心的配偶，使其在离婚时放弃婚姻资产。资产保全的道德问题将在第 3 章进行更具体的讨论。

　　2. 资产保全计划在真正不光彩的离岸金融服务行业中存在着"连带犯罪"（guilt-by-association）的问题。虽然离岸部门在过去几年中在一定程度上被清理了不少，但人们仍然认为这些部门里充斥着贩毒者、洗钱者、欺诈者和逃税者。正如谚语所说："太阳为阴暗者而照耀。"因此，如果资产保全计划利用了离岸成分，例如离岸金融账户或离岸商业实体，许多人就会认为这个计划有污点。

　　3. 太多所谓的资产保全计划都依靠过度甚至强制性的保密条款。某些错误的事情必须继续，是不是这样呢？通常，答案是肯定的，因为许多资产保全计划其实是离岸税收逃避计划，这些计划的成功依赖于美国国税局没有发现它们。资产保全计划经常被用来掩盖离岸逃税计划，以至于许多起诉人很自然地把两者联系在一起。

　　4. 对资产保全计划的大量宣传，特别是对各种离岸信托的宣传，导致市场中流传着大量的谎言。事实上，采取了离岸信托措施的债务人根本不会在嘲弄美国的法官之后离开，真正这样做的人会因为藐视法庭而被送入监狱。在这方面令人不能容忍的索赔使法官对资产保全计划特别敏感，他们都非常愿意将离岸信托的财产托管者（settlor-debtor）押入监狱，直到他被迫交出离岸资产。因此，在选择资产保全规划师之前，要考虑到法官或陪审团将如何看待规划师的营销资料。

　　5. 因为资产保全行业（特别是离岸业务）过去总是与逃税行为纠缠在一起，所以，它吸引了太多肆无忌惮的、毫无道德可言的规划师妄图在这个行业中谋取不义之财。他们中的许多人乐于欺骗合法的债权人，甚至经常欺骗他们的客户，这些已经不足为奇了。

　　我们首次与离岸业务打交道是在 1988 年，那时我们正在追查一起律师涉及违法行为的案件。涉案的3位美国税收律师帮助一个客户设立了一系列的巴拿马公司来逃避美国的税收。但这些律师没有告诉该客户，他们是巴拿马银行的所有者，而这个客户的钱正是要存入这家银行，他们挪用银行的钱来满足他们的毒瘾和其他堕落行为。当离岸税收计划崩溃后，客户需要钱来支付税收、利息和罚款，但是该银行已没有可以使用的钱了，从而导致这个客户被迫破产。客户会得到一点点因为那些律师的违法行为而得来的保险费，随后这些保险费就直接进入美国国税局的口袋。

如果你认为自己可能需要资产保全，而这个想法又使你有点不舒服，那么你是正确的。资产保全的关键就是避免不名誉的行为，并以一种高尚的方式来执行计划。

资产保全和法律

世界上不存在关于资产保全的法律案例书。这个词在《美国法典》（U. S. Code）或州法令中都没有出现，在法律摘要中也没有出现，学校也没有相关的法律课程。现实世界中不存在资产保全的研究中心。所谓致力于研究资产保全的机构，基本上也只是营销机构。但是它们奇特的名字和会员资格给人一种错误的印象，使人们误认为有一些大型的科学研究中心好像在研究资产保全。

每年有许多关于资产保全的专业进修教育课程，课程的对象是律师、会计师和财务规划师。很遗憾的是，这些课程的授课者对于债权人—债务人诉讼没有任何的实际经验。通常，这些研讨会只是简单地起到论坛的作用，重复该领域里的其他营销主张，很少讨论和分析实际的诉讼前计划的理论或实践方法。

研究1990年以前的马丁代尔·哈贝尔（Martindale-Hubbell）全美律师名录你可能会发现，在所列出的成千上万的律师中没有资产保全方面的律师。今天，同样的研究会发现全美律师名录列出了几百名号称在资产保全领域里有经验的律师。其中许多是几乎没有任何实践经验的不动产规划律师和税务律师，他们把资产保全计划纳入他们的服务菜单中以便赢得更多的关注和销售更多的信托产品。然而，市场营销技能并不是诉讼经验的核心部分，诉讼经验的核心是在裁决后的资产听证会上和债权人的律师激烈地争辩，以及其他类似的活动。

在20世纪80年代和90年代早期，所谓的资产保全的核心往往是逃税，所以税法与资产保全之间还是有联系的——尽管除了对某些资产保全工具以及商业工具的使用存在着必须理解的税收分歧，税收计划和诉讼前计划之间没有什么联系。同时，经济实体对于资产保全计划和税收计划来说，都是一个非常重要的组成部分。甚至在当今，大的会计师事务所仍然会将有问题的税收交易伪装成资产保全计划，并试图在可疑的安排中加入非税收的性质。

会计师、税务律师和不动产律师都为拥有大量财富的客户提供有价值的服务。然而，有些善意的尝试者在参与资产保全计划时并不知道在诉讼中会发生什么。计划的采纳通常依赖于竞争者或受聘指导者的最新市场营销策略。通常，这个计划在已出现麻烦的征兆前就会失败。很不幸的是，这个计划会使客户陷入比没有实施任何计划更糟的情形。我们都听规划师说过，民事法庭必然会发现一些债权债务纠纷，因为这个问题的解决方法是为了税收目的。交易在税务上的处理不能控制它在《民法》上的处理。然而，债务人在提交纳税申报单（tax return）时申报的个人资产可能会成为一项不利于债务人的证据。这个不允许债务人介入的特殊证据只可能对债权人有利。

而且，除了有限的、仅涉及税收的问题，在其他方面都不存在会计师与当事人之间的特许保密权。当一项资产保全计划受到置疑时，债务人的会计师就有可能成为第一证人并说出他知道的每件事，因为他做出任何隐瞒都会面临着被判藐视法庭的危险。如果会计师与客户之间讨论过关于资产保全的问题，债权人就可以询问那些讨论的内容，并且把它们当成欺骗债权人的实际证据，从而提出强有力的欺诈转移的质疑。如果客户雇用的是律师就不会存在这种危险，因为如果计划本质上没有明显的欺诈或犯罪性，律师是不会揭露客户的秘密的。

很难理解为什么会计师或其他非律师人员愿意介入资产保全计划。如果非律师人员为客户起草的文件被作为计划的一部分，这很可能在大部分州都属于未被法律授权的行为，并且这些非律师人员会受到制裁。而且，会计师可能比律师更容易在与资产保全计划相关的民事共谋案件中成为被告。从传统上来说，律师可以介入诉讼前计划，而会计师则不然。会计师的职业责任保险费用中通常不包括为一起民事共谋案件而请辩护律师的成本和任何因此发生的裁决成本。

资产保全领域也充斥着资产保全制造厂，那里可以制造出成千上万份家庭有限合伙证明，每份只要2 000美元左右。再加1 000美元就可以与外国资产保全信托公司取得联系。这种情形的背后是：这些制造厂实际上是由打字员管理，他们用文字处理器制造出许多份信托文件；而与这些计划有关的律师则呆在餐厅或旅馆的会议室里，鼓动起下一批顾客对当前司法系统罪行的愤怒。恰巧的是，这些律师除了自己因为违法行为而被起诉的那次以外，从来没有上过法庭。这些制造厂的产品有明显的错误：例如使客户成为一个家庭有限合伙企业的一般合伙人，这可能会使债权人轻易地获得合伙企业的资产。

这些工厂散发的营销资料声称，在某个司法体系中成立的信托是债权人完全无法渗透的。这些论述不仅完全具有误导性，而且也导致了资产保全计划在美国法庭的不光彩形象。而且，它给那些想拥有合法、有效的资产保全计划的人带来了不合理的期望。

最后，还有使用多层离岸信托工具的、彻底的资产保全骗局，这些信托工具被某些多级市场营销团体极力推销。其中许多团体都是一些非专业团体。这些计划根本没有价值，它们的理论基础不堪一击，就像认为给喷气飞机再加两个翅膀就可以飞到月球的想法一样荒诞不经。只有当那些介入的人愿意在发现有麻烦征兆时逃离美国，逃到那些很难引渡回美国的地方时，这些计划才会"生效"。而且,这些工具提供的保护往往需要放弃合法的保护,来换得一些没有法院会承认的彻底疯狂的文件(当然除了非专业组织的限制议事法庭外)。

资产保全和法律风险管理

前面我们已经提到,资产保全是风险管理的一个子集:(1)资产保全是管理法律风险的一种方法;(2)当风险管理无法阻止风险出现并导致与金钱有关的判决时,资产保全可以提供额外的保护。这就是为什么资产保全被认为是实际计划的原因。当其他每件事都出错时,资产保全将是最后的防线。这并不意味着在客户可能会胜诉或者保险公司将帮助客户解决问题的情况下保护客户。资产保全计划是为最糟糕的情况服务的。大部分客户从来没有碰到这种最差的情形,在这种情形中资产保全会受到挑战。然而,如果完全没有计划,最差的情形会变得比实施了合适的计划时更悲惨。

资产保全需要许多法律和实践领域的专家。好的资产保全计划涉及各种学科。很少有人能具备最全面的资产保全计划所必需的全部技巧,一个人也不可能跟上所有法律领域的重要变化。最全面并且结构合理的计划一定是由各种学科的规划师组成的队伍合作制定的。

按重要性排列,好的资产保全计划涉及的法律领域依次为:民事诉讼法、商法、企业法、破产法、税法以及信托与不动产法。

民事诉讼法由审前准备程序、司法权限间的法律冲突、证据、特许保密权、审判实践、判决和赔偿等几部分组成。资产保全的本质是预测在某些特定情形下法官和陪审团会怎么做。如果没有经历过一些审判、耐着性子听完一些债务人的测验、阻止债权人在审判前扣留资产等,没有人能做出这些预测。很不幸,太多的资产保全规划师没有经过训练,并且没有与诉讼相关的实践经验。在制定资产保全计划时,不咨询有诉讼背景的规划师是不明智的。如果一个人对债权人或有敌意的法官可能问哪类问题都没有把握,他怎么能在预测规划中给出正确的答案呢?

商法的领域包括债权债务法、合同法和《统一商法典》(Uniform Commercial Code,UCC)。要制定好的资产保全计划必须利用在经济上合理的交易工具,并且这些交易工具必须可以合理地向法官或陪审团解释。这样有利于创造一个好的故事。《统一商法典》和《商法》几乎统治着机构间的商业贸易和这些贸易创造出来的担保利益。规划师需要理解由特定的商业贸易所引起的各种不同类型的义务和赔偿。理解债权债务法,特别是欺诈转让法是很重要的。那些声称能够制定资产保全计划的规划师如果对欺诈转让法没有透彻的了解,那他就是在骗人。

有关企业法的全面知识主要包括公司、合伙企业、有限责任公司(limited liability companies,LLCs)和其他企业实体的设立、运作、治理结构和辩护,掌握这些知识是非常关键的。要制定优秀的资产保全计划,光有文件模板是不够的,过硬的计划需要组织得当的实体文件。

如果资产保全计划实施得好的话，就不会面临破产的问题。因为债务人不必通过破产来解决问题，债权人也会意识到迫使债务人非自愿破产是没有任何好处的。然而，破产永远是一种可能的途径，规划师必须认识到资产保全计划和破产法之间的相互影响。但有些规划师竟然建议手上有外国信托的客户匆忙而草率地破产，并担保这样会使客户的债务一笔勾销。这些规划师忘记了破产法官有很强的能力，他们很可能将这种行为判为"破产欺诈"。

正如我们已经提到过的，资产保全之所以作为一个市场营销术语浮出水面，是因为涉及离岸避税港的逃税计划需要一个比较善意的名字。然而，最终离岸避税港发现了将对债务人有利的资产保全法加入到他们的法令条文中的价值。许多资产保全计划至少会涉及一些离岸的成分，并且规划师应该了解一定的离岸法、国际银行业务和资金在国际的转移。

资产保全计划应该由有能力的税收专业人员协助制定或检查。作为一个简单的经济原则，资产保全计划应该尽可能地避免不利的税收后果。相反，如果在制定资产保全计划的过程中出现了制定合法的税收计划的良机，就应该充分挖掘和利用这些机会。许多资产保全计划都是税收中性的，也就是说不会影响到客户将要支付的所得税。然而，虽然这种计划最终不会对客户的税收情况产生影响，也需要相当高的税收技巧来达到这种中性的效果，避免产生税收问题。通常，制定资产保全计划的时候都没有考虑到对税收的影响，结果客户多支付的税金、罚款和利息比从资产保全计划中节省下来的钱还多。基于保密性、不记名股票、无所有权的证券等工具的资产保全计划特别容易出现这种问题。

如果可能的话，资产保全计划应该与不动产规划相结合。不动产规划基本上也是进行长期的财产保护。只要客户有充分的偿付能力，并且在这段时间内没有可预见的问题，一项不动产和资产保全相结合的计划可以发挥很大的作用。然而，和目前宣传的大量资产保全计划所宣称的相反，信托、家庭赠予和慈善捐助往往是最差的资产保全工具。由于税法的原因，赠予可能是不动产规划者的熊掌；但是由于欺诈转让法，赠予对资产保全规划师来说却是砒霜。根据欺诈转让法，赠予行为在发生了很多年后，仍然很容易被取消。

资产保全和保险

人们一般很少讨论也很难理解，资产保全与保险之间的关系。有些资产保全规划师建议他们的客户完全放弃保险。他们的解释是：保险单的存在给原告律师提供了一个目标。当然，不购买保险所节省的钱可以用来支付规划师制定昂贵的资产保全计划的费用，而资产保全计划将使客户不必购买保险。

当然，这个建议是荒谬而危险的。无论保险公司是否接受原告的索赔，对购买保险的人都没有什么财务上的影响，只不过以后购买保险的费用可能会提高。这个建议也没有意识到原告律师会把注意力全部放在与保险公司达成和解并且开始下一个案例上，而不是浪费财力和更宝贵的时间。他们可以把这些时间和金钱用在达成下一个更大的保险和解上。同样，企业所有者或专业人员的主要动机应该是摆脱诉讼并且重新赚钱，而不是花费数年时间来躲避债权人。

保险是一种非常有用而且往往很便宜的资产保全工具。它主要的目的是将发生损失的风险从被保险人转移到保险公司。只要用保险来保护某种风险在经济上来看是合理的，而且可以买到保险，通常就应该把保险作为最主要的风险管理方法，而资产保全只是发挥次要的作用。

面临被控告风险的人来说应该购买尽可能多的保险，只要这在经济上是合算的，并且为那个人建立的资产保全计划应该紧紧与这些保险项目相结合。资产保全计划的目标是设定这样一种情形：即使原告可能得到的钱比保险公司能赔的最高额还要多，原告及其律师也很有可能接受保险项目下的理赔。如果保险全能满足原告的索赔，原告的注意力就会集中在保险公司身上，因为大家都知道保险公司有钱。只要至少能把一部分对债权人的责任套在保险公司身上，就应该尽量把不支付的过错转移到保险公司身上，远离成为被告的处境。至少，每个企业应该有一份综合责任保险单，每个家庭除了房子和汽车的保险外应该还有庇护险。

到目前为止，我们定义了资产保全并且指出了适当地制定健全的资产保全计划所需要的专业知识。我们也讨论了保险和资产保全之间的相互影响。下一个要考虑的问题是资产保全计划在特定的情形下是不是合适的。为了回答这个问题，我们必须研究资产保全计划的道德问题。

第3章
资产保全的道德问题

　　道德问题是个很私人的问题。除了在可能会伤害到其他人的情况下，最好留给自己来决定。例如，现在社会中的成年人可以自由地决定喝酒是对的还是错的。而酒后驾驶的司机对其他人确是有害的。因此，立法机构禁止酒后驾驶。

　　资产保全会伤害到债权人吗？这仅仅是一个时间选择的问题吗？还是即使现在没有面临索赔，资产保全计划也会伤害到将来未知的债权人？有很多法律条文定义了什么时候资产保全是不合适的，但这与许多其他领域的法律一样，在可允许的和不允许的行为之间并没有清楚的界限。仅仅因为资产保全计划是法律所允许的，它就是正当的吗？另一方面，如果某种行为过程没有被法律允许或与法律规定相悖，它就永远都不应该出现在资产保全计划中吗？

　　资产保全计划中最难的问题看起来却很简单：它是正确的吗？这不仅仅是一个抽象的道德问题。从实践的角度看，这个问题的答案在某些情况下是很关键的。资产保全计划在特定情形下的道德含义可能决定了这个计划会不会有效。

　　在决定是否允许通过某种资产保全结构保护资产免受特定债权人的侵害时，法官和陪审团除考虑法律的规定外，还会在一定程度上受到道德因素的影响。用出庭辩护律师的行话来讲，一个人必须要"非常公正"。

　　在技术上符合法律的资产保全计划并不能保证在法庭上也能成功。美国的司法系统具有内在的灵活性，允许法官偏离严格的法律规则，以避免不公平的结果——也就是特定的法官认为不公平的结果。例如，在欺诈转移案例中，判断欺诈的基准似乎就证明了是法官以结果为导向来决策的。优秀的资产保全计划会尽量提前建立一种有利的情形，使将来出现的对债权人不利的结果不会被认为是不公平的，或仅仅被认为是一个典型的赖账骗局。事实上，最好的计划将使债权人无法取得债务人的资产，这种结果被看成是一种公平的结果。

道德的重要性和它对资产保全计划结果的影响在很多专业文献中被忽略了。在那些文献中，如何保护特定资产的问题超越了更大、更重要的问题：那些资产到底应不应该被保护？然而，这些问题是纠缠在一起的。如果客户犯错误了，一项好的资产保全计划仍可能会失败；如果客户没有犯错误，一项差的资产保全计划可能也会成功。

在这一章中，我们设立了许多情景，用来说明资产保全计划中涉及的道德问题。每种情景都可能使你同情或反感，就像法官或陪审团可能对债务人和债务人规划师的感觉相同。

资产保全与商业关系

考虑一下合同中的义务问题。中止合同，你将会受到法律的制裁。这个理论很简单，每个法官和陪审员都能想到。理论上，你不应该对合同的义务失去警惕。如果你不想对合同负责，你就不应该签订合同。另一方面，如果有人和你的公司签订合同，但是合同规定你个人也要负责，那么，他将获得私人担保，而且在公司本身没有财力执行合同时也不会被起诉。

现代金融关系要是这么简单就好了！下面看一个典型的商人案例，他为了生产小饰品向银行贷款。

让我们从最简单的情况开始：如果商人并没有像他告诉银行那样用这笔钱来制造小饰品，而是花钱买了一艘新的游艇，结果会怎样呢？因为商人把用于商业目的的贷款用到了个人消费上是完全不合理的，所以商人显然是有错误的。因此，当法官判决银行应该取得商人的资产来偿还贷款时，没有任何人会觉得奇怪。

接下来，我们假设商人真的想偿还银行，但是却没有把钱投资于小饰品制造业中，而是在商品市场上进行投机。商人的投机失败了，不能偿还贷款。在这种情况下，商人确实将这笔钱用于商业目的了，虽然不是银行所设想的目的。关于商人的个人财产是否应该被用来偿还银行贷款的问题上就产生了争议。法庭可能同意银行要求获得商人资产的主张，但是人们会质疑法官的做法，而这些质疑将对问题的解决产生影响。

如果商人按计划生产小饰品，但是刚好碰到小饰品的需求减少，生意失败了，结果又会怎样呢？商人把资金用在了既定的用途上，但是，虽然没有个人的过错，业务所得也不能偿还银行贷款。这样，商人就没有道德上的理由必须用个人资产来偿还银行贷款了。毕竟，银行在发放贷款时必须要承担一定的经济风险。在这种情形下，资产保全计划应该是站得住脚的。

我们把问题讨论得更深入一步。在贷款前，银行向商人承诺，如果业务需要更多的钱，银行将会追加贷款。有了这个承诺，商人才申请了贷款。后来，在新业务开展的关键时刻，商人请求银行依照先前的承诺来追加贷款，但银行拒绝了，结果业务失败了。

在类似这样的贷方义务中，银行可能会向商人索取初始的贷款。但如果银行想要用商人的个人资产抵偿贷款的话，那将是不公平的。法官可能会给商人很大的空间，让他来保护自己的资产免受银行的追讨。

相同的，假设银行认为该业务是有价值的，想自己拥有。银行将操纵小饰品市场，导致小饰品的价格短期下跌，迫使商人失败。银行来接管该业务，并且起诉商人，要其偿还贷款。

这里，很明显银行犯错了。公平的结果应该是商人能够保护他的财产免受银行的追讨。当然，如果有什么区别的话，那将是银行应该赔偿商人，并且在这种情形下，法官将有可能认为商人所做的任何资产保全计划都是完全合适的。

资产保全与受托人

看一下另一种情况：一个股票经纪人游说一个投资者进行了某种投资，但是投资并没有像投资者希望的那样盈利。投资者起诉股票经纪人并且胜诉了。这种情形在我们的金融市场中每天都会上演。

首先，假设股票经纪人建立了一个没有任何经济实体的"庞氏骗局"(Ponzi scheme)。在这个骗局里，原来的投资者的投资"所得"是用后来被带入这个骗局的新投资者的本金来支付的。股票经纪人告诉投资者投资是合法的，但是当骗局曝光时，投资者失去了一切。

这完全是欺诈。如果股票经纪人从骗局中拿了钱，并将它放到资产保全结构中去，法官会采用极端的纠正措施试着取回这些钱，补偿给骗局中的受害者，这一点也不奇怪。

接下来，假设股票经纪人游说投资者投资低价股票。股票经纪人知道该公司没有实际的业务，但是他吸引了足够多新投资者把股价抬高。股价上升后，股票经纪人抛售自己手上的股票，获得了巨大的净利润。然而，抛售会导致股票价格下跌，其他投资者（包括那个投资者）因此都会遭受巨大的损失。

与第 1 种情形相比，这种情形好不到哪里去。如果股票经纪人有可能通过资产保全计划来保护她那些来路不正的财富，那也是不公平的。如果法官采用极端手段为受骗的投资者取回这些钱，人们都会拍手称快。

然而，考虑一下另一种情形：股票经纪人诚实地分析了小饰品公司的价值，判断它每股值 100 美元。小饰品公司当前的股票交易价格是每股 50 美元。股票经纪人告诉自己的客户每股会获利 50 美元，并让她所有的客户（包括那个投资者）都投资这家公司。但是，尽管股票经纪人没有任何过错，小饰品公司的股价还是从每股 50 美元跌到每股 10 美元，导致投资者的投资损失了 80%。

在这种情形下，不存在任何欺诈的成分。股票经纪人只是简单地想使客户的投资回报最大化。尽管如此，投资者还是损失了很多钱。如果投资者起诉股票经纪人并且胜诉了，没有人会觉得奇怪。但是股票经纪人必须用自己的资产来赔偿投资者的损失吗？这个问题的答案可能取决于其他因素，例如股票经纪人是否提醒了投资者在这种交易中存在市场风险;那个经纪人是一个老练的投资者还是一个要那些钱作为退休收入的人。

还有一种情形,股票经纪人分析了小饰品公司,发现该公司的每股股票值100美元。小饰品公司当前的股票交易价格是每股50美元。股票经纪人告诉自己的客户每股会获得50美元的收益,并让她所有的客户(包括那个投资者)都投资于这家公司。股票价格最高上涨到了每股98美元。恰好这时候股票经纪人开始抛售股票,给客户带来了每股48美元的收益。虽然投资者获得了可观的收益,但他还是因为每股没有实现的2美元收益而起诉了股票经纪人。

在这种情况下,股票经纪人在道德上当然没有错,只是一个不利的决定致使她必须个人承担责任。在这种情况下,股票经纪人应该尽可能地利用资产保全计划来保护其资产免受那个投资者的索赔。如果那个投资者是公认的"职业原告",有过很多这种类似案例的原告,则会出现一样的结果:股票经纪人利用资产保全计划保护她的财产免受这类索赔的侵害,很少有人会反对。

资产保全与离婚

让我们来考虑导致财务冲突和裁决的最常见情形——婚姻。很多资产保全计划是为了保护夫妻中一方的资产免受追讨。有时候双方都不愿意与对方讨论婚前协议,而资产保全计划经常被当作替代物。在婚姻出现不忠事件后也经常会用到资产保全计划,但是效果并不好。

这种计划合适吗?丈夫应该使妻子无法支配他的资产吗?关于夫妻双方应该保护婚前资产的观点与这个问题没有什么关系,因为大部分州的法律已经保护了这些资产。

婚姻中的资产保全计划很有吸引力,因为在离婚案例中,法官倾向于完全平分资产,而不管这样做是否公平。一个不忠的或者破坏了夫妻关系的配偶会获得和没有过失的配偶一样的价值。然而,谁能说得清在失败的关系中究竟是谁错了呢?所以根据失业机会、收入能力或者婚姻持续的时间来分配财产可能是解决财产问题的一种合理的方法。

假设一个妻子在丈夫读大学和努力做生意时就支持他。多年后,丈夫获得了财务上的成功,公司公开上市了。很快,他想再找一位更年轻、更有魅力的妻子。这个丈夫能不能让他的前妻分享其公司上市带来的大量财富?如果一个丈夫每周在比萨饼店工作70个小时,所得是用来供妻子在医科学校学习,情况又是怎样的呢?难道他不应该至少获得一部分妻子作为医生所得的收益吗?

最极端的例子是"傍大款的人"。我们马上会想到,大约有20%的脱衣舞女嫁给了80%的石油商。最终的目的是真爱还是财产?然而,即使在这些情况中,也最好尽早在婚前协议里解决财产问题。资产保全计划并不会在事情发生后改变合同的性质,无论是商业合同还是婚姻合同。由于道德问题,为了离婚而制定的资产保全计划可能只会在一些极端的情况下使用。例如，资产保全计划可能用于保护资产免受前夫的侵害，因为前夫终生都很吝啬，还一直以骚扰的方式向法庭申请"取回"他认为抛弃了他的富有女人所拥有的财产。

道德问题的应用

这些例子的教训是很简单的：在一定的情形下，资产保全是合适的，在道德上也是允许的；而在其他情形下则可能不合适，在道德上也是不允许的。资产保全计划在法官面前的有效性可能取决于计划遭到挑战时资产保全行为符合道德的程度。

一项为保护资产的资产保全计划如果在道德上站不住脚，将会失败，而且必然会失败。即使在道德上站不住脚的资产保全策略有效地保护了资产，也不能避免在法院或立法机构制定的法律变化时再次遭到挑战。

相反，在道德上站得住脚的资产保全计划有可能禁受得住挑战。当然，最好的资产保全计划从来不会遭受挑战。适当的商业计划、风险管理、保险项目和类似的措施应该是用来抵御债权人索赔的第一道防线，也是确保一旦遭到索赔，尽早占领道德高地的第 1 道防线。

这里的第 2 个教训是：没有人知道资产保全计划会在什么环境下受到挑战。制定资产保全计划是为了保护那些当时被认为是合理的客户，但是该计划也可能被用于推翻受害者的某项权利。而从道德的角度来看，受害者应该拥有这项权利。

在资产保全研讨会上，最经常提到的案例是一个有才气的外科医生被一些琐碎的、因治疗不当而导致的索赔所困扰。资产保全专家认为，这是最适合接受资产保全计划服务的客户——这种说法有一定的道理。然而，假定这个完美的资产保全计划是为有才气的外科医生制定的——这个计划如此完美，以至于还没有债权人可以挑出毛病。在计划制定的几年后，那个有才气的外科医生喝醉了酒并且撞了一辆车，这辆车里当时坐着 1 个单身妈妈和她的 2 个小孩。这个妈妈死了，她的 2 个小孩也都永久残废了。因为外科医生喝醉了，他的保险无效。这 2 个小孩是应该获得外科医生的赔偿，还是应该就这样带着伤痛继续生活，而那个外科医生却可以在开曼群岛的海滨别墅里享受他的余生？

当然，在这种情形下的问题是：虽然完美的资产保全计划是为保护有才气的外科医生免受治疗不当的索赔而制定的，但即使是他明显有过错，资产保全计划也会保护他。他应该为他的错误行为付出代价。作为一个道德问题，这个计划假设外科医生会做正确的事情，并且自愿地赔偿那 2 个小孩。但是人性通常就是这样，那个有才气的外科医生会认为，他工作那么辛苦才获得了那些财产，不应该因为犯了一次错误而放弃它们。

在这样的情况下，法庭应该判资产保全计划无效，同时允许那 2 个小孩得到赔偿。这与这个计划是不是为保护治疗不当而制定没有太大的关系。资产保全计划是否符合道德是由它们所遭受挑战的环境而决定的，而不是由最初被用来规避哪种风险决定的。在这种情形下，必须避免不公平。

作为最终裁决人的资产保全规划师

道德问题可能是资产保全计划中最大的挑战。没有一个规划师可以准确地预料他的客户将来会做什么，或者他们会伤害到谁。问题是，优秀的资产保全规划师会保护客户的资产在几乎所有情形下都免受所有债权人的侵害。所以一个优秀的规划师可以在客户犯了错误而且资产不应该被保护时也可以有效地保护客户的资产。

在识别债务人的计划是否具有资产保全效果时，债权人的律师通常会有段滞后期。因为他们需要花时间来制定策略去打破这些计划，让法庭和立法机构相信这种计划是无效的。这个滞后期意味着优秀的资产保全规划师具有领先优势，可以保证一个策略至少在初次使用后的几年里仍然是有效的。只要规划师可以不断产生新想法，他就有可能赶在债权人前面。

优秀的规划师的能力是使规划师（而不是法庭）判定客户在特定的判决中是否应该付费。也就是说，规划师成为事实上的法官。这导致了计划者与客户间的利益冲突，对被客户伤害过的原告也极不公平。

这类问题通常是由立法机构解决，而立法机构通常通过催款程序、欺诈转让法和破产法等手段规范债权—债务之间的关系。然而，问题是，在规划师建立策略和立法机构对策略采取措施之间有个时间间隔。在这个时间间隔里，出现不公平的可能性是很大的。

作者在资产保全计划方面的经验是：我们试着通过密切地介入客户的事务来解决这些问题，帮助他们远离麻烦从而不会产生道德问题。我们鼓励客户购买充分的保险，包括综合责任保险。在我们的计划中，我们试着提供一些方法，以便使客户在面临索赔时鼓励他们以合理的方式解决问题。并且，我们会不停努力避免出现道德问题，并在全美律师协会和其他专业团队举办的演讲会上讨论道德现象。

"完美的城堡"真的如此完美吗？

资产保全计划中的道德问题对计划的设计有很重要的影响，主要是资产保全计划必须对它们发生作用的方式有一定的识别能力。很简单，如果一个资产保全结构能保护所有人的资产而不管他们的行为如何非法或者卑劣，那么，还不到通过修改法律来打击它的那一天，它就有可能早被推翻了。如果一项资产保全计划能有效地保护证券欺诈者和喝醉酒的司机，就不能指望这个策略会持续很久。

在资产保全规划师中普遍存在的一个误解是：某些结构虽然保护的是罪犯或其他从道德的观点看不应该被保护的人（这使被他们欺骗或伤害的人无

法得到应得的资产），但是这些结构确实是能为客户服务的有效工具。这些规划师在面对这些攻击时的战斗口号是："错误的事实才会产生错误的法律！"当然，他们的客户"没有介入这类行为"。但是如果被告"干了好事"的话，他就不会被告上法庭了！然而，在我们的法律体系中，对和错是由判决结果决定的。如果法官的判决不利于债务人，那么债务人就是错的，而法律体系希望看到债务人执行裁决结果，而不是设法逃避。

这些利害关系是很难协调的，经常是不可能协调的。"好"的客户不是在判决后极力为资产保全计划辩护，而是首先在审判中避免不利的裁决，更好的是，与对方达成有利的和解方案。就像我们下面会看到的，资产保全的一个重要目的就是推动达成这样的和解方案。

第 4 章
资产保全的目的

一项好的资产保全计划不仅仅是把资产放在债权人无法取得的地方。它是一种整体的、全面的个人和企业风险管理战略,能够实现多种目标,如促进诉讼结束,或者将犯错误的责任转移到其他人身上。事实上,最好的资产保全结构从来不会遭受挑战,因为它完全避免了诉讼,或者在审判前就已经解决了有争议的问题。

资产保全的主要目的是使客户可以摆脱债权人的索赔,同时保留相当一部分资产。好的资产保全计划可以促使双方达成有利于客户的和解方案,而债权人也愿意用这个方案来解决那些尚未归还的债务。因此,一个好的计划会促使诉讼结束,使债务人可以继续开拓他们的业务。

有利于和解的心理状态

一项资产保全计划应该像一个透镜那样,把债权人的注意力都集中在这样一种想法上:法院判给他的任何钱,实际上都可能是收不到的。要达成一个有利于债务人的和解方案必须让债权人相信,债务人提出的和解方案能使债权人以最小的风险获得最大的补偿。我们称之为和解心理(psychology of settlement)。

为了了解和解心理,你可以把自己想象成是一个债权人。我会在审判中胜诉吗?如果我输掉了官司,我能通过上诉获胜吗?如果我胜诉了,我能得到法庭判给我的钱吗?使这些问题的答案变得不确定是资产保全计划发挥作用的最佳方式。如果债权人怀疑他胜诉的可能性或者最终收到判决款项的可能性,双方就更有可能达成和解,并且和解心理对债务人就更有利。这种怀疑程度达到最大化时,其他因素的加入就构成了和解的临界条件——也就是所有能够最终导致问题解决的事件都集中在一起的那个条件(见图4—1)。

仅仅因为单一的原因达成的和解是很少的，相反，大部分和解的达成都是由于债务人和债权人的观点存在着许多条件使得和解对双方来说都是明智的。

```
       对胜诉的怀疑              原告花费的时间
              ╲                 ╱
               ╲               ╱
              ┌─────────────────┐
              │    和解的        │
              │    临界          │
              │    条件          │
              └─────────────────┘
               ╱               ╲
              ╱                 ╲
         诉讼成本            对收到判决款项的怀疑
```

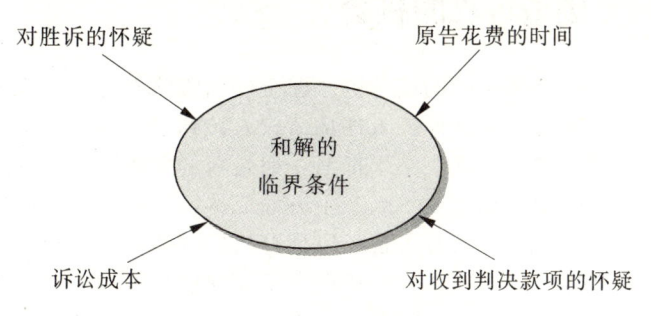

图 4—1　和解的临界条件

巧妙性

　　和解心理不是单方向的。如果资产保全计划太过分，债权人就可能占优势。如果资产保全计划的证据被呈上法庭，法官或陪审员可能会推断被告知道他犯了某些罪状。他们可能会问："其他人是为什么参与这种计划的呢？"太显眼的资产保全计划可能会对和解心理产生消极的影响。债权人可能会因为资产保全计划如此明目张胆而认为获得有利裁决结果的机会比较高，即使得到判决的款项可能会很困难。计划的巧妙性非常重要，这样债权人就不能在法庭上把存在这样的计划作为有利于自己的证据了。

　　20 世纪 90 年代那些直接对抗型的资产保全计划完全不具有巧妙性的特点。那些告诉债权人"我有离岸资产保全信托，现在请走开"的人是目光短浅的，并且策略经常会起到适得其反的效果。当这些策略后来面临审判时，往往会使债务人因为藐视法庭而被送入监狱，并且使债权人更加大胆。但是，虽然离岸信托已经明显失败了，但有些宣传者还会继续采用这种不加掩饰的计划。毕竟，冲动而奇异的计划是很好的营销噱头，而巧妙性则不是。

　　即使债权人很关心收款的问题，他也可能被胜诉的大好前景所鼓励，因为：债务人采用了资产保全计划，这说明她知道自己是有错误的。债权人可以使用同样的论据来赢得诉讼，并让法院帮助他不经过资产保全计划，取得判决给他的款项。资产保全的一个重要目标是使债权人无法根据实施的计划得出任何推论。

　　在理想的情况下，资产保全计划应该让债权人知道，实际很难收到判决给他的款项，但是不应该太明显地使债权人可以在法庭上利用它们。也就是说，资产保全计划不应该以资产保护的理由出现。相反，资产保全计划应该穿插在其他计划之中，例如财务计划、商业计划、全面的风险管理计划以及税收计划等。

创造进攻的机会

如果可能的话，资产保全计划应该允许债务人发动攻势，促使债权人陷入这样一种情形：责任从债权人转到了债务人身上。虽然这种潜在的责任可能与潜在的裁决结果抵消，但是新的要求则会引起成本高昂的诉讼，再加上已有的要求也在不断产生诉讼成本，这都会促使债权人愿意达成和解方案。

或者，债务人也可以想办法揭露债权人的负债，包括税收负债。虽然揭露债权人对第3方的负债并不能使债务人得到经济上的收益，但这会增加债权人所花费的时间和金钱，因此可以为和解提供便利。这可能也有助于阻止债权人积极地追讨债务人的资产，因此债权人必须警惕掉入陷阱。

将债权人的注意力从通过索赔能得到什么转移到他会失去什么的技巧是很重要的。用诉讼律师的行话说，应该把债权人放在这样一个位置上："他不再想奶酪，只想逃离陷阱。"这种心理上的转变在诉讼中的重要性是不容低估的。

转移

转移是资产保全计划中的另一个重要的目的。应该构造一项资产保全计划使负债以及更重要的过失，可以转移给第3方，例如保险公司（见图4—2）。如果可以说服债权人去追求债务人的保险赔偿金，而不是债务人的资产，通常也可以使债权人将对"坏人"的注意力转移到保险公司身上。转移也可以不通过保险来完成。如果过错可以被合法地转移给任意的第3方，例如转移给不受美国司法权限约束的外方，或者诉讼中的其他方，债务人则可以充分利用这种转移机会。通过将过错转移给第3方，债务人可能也可以避免债权人采取"正常审判程序以外"的措施来解决问题，包括针对债务人的个人仇恨。

原告 → 被告　　第3方

例如:保险公司

转移是将应付的道义责任转移给第3方,例如一家保险公司

图4—2　转移

整体性

资产保全计划应该是全面的，即对所有的资产提供完全的保护。有些规划师建议债务人将一些财产置于资产保全计划的领域之外，以免遭到指控，

那些指控可能会使债务人陷入破产的境地。然而，从技巧的观点来看，这是非常危险的。将比较大的一部分资产暴露给债权人会给债权人的律师提供机会坚持诉讼并为诉讼筹资，使他认为至少可以收回律师费。了解到这一点，债权人就找到了击垮债务人的机会，并且有时间去设计一个计划，使其在法庭上可以成功地击败资产保全计划。

一个通常无伤大雅的技巧是把那些对债权人来说没有任何价值的资产放在资产保全计划之外，因为资产保全计划无法为这样的资产提供符合成本/效益原则的保护。确实，债权人在追讨这些资产时可能会花费比资产价值更高的时间和精力，如"杠杆效应"很高的房地产（一般来说，债务/价值比应在90%以上）和固定资产。然而，仅仅因为很难保护而将相对价值很高的资产置于资产保全计划之外也是不明智的。

限制

把负债限制在附属实体中是资产保全计划中的一个基本目的。只要资产保全结构中用到了某个实体，就必须考虑这个实体的限制问题。要考虑的问题必须包括有价值的资产是否被包含在一个可能会出现负债的实体中，从而有可能被债权人获得。资产保全计划的一个重要规则是永远不要把有危险的资产（也就是通过负债获得的资产，例如房地产和车辆）和安全的资产（也就是被动的资产，例如现金和有价证券）混在一起，如图4—3所示。

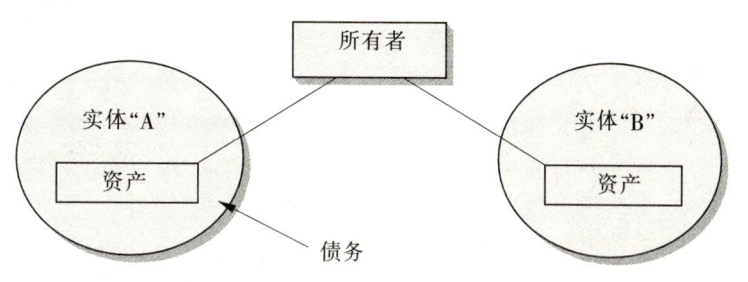

利用适当的限制，只有实体"A"的资产会暴露于该实体产生的负债。实体"B"的资产不会暴露于实体"A"所产生的负债。

图4—3　限制

限制（尤其是在进行资产抵押借贷的时候）要用到"远离破产实体"（bankruptcy remote entity，BRE），通常是一个有限责任公司。使用"远离破产实体"的目的有3个：(1)"远离破产实体"的章程性文件通常会让出借人在实体的管理中有一定的发言权，必须经过出借人的同意才能提出破产申请；(2)它可以保护出借人不会受"远离破产实体"的所有者的破产影响；(3)它可以保护"远离破产实体"的所有者不会因为该实体的项目出现了财务亏损而遭受损失。负债（当然，除了"远离破产实体"的所有者提供了担保的债务以外）被限制在附属的"远离破产实体"中，并且出借人可以受到保护，不会受到借款人破产的影响。当然，"远离破产实体"必须组织得当，并且它的合同也应该起草得适当，从而把"远离破产实体"的所有者受"远离破产实体"的负债影响的风险降到最低。

"谨慎"这个词用在这里很合适。资产保全计划应该在可能的范围内尽量避免结构中的任何人或机构破产。至少，资产保全计划应该尽量避免实体的所有者破产。破产法庭有很强大和广泛的权力取消或者忽视债务人为了逃避债务而采取的措施。同时，债务人也可能会受到破产欺诈的指控。资产保全计划中的破产问题将在本书第 6 章中进一步讨论。

灵活性

灵活性也是资产保全计划的一个重要目标。在实际生活中，不存在那种标准的"掠夺性原告"以可预见的方式攻击资产保全计划。相反，债权人可能出现在结构的外部或内部，在疏忽、欺诈、违背合同、违反法令或离婚等各种情形中来谋求索赔。好的资产保全计划不应该仅仅针对标准的原告，而应该足够灵活，可以随时调整，针对出现的特定债权人提供最好的辩护。

大部分的资产保全计划都会持续很长一段时间。在这段时间里，法律不可避免地会发生变化。例如，许多离岸信托是在第 1 章所讨论的"安德森和劳伦斯离岸信托灾难"前建立的。在安德森之前的信托随时有可能在法庭上被推翻，因为使用了离岸信托手段的计划没有被重新修正用来避免在那些案例中所发现的缺陷。税法的修改使原先合法的离岸避税技巧失效了。修改联邦破产法，限制房产免除的提案可能会对佛罗里达州、得克萨斯州和许多其他州的居民的资产保全计划产生巨大的影响。这些提案也可能影响到受保护的退休金计划。

现实环境也在改变。人们会结婚或离婚；他们会有小孩来承担新的责任，并且会设定新的目标。他们的企业会发展、重组、兼并和出售。退休者会大幅度降低他们的负债，而企业家会建立新的企业，承担新的负债。如果希望资产保全计划在许多年后仍然有效，它就必须足够灵活并可以修改，可以根据环境的变化而改变。结果，为资产保全计划提供资金的最好的方法就是可以变现投资，或者进行可撤销或可变现的商业投机或交易。对一个人的资产保全计划来说，最差的转移方法就是不可撤销的赠予，因为一旦这样做（并且上报到美国国税局），撤销这个转移就很难了。如果要把不可撤销的赠予纳入为计划的一部分，它应该是比例最小的那部分。用初始的赠予来投资一项新建立的信托工具通常也会受到严格的限制。

冗余和多样性

资产保全计划的另一个重要目标是冗余。一项资产保护计划的每个重要组成部分都应该在一定程度上是冗余而万无一失的。冗余意味着债权人的任何一次单独的行动都无法有效地获得债务人的大量资产（见图4—4）。资产保全还应该采用"深度防护战略"（defense-in-depth strategy），并且这种策略必须是动态的。即使在债权人试图打破原来的防线时，它也可以建立起一道新的防线。有些人可能会把资产保全描述成在资产周围挖很多道战壕，这个观点也许很快就会流行起来。

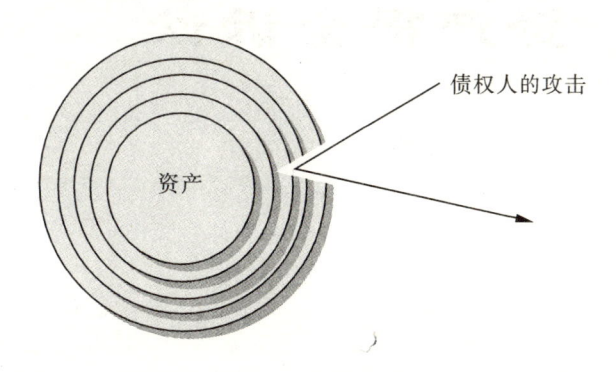

即使债权人已经攻破了很多层防线，还是必须对付更多层防线

图4—4 冗余

冗余是和多样性密切联系的。多样性是资产保全另一个重要且相关的目标。多样性要求把资产保全计划分成很多个小块，而不是一大块。简单地说，就是把"不要把所有的鸡蛋都放在同一个篮子里"这句话应用到资产保全上。只要能够实现，并且符合成本效益，实体的类型、投资方法、司法管辖权限和尽可能多的因素都应该实现多样化。如果一个部分失去作用了，也不会什么都失去。多样性和冗余的结合会产生最强有力的资产保全计划。

在制定资产保全策略的过程中，对每个转移、结构和技巧都要问一问："如果这个部分失效了会怎么样？"在实施了几层保护后，这个问题的答案通常不是惟一的。根据特定的时间和环境，会有许多不同的选择。实际上，最有效的计划不会提前很久就出现。因为没有人知道到时候会是什么样的环境。提早准备太多的结构会使计划不灵活、昂贵，并且达不到预期目标。

资产保全计划的最后一个目标是成本效益。在可能的范围内，资产保全计划提供的保护应该能够量化地证明它的成本是合理的。而且，它必须符合客户现在或以前采用的商业运作模式。昂贵和复杂的资产保全计划通常得不到有效的维持，从而会降低计划的保护作用。通常，如果计划能够成为已存在的商业结构的一部分，它将得到很好的维持，因此更有可能经受得住接下来的挑战。

第 5 章
资产保全诉讼

我们不是要在库克群岛（Cook Islands）或百慕大群岛（Bermuda）上保护资产，而是要在法庭上保护资产。因此，资产保全计划基本上是诉讼前的计划。在构造所有的离岸和美国国内资产保全信托、家庭有限合伙制和其他所谓的资产保护实体时都必须牢记这样一件事：债权人有一天会将实体的章程文件呈给怀有敌意的法官，而这个法官会在裁决结果上签字。这些文件也可能出现在破产程序中，或者是民事共谋案件中，成为指控债务人和规划师共谋欺诈性转让资产的证据。这些文件也有可能出现在检察官的纪律程序中或者落入一个处理洗钱案件的美国律师手上。

所有这些情形都会在诉讼中不断出现。资产保全计划的实施者做每件事时必须预料到所有可能出现的诉讼类型。资产保全计划的本质是诉讼前计划，对这一点怎么强调都不过分。

很显然，这些索赔案件的出现主要是因为资产保全规划师没有很好地理解在诉讼中究竟会发生什么事。他们一部分肤浅的理解是从电视里那些引人注目的案例中窥得的一鳞半爪；还有一些理解则是继续教育研讨会的老师传授的，但是这些老师的法庭经验相当少。确实，这些规划师可以阅读案例，并且理解法律背后的理论，但是在诉讼过程中会涉及重要的人性，这些人性在法庭的判词中根本不会显示出来。

这些规划师中的许多人是不动产规划师。他们认为，他们制定的计划可能会过相当长的一段时间才会被检验，而到那时，违法行为的诉讼时效已经过去了。但是，资产保全并不会以这种方式发挥作用。很大一部分资产保全计划会在实施的若干年内被检验。我们会看到越来越多的因资产保全计划而引起的诉讼，这些诉讼中很大一部分是已经实施了一段时间的计划所引起的，而我们不知道这些计划是否还有效。然而，我们也会发现一些关于资产保全违法行为的诉讼（也就是由错误的资产保全计划引起的诉讼）。我们也会第一次看到针对协助客户建立资产保全计划的专业人士所提出的纪律处分和刑事诉讼。

在这里，我们的目的不是劝阻任何人拒绝资产保全计划。相反，如果资产保全计划运行良好并且局限在一些适当的情况下，我们一定会是资产保全计划的忠实信徒。而且，我们并不认为只有在"完美"的情况下才能实施资产保全计划（也就是说客户没有面临任何诉讼，也不可能介入诉讼的情况下）。许多自称资产保全专家的人都坚持认为，他们只能接受这样"完美"的客户。然而，这样的客户除了适当的保险外还需要其他资产的保护吗？这就好像是只对没有或几乎不可能得癌症的病人进行化疗。

与此相反，我们的目的只是简单地介绍一下一个强硬的诉讼者是如何从攻击和抗辩的角度来看待资产保全的，我们也介绍了制定资产保全计划的一般规则。

关于诉讼，首先要知道的是现在存在着哪些规则。但是在面对不同的情况和法官时，这些规则的应用也会有所变化。两个不同的法官对同一个事实环境的看法可能会完全不同，从而会导致两种完全不同的结果；也可能产生相同的结果，但是却是因为不同的理由。同样，两个事实完全不同的案例也可能被同一个法官一样对待。这会导致审判系统基本上是随机的，一个人最多只能感觉到在特定的案例中大概会出现什么结果，而不可能知道确切的结果。

同样，这个世界上有许多不同类型的债权人以及素质和经验都不同的债权人律师。一个人可能会被一个领退休金的老人控诉。这个老人没有什么财产，但是有一个难缠且聪明的私人律师，这个私人律师可能会亲自追讨你的资产。另一方面，一个人也可能被一家大公司起诉。这家公司拥有大量的财产，但是负责这个案例的合伙人却把案子交给了一个初出茅庐的助理律师处理，而这个助理律师根本不知道如何利用自己口袋里的现金。

因此，我们所说的任何事情都必须考虑特定案例的具体情况，特定的法官以及特定的债权人和律师。

资产保全与保密

必须假定，在诉讼中所有的事情都可能暴露出来——所有肮脏的交易和所有的秘密。即使有律师与当事人之间的特许保密权和工作产品豁免权，要想在诉讼中隐瞒信息也是很难的。而且，试图隐瞒某些事实或情况只能得到适得其反的效果。确实，法官或陪审员经常很容易怀疑某人隐瞒了一些事情，一旦出现这种怀疑，那个人的信用就会直线下降。

保密性可能会因为内部的泄密而下降。许多人在案件中由于"内部人"（例如，配偶或雇员）而损失金钱。这些"内部人"有可能比想象中知道得更多，而且即使他们不知道每件事，他们也可以给律师足够的提示，从而使资产更可能被追踪到。

另一个来自于内部的威胁是被告的粗心、固执或者愚蠢。有时候，一个精密的离岸结构会引发逃税诉讼，因为客户没有完成必要的税收申报，并且让离岸银行的报告发送到很容易泄密的美国邮箱。其他计划的失败可能是因为客户建立了信托或者进行了假定的赠予，但是仍然保留着对资产的控制权。

保密性也存在着外部威胁。这些外部威胁包括债权人积极地获取信息的行动，例如审判前的证词和债务人在裁判后的审问等。被告和债务人必须回答，他们现在或过去是否对某些资产或资产类别拥有着任何直接或间接的所有权或控制权，否则就要受到做伪证的惩罚。

在大部分的裁决中，债权人在裁决后可以获得债务人的个人纳税申报单和所有附属实体，例如信托或公司。即使债务人声称关系到个人隐私，也可能只意味着将税收信息在受保护的情况下被公开——只有债权人和法庭可以看到这些信息。但是债权人经常还是可以看到这些信息，不管是否关系到个人隐私。

债权人不仅会询问债务人问题或要求他们提供必要的文件，而且还可以索取记录。债务人几乎没有任何办法阻止他们这么做。电话记录经常是可以利用的最有价值的信息来源，而且除非使用预付费的电话卡，并在使用后把它扔掉，否则是不可能阻止债权人追踪电话记录的。从电话记录里得到的信息通常对债权人来说好比控制了金矿。假如债权人发现你曾经在办公室给一家巴哈马群岛的银行打电话。这个债权人就会带着一张 50 000 美元的支票（这张支票是用文字处理器打印的）到这家银行，告诉银行他是你，他想存款。但是，他告诉银行，他忘记了他的（你的）银行账号。银行为了让他存钱，就会把账号告诉他。那 50 000 美元的支票当然是没用的，这意味着你将要付出一笔昂贵的手续费，并且必须向巴哈马群岛的银行解释你为什么存了一张没用的支票。你可能会起诉债权人，但是债权人不会介意，因为这与债权人获得的裁决结果比起来根本不算什么。

现在，债权人知道了你的账号，并且知道了你的名下有个离岸账户。债权人还有你和银行的电话记录。你最好祈祷已经向美国国税局报告过这个账户了。如果碰巧你并没有这样做，因为债权人是通过你的税收申报单获得信息的，而不是求助于偷偷摸摸的诡计。那么，债权人的下一个电话可能会打给美国国税局的刑事调查处（Criminal Investigation Division）。接着他可能会打到法官的办公室，告诉法官你做伪证。债权人将要求召开一个特别的听证会，强迫你把巴哈马群岛账户上的资金转移到法庭让债权人分配。如果你不愿意，法庭会判你藐视法庭，并把你关进监狱，直到你同意为止。

在实际中，这种事情的转变经常发生，但是离岸银行、规划师和在这种陷阱中被抓住的客户是不可能大肆宣传这些事情的。

特权与豁免权

如果规划师不是律师，那么就没有机会用律师与当事人之间的特许保密权来保护任何文件。新的"会计师当事人特许保密权"在债权人诉讼中是完全没用的，它只在联邦税务诉讼中有用，并且即使在那种诉讼中也是受限制的。

通常，律师与客户的对话以及为客户起草的保密文件都会受到律师与当事人之间的特许保密权保护。然而，如果法官怀疑有欺诈转让行为，他可以引入援引犯罪与欺诈例外条款来驳斥特许保密权，并且命令规划师公开受保护的文件。在有些州，委托书和账单也不受特许保密权的保护。因此，从律师向客户介绍资产保全或与客户讨论采取什么具体措施的委托书和账单也可以看出，他是否存在失当的行为。由于这个原因，更好的规划师会采用固定收费，并且在委托书中只提及商业规划或不动产规划，而不提及资产保全。

有时候，没有经验的规划律师会声称他们的文件已受到工作成果豁免权的保护。不幸的是，这种豁免权经常只局限于律师在"预期诉讼"阶段起草的文件（例如，记录他审判策略的笔记）。具有讽刺意味的是，如果规划师声称因为存在潜在的债权人，所以文件是在预期诉讼的情况下起草的，法庭可能会认为这相当于承认了他具有欺骗债权人的意图。根据《欺诈转让法》，法庭将取消和这些文件相关的交易。

宣传者的市场营销资料

与任何其他的文件相比，客户最有可能被资产保全规划师的营销资料伤害。这些市场营销资料很容易找到并且不受任何特许权和豁免权的保护。这些营销资料中的许多内容往往使客户和规划师在法官或陪审员面前显得很讨厌。如果规划师鼓吹他的计划完全不会受到美国法庭的裁决，法官会很不高兴，这个法官很可能对客户和规划师都持不利的态度。

如果在一个税收案例中，规划师在法官面前拿出营销资料吹捧"离岸银行的保密性"或者"把你所有的钱隐藏在山姆大叔（美国）之外"，那么在陪审团面前会面临更糟糕的局面。然而，许多宣传者把鼓吹这些利益的书还摆在书架上。阅读的过程可能是愉悦的，刚开始低税收的几年看起来也是令人愉快的，但是当司法部查抄宣传者的办公室并拿走他们的客户资料时，他们就乐不起来了。

在诉讼中，规划师的市场营销资料可能是客户最大的敌人。为客户起草的那些描述怎样隐藏资产和怎样战胜合法债权人的规划备忘录可能也是如此。所有这些材料都可能被法庭用来当做意图欺骗债权人的事实依据。

规划师的责任

许多规划师没有考虑到一旦客户开始诉讼，他们会有什么责任。然而，尽责的规划师必须给他的客户提供即时的帮助。如果规划师自己不能处理诉讼，他必须确保客户有一个有能力的律师来处理案件。规划师必须立即行动，必须记住：诉讼和战斗一样，需要快速的前进和激烈的斗争才能胜利。

必须在一开始就立即采取行动以降低案件的影响或减缓案件的发展，例如进行反诉或附诉。

规划师还必须假设在任何情况牵涉到他的资产保全计划的案件中，他都可能和客户形成联合被告。导致这种假设的理论很好识别，通常是关于欺诈性地转让资产或类似事情的民事共谋诉讼。

为什么债权人律师会采取这种行动呢？是为了破坏规划师和客户之间的关系，并且强迫债务人帮助债权人的律师查找或寻回资产。当然，规划师不会想和债权人合作，至少一开始是这样的。在客户和债权人之间，规划师的忠心是很清楚的——直到规划师的保险公司介入时为止。

经常发生的情况是，债权人律师将会同时起诉客户和规划师。如果规划师不合作，债权人可能向规划师提出一个有利的和解方案，但是这个和解方案的前提是规划师帮助债权人查找或寻回资产。规划师的保险公司会把它当成一个好机会，因为根据规划师的保单，它只需要付出一点点钱，而且可以不再负担规划师的辩护费用。规划师的保险公司可能采用许多手段强迫规划师接受这个和解方案，从初始写信要求保留权利到直接拒绝支付保险金。

因此，规划师在对客户的忠心和可能失去保险金收益之间陷入了两难境地。规划师的忠心很快地转移了，这个故事可能会突然变成"客户欺骗了我，没有告诉我全部事实"。规划师会坚决地站到债权人那一边，争辩说自己被客户欺骗了，以此来逃避对客户的负债和可能受到的专业处罚。实际上，老练的债权人知道发生了什么事，并且他们会试图利用这些情况。

另一方面，客户本身没有什么方法能让规划师保持忠诚。第1种方法是威胁规划师：如果他和债权人合作将起诉他行为失当。客户甚至可能威胁规划师，他将就可能的判决结果向规划师索赔，因为他行为失当，偏袒债权人。当然，债权人更愿意向有很多资产的专业人员追讨债务，这样可能会保险一点，至少会收回部分债务；而向债务人追讨就必须直接打破资产保全计划。

如果规划师是个律师，客户将向州律师协会提出申诉，希望律师协会能出面干预。律师如果无法帮助陷于诉讼的客户（该诉讼是由律师所设计的），属于违反律师对客户的持续责任的行为。在客户需要的时候抛弃客户可能导致专业的处罚——这可能会给规划师一些勇气。

规划师对其承保人也可以采取一些纠正措施。一个办法是雇用一个精通不诚信诉讼的律师，让承保人知道投保人反对它介入自己和客户之间的专业关系。也可以对保险公司提起诉讼，强迫它履行规划师的保单上规定的义务。客户也可以起诉保险公司，因为它故意干涉他和律师的合同关系。

债权人也会试图通过专业的申诉给规划师施加压力。通常，律师委员会意识到，债权人的这些申诉只是为了获得诉讼中的优势。他们将完全忽略这些投诉，除非是极端恶劣的情况。然而，律师协会会阻止正在进行的欺诈行为。如果债权人的律师可以让律师协会相信，存在正在进行的隐藏或保护资产的欺诈行为，律师协会将立即采取临时措施吊销规划师的执照。

在那时候，规划师就必须衡量一下，值不值得冒着被吊销专业执照的风险继续帮助客户。如果答案是"不值得"，规划者从一开始就不会参与这种计划，应该只参与那些比较让人心安理得的计划。理由很简单：资产保全规划师就是为客户会面临的最坏的情形做规划的；因此，当最坏的诉讼局面确实出现的时候，他们必须尽全力为客户及计划辩护。这种情况和大部分商业规划和不动产规划是不同的，后者面临的诉讼比较少，并且没有这么严重。

突破传统思维还是固守传统思维

资产保全诉讼与一般的诉讼非常不同，理由是精明的债权人有时会忽视其他诉讼中必须遵守的一般规则。为什么呢？因为在大多数的情况下，债权人需要接受的惩罚都是金钱方面的，这意味着债权人可以将罚金和裁决结果相抵消。

例如，我们假设债权人被判决应该得到 100 万美元。债务人将钱藏在伯利兹城的银行账户上。因此，债权人会雇用某个人来假装成债务人去那家银行，让银行将 100 万美元电汇到债权人的账户。如果债务人起诉，他能获得实际补偿的机会也会很小，因为那 100 万美元毕竟是欠债权人的。

关键是债权人得到了有利的判决结果，债权人不用担心是否会伤害到债务人，只要债权人造成的金钱损失比裁决的数目小就可以了。在最坏的情况下，债权人可以干脆让造成的损失与现存的债务相抵消，而债务人对债权人的这种行为也无可奈何。

大部分资产保全规划师没有意识到这样一个重要的事实：债权人不受麦昆斯伯里伯爵规则（Marquis of Queensbury rules）的约束，并且对一个老练的债权人来说，只要所得债务多于损失，给债务人制造麻烦所付出的那点成本就不算什么。这通常使资产保全诉讼变得特别难以应付，这也是它为什么不适合懦夫的另一个理由。

债权人通常认为执法机构是他们的朋友。一个追讨离岸资产的债权人可能试图让美国的执法机构对已经发生的转移感兴趣，或者对离岸账户或实体是否上报过美国国税局感兴趣。执法机构有个明确的倾向：将所有的离岸活动都当成是可疑的，而不去判断它们目的的微妙差别。债权人可以毫不费力地说服美国国税局、美国联邦调查局（FBI）和当地的美国律师注意债务人及其规划师的离岸账户和金融活动。这对债权人来说是一个不容错过的机会，借助这些机构，他们不花一分钱就能发现离岸资产。

有一个只有很少的情况会涉及的实际问题，那就是法庭职权以外的补救措施——维护正义的义务警察。当一些很糟糕的事情发生时就会出现这种情形，受到不公正待遇的一方没有得到一定的赔偿，那不管法庭说什么，他不采取报复行动是不会善罢甘休的。虽然这种报复可能包括对做坏事的人的最终制裁，但是有些法庭职权以外的补救措施可能会使用比较平和的方式。有些债权人相信，得到有利于他们的裁决结果意味着他们行动时不用担心会受到惩罚。

回想我们刚才的例子，债权人假装成债务人将钱从债务人的离岸银行电汇到债权人的账户上。债权人违反了美国法律吗？可能没有。即使债权人违反了法律，在这种情况下美国律师也不可能起诉债权人。债权人假装债务人违反了伯利兹城的法律吗？可能是，但是当地的美国律师或地方律师不会太在意伯利兹城发生了什么事，伯利兹城的执法机构也不可能试图去纠正在美国发生的情形。

所有一切问题的要点是，大部分资产保全规划师认为，他们可以通过"突破传统思维"比债权人领先一步。这些规划师假设债权人不会突破传统思维并想出创新而秘密的方法追回资产或报复债权人。

一方必须有坚持战到最后的意志，这是赢得有利的解决方案的惟一方式。向债权人表达和解意愿的客户可能永远无法赢得有利的解决方案，因为债权人总是想得到更多。相反，那些让债权人知道自己将战斗到最后的债务人可能更有机会获得合理的解决方案，因为债权人确实只想要钱，而且不想在诉讼上浪费时间。另一方面，准备好并且愿意将诉讼进行到最后比鲁莽地拒绝一个不错的和解方案难多了。战斗到最后可能意味着将会发生破产诉讼，具体结果将在第 6 章讨论。

第 6 章
欺诈转让和破产理由

虽然规划师很强调在资产保全计划中采用的结构，但将财产转移到结构中的方法可能要比结构本身更重要。只要财产转移不受到欺诈转让或优先转让的挑战，债权人可能就很难去攻击这个结构。相反，如果法庭认为一项转移是欺诈转让或优先转让，就可能从结构中收回资产，即使结构本身是不可渗透的。更糟的是，正如我们将看到的，如果转移属于欺诈转让或优先转让，债务人及其规划师将有可能被指控为藐视法庭、破产欺诈和民事共谋。因此，一项糟糕的转让可能使债务人陷入比他什么都没有做时更糟的境地。

所有转让资产的方式都有个共同点：它们之后是否可以禁受得住法庭的考验，这主要取决于欺诈转让法和联邦破产法。然而，资产保全计划和这些法律相互作用的方式很难被人理解，并且充满着误解。相关书籍的作者经常认为固定的资产保全计划是有缺陷的，因为这些资产保全计划的规划师没有透彻地了解欺诈转让、优先转让是怎么确定的，也不了解债权人可以利用哪些补救措施。这个领域的法律给债权人提供了最有效的工具，来战胜有缺陷的资产保全计划。因此，债务人及其规划师应该比较深入地考虑一下这些法律。

欺诈转让［fraudulent transfer，也叫做**欺诈性财产转让**（fraudulent conveyance）］是一种破坏债权人对债务人资产执行裁决结果的权利的转让。例如，债务人将他的所有资产以 1 美元的价格"出售"给他的兄弟，这种转让可能会被看成是欺诈。如果法庭判定这个交易是为了阻挠债权人得到资产而设计的（因为债务人由于转移而变得没有清偿能力了，或者因为债务人是故意欺骗债权人的），那么法庭将宣判这次交易无效。法庭将命令拥有资产的人（财产受让人）将资产还给财产让与人，使他可以偿还债权人，或者直接把财产交给债权人。

《统一欺诈转让法》

《统一欺诈转让法》（Uniform Fraudulent Transfer Act，UFTA）是一部在美国大部分州都适用的欺诈转让法的法令（那些还没有采用《统一欺诈转让法》的州也有相似的法律规定）。它允许财产让与人的债权人质疑将资产转让给财产受让人的行为。如果债权人成功了，他就可以得到资产实现索赔权。理解《统一欺诈转让法》如何定义转让、资产、债务人和债权人是非常重要的。

任何一个有权利获得支付的人，即使是暂时的或有争议的，都是适用《统一欺诈转让法》的**债权人**。《统一欺诈转让法》适用于已经存在的或将来的债权人。债权人不必证明他在资产转让发生的时候就有索赔权，就可以质疑债务人的转让是欺诈行为。类似的，任何一个有债务的人，即使是暂时或有争议的，都是受《统一欺诈转让法》约束的**债务人**。一个普遍的误解是：在没有悬而未决的索赔权时进行的转让永远不会被判为欺诈转让。实际上，《统一欺诈转让法》对于转让发生后出现的索赔权仍然有具体的规定。

《统一欺诈转让法》定义的**转让**涉及了放弃资产的所有方法，包括授予另一个债权人对一项资产的留置权（例如抵押），或者在丧失抵押品赎回权的诉讼中失去一项资产。**资产**就是任何可以拥有的东西，但是不包括承担合法的留置权的财产、免除的财产和实体由于租赁而持有的财产（如果没有承担债权人的索赔权）。

所以，几乎所有人都可以是债权人，任何东西都可以是资产，放弃对任何东西的全部控制权的每种方法都可以是转让。那么，如何分析对欺诈转让的质疑呢？分析《统一欺诈转让法》的关键因素是时机、偿付能力、价值和意图。

《统一欺诈转让法》通常规定4年的时效期，如果债权人想质疑一项转让行为，在转让发生那天开始的4年内债权人必须要提出索赔权。有几个州规定的时效期更短或更长，但是大部分州规定的都是4年。因此，如果从转让那天开始已经过去了4年，这样的转让通常是安全的。在这种情况下，时机是惟一的决定因素。

在有些情况下，《统一欺诈转让法》规定了1年的时效期，即从转让开始的1年内债权人必须发现转让行为。这个时效期适用于涉及内部人的交易。此外，还有些州的法律关于将所谓的**非免除资产**（nonexempt asset）转变成**免除资产**（exempt asset）的时机的可能也是很重要的。例如，在得克萨斯州对非免除资产（例如现金）向免除资产（例如房子）转变的挑战期限是2年（在第9章将更详细地讨论免除资产）。虽然时机问题看似一个简单的问题，但我们要注意，一小部分州的法院认为，在债权人获得基本的判决结果之前，不应该开始计算《统一欺诈转让法》的时效期。

假设债权人在规定的时效期内挑战转让行为，交易可能会从剩余的3种因素中被审查：偿付能力、价值和意图。就像我们后面将要讨论的，**偿付能力**（solvency）是由资产负债表的检验决定的。资产负债表的检验是简单地将债务人所有的非免除资产合计起来,并且减去负债人所有的负债,包括债务人在转让时并不知道的债权人索赔权。如果债务人实施转让时没有偿付能力,或者转让导致债务人失去了偿付能力,这种转让就有可能被当成欺诈,不管债务人实施转让的意图是什么。

下一个要考察的因素是债务人由于资产转让而得到的**价值**(value)。价值也可能包括在欺诈转让时的偿付能力这一因素之中。这种转让有时叫做**推断的欺诈转让**(constructive fraudulent transfers),可与实际的欺诈转让(actual fraudulent transfers)相对应。

避免推断的欺诈索赔权的关键就是确保在转移交易中得到**合理的等价价值**(reasonably equivalent value)。当债务人失去偿付能力时,在推断欺诈理论下,赠予总是会被当作推断的欺诈转让。因此,如果赠予时债务人没有偿付能力,或者赠予导致债务人失去偿付能力,就不能通过赠予进行转移。

《统一欺诈转让法》没有定义合理的等价价值,但是许多法庭案例将这个词解释为它的基本意思。有些法庭要求债务人获得转让的资产完全按照公平市值转移,这样的转让才不会被当成欺诈转让。有些法庭只要债务人获得转让资产公平市值的一半,就不会认为转让是欺诈转让。稳妥的做法是所有的转让都按公平市值进行。

回到失去偿付能力的问题上。《统一欺诈转让法》认为,在合理估值的基础上,如果债务人的负债超过非免除资产,他就是失去偿付能力的。在《统一欺诈转让法》用于判断偿付能力的资产负债表中,债务人必须把他所有的负债都包括进去。但是债务人经常没有把免除资产或债务人不恰当地转让、隐藏或移交等项目包含进去以用来逃避债权人对其资产的索赔。保留保险很重要的一个理由是:如果可以用保单收益来支付债权人的索赔,《统一欺诈转让法》在分析偿付能力时通常会将保单的面值当作资产。

如果债务人不能在负债到期时支付他所欠的负债,也有可能被《统一欺诈转让法》判断为失去偿付能力。这个检验方法考虑了债务人的流动性和现金流。一个很有效的经验性检验指标是计算流动资产与流动负债的比率。流动资产包括那些当前可以变现的或者预期在第2年将可以变现的资产(包括所有合理预测的自我经营的收入、工资和股息)、公开交易的证券和预付费用(例如保险)。流动负债是那些在第2年将支付的负债,例如1年期的抵押支付。这个指标比1大得越多越好。如果债务人通过了现金流检验,即使他在资产负债表检验中被判断为失去偿付能力,法庭仍然可能认为他有偿付能力。

应注意的是,"**意图**"(intent)这个概念并没有在偿付能力分析中起什么作用。如果转移使债务人失去偿付能力,或者在债务到期时不能支付,债务人是不是在以最大的诚意转让资产是没有关系的。偿付能力的概念在资产保全计划中非常重要,以至于许多规划师要求客户在转让资产的那天提供有关资产和债务偿付能力的宣誓书,从而建立偿付能力的同期证明。

欺诈的标志

如果索赔权是在时效期内提出的,并且债务人有偿付能力,或者虽然失去了偿付能力但是获得了合理的等价价值,最后的争论就会集中在意图上。考虑到债务人及其规划师都是精明的,有可能杜撰滴水不漏的情节以避免资产被查封,也考虑到债务人不可能承认自己进行了欺诈转让,《统一欺诈转让法》采用了"嗅觉"测试:如果转让"闻起来味道不好",并且法庭可以指出债务人在某些情形下是恶意转移,法庭将会取消该转移。这些情形叫做**欺诈标志**(badges of fraud),它被列入判例法的历史可以追溯到 400 年前。许多年来,法庭识别出了几十种可以作为欺诈标志的情形,最常见的包括以下情形:

- 债务人是否在转让时或在转让后很快失去偿付能力?
- 债务人是否知道或怀疑存在索赔权?
- 债务人转让时是否考虑了合理的等价原则?
- 转移是否瞒着债权人?
- 债务人最近是否产生了相当多的债务?
- 是否转让了债务人全部或大部分的资产?
- 是否直接或间接转移给了内部人?

这些因素的权重取决于具体的案例。可能在某些很罕见的案例中,一个因素就足以证明欺诈转让,但在其他案例中,即使存在着许多因素也不足以证明欺诈转让。在选择考虑哪些因素和每种因素的权重时,审判法官有相当大的决定权。实际上,意图检验经常是一种以结果为导向的测试,法官会根据他对转移的"嗅觉"来做决定,然后再寻找欺诈的标志来支持他的判断。所以从债务人的角度来看,目标就是调整转移的方式,使法官判断转移具有合法的经济理由,并且不要留下线索让人觉得它是阻碍债权人的一种交易手段。

美国联邦和州破产法

美国联邦破产法有自己的欺诈转让法,该法和《统一欺诈转让法》配合得非常紧密,实际上是将《统一欺诈转让法》(允许破产法庭运用与欺诈转让相关的州法律)和一些具体的附加项目相结合。更重要的是,在联邦破产法下,破产申请前有 1 年的时间范围。在这 1 年中,任何的转移都会受到特殊的检查。在这 1 年中产生的任何涉及实际欺诈转让的债务在破产中都不会被清偿,通常包括那些将非免除资产转成免除资产的转让。

理论上,破产法庭可以无限地向前追溯并撤销欺诈转让。但是实际上破产法庭很少会根据《破产法》追究 1 年以上的欺诈转让行为,或者根据《统一欺诈转让法》追究 4 年以上的欺诈转让行为。

联邦破产法还会自动地宣布在申请破产前 1 年内对内部人的**优先转让权无效**(preferential transfers)和在申请破产前 90 天内对非内部人的优先转

让权无效（不管意图如何）。因此，在这些时间范围内进行的任何转让都可能自动被宣布无效，受让人会被迫返还转让的资产。实际上，如果转让交易考虑了等价原则，并且债权人可以获得交换来的等价资产，许多这种转让可能不会被宣布无效。然而，将非免除资产转成免除资产和其他有利于债务人的转移（例如在第19章中讨论的，换取合伙身份或有限责任公司利益的转移）估计都会被宣布无效。

破产可以被当作资产保全计划和债权人补救措施中的"中子弹"。资产是保持不变的且被某个人拥有的东西，但是经常发生的许多相互破坏的情况会迫使债务互相抵消。然而，债务人可能会选择破产，债权人也可能强迫债务人破产。因此，资产保全规划师必须对破产法和规划技巧有基本的了解。

资产保全计划通常认为，如果债务人被迫申请破产，《破产法》第7章规定的债务人资产将被全面清算，清算收益将被用来支付破产程序的费用和债务人对债权人的负债。收益无法支付的大部分负债将被取消（"撤销"）。然而，有些负债不能被"撤销"，包括：

- 在某些情形下的某些税收；
- 由于债务人欺诈、挪用、盗窃、或故意或恶意伤害他人引起的负债；
- 在破产申请上没有列出来的负债；
- 赡养费和教育贷款；
- 罚金、罚款、刑事赔偿和债务人醉酒后给他人造成的死亡或者人身伤害的赔偿；
- 在申请破产的60天内，从单一债权人那里购买超过1 000美元的奢侈品或服务的负债（或者超过1 000美元开放式信贷计划的贷款）。

破产申请（无论根据《破产法》的任何章节申请，无论是由债务人还是债权人提出的申请）会自动中止债权人的所有催款行为。然而，如果确定债务人肯定会丧失抵押品的赎回权或者取回权，债权人都可以要求撤销自动中止的规定（这一般只适用于有担保的债权人）。这种中止可以成为债务人的资产保全计划中一种非常有价值的武器，但是必须小心使用。破产会明显降低双方的谈判能力，而不仅仅是债权人的谈判能力。确实，债务人可能最终试图和破产托管人协商，而破产托管人并没有置身于破产之外的债权人那么灵活。

就像下面讨论的，联邦破产法、州法律或者两者都规定了某些资产可以不被清算。联邦《破产法》的第7章中规定，破产的债务人通常会保留这种类型的资产，并且继续支付贷款。在将免除资产或者抵押资产从清算资产池中排除后，没有担保的债权人通常什么也得不到。结果，没有担保的负债一般会在破产中被"撤销"。

在联邦《破产法》第7章的程序开始后得到的所有资产都要从这个程序中排除，不需要被清算，也不会被用于支付破产程序中涉及的负债，除了下面这些资产：

- 通过继承得到的财产；
- 离婚判决中得到的财产；
- 人寿保险或其他死亡抚恤金。

如果这些资产是在破产程序进行中或撤销结束后 6 个月内收到的,就必须用于清偿。

债务人很难把握人寿保险的时机,但却有机会安排和规划得到其他资产的时机。例如,如果债务人预料到可能会继承一大笔遗产,精明的他可能会尽快开始根据联邦《破产法》第 7 章申请破产,使遗产可以在撤销的 6 个月后收到。

什么是"可接受的"破产前计划?

破产前计划最常见的形式是充分使用债务人的财产免除。这种计划是《破产法》第 522 条的立法所认可的,它规定债务人在破产申请前可以将非免除财产转成免除财产。这种做法不属于欺诈债权人的行为,并且使债务人可以充分利用法律赋予的免除权。

确定"可接受的"破产前计划和"欺诈性的"破产前计划之间的界限通常很困难。然而,只要这种计划不是为了逃避某些负债,破产前计划通常会被法庭接受。破产前计划最常见的形式是将现金转换成对房产给予了相当大保护的州的房产权益(用现金支付抵押贷款)。当然,这种策略也不是没有限制的,例如债务人必须具有这个州的居民身份。在联邦破产法中,居民身份是由申请前 6 个月的居住场所决定的。因此,为了利用比当前所居住的州法律更慷慨的免除规定,债务人必须在破产申请前 6 个月搬到另一个更慷慨的州。

曾被提议的破产改革立法

来自债权人游说团的压力在过去的几年中迫使美国国会进行了多次破产改革。一项重要的改革法案在 2002 年几乎要通过了,但是对一些没有实际意义的次要条款的政治争论使之付诸东流。

虽然在这本书出版时《破产法》并没有发生任何事,但是你必须意识到可能会发生一些情况。这个最近几乎成为法律的议案了,包括下面的改变(以及一些其他改变),对破产在资产保全中的作用会产生重要的影响:

- 如果债务人每个月至少有 100 美元的可支配收入,那么他必须根据《破产法》第 13 章申请破产,而不是根据第 7 章申请。此外,当前《破产法》第 13 章中规定的 3 年期的赔款计划将被取消,只有 5 年期的计划可以适用。
- 要获得某个州规定的免除权,要求的居住年限将从当前的 6 个月增加2 年。当然,如果债务人为了利用佛罗里达州对债务人非常宽容的免除规定而计划在破产前将资产转移到那儿,就会比原来困难得多了。
- 给用于破产目的的州房产免除额设定了 100 000 美元的上限。
- 退休金计划免除将扩展到所有的退休金计划和个人退休计划中。

破产中的刑事问题

在破产申请或被迫破产中有个重要的问题，有可能使案件的性质立即从单纯的债权人—债务人案件变成涉及联邦刑事问题的案件——失策或谎报会使债务人被控为伪证罪或破产欺诈罪。特别是，《破产法》第152条规定，对于有以下破产行为的人，将处以罚金、监禁或同时处以这两种处罚：

- 故意和欺诈性地隐藏任何属于债务人的财产；
- 故意和欺诈性地在破产诉讼开始后，有意违反《破产法》的规定，接受债务人的金额较大的财产；
- 以个人或某个实体的工作人员的身份，为某人或某个实体或针对某人或某个实体策划破产案件，或者有意违反《破产法》的规定，故意和欺诈性地转移或隐藏自己的财产，或者其他个人或实体的财产。

应注意的是，《破产法》第152条提到的是"任何与破产诉讼有关的人"。很显然，这包括债务人的律师或者其他介入转让的人（例如家庭成员）。同时，如果发现债务人存在着《破产法》第548条里规定的欺诈转让，就违背了第152条规定，但是由于缺乏显著的事实，这种情况很少被起诉。

另外，在债务人没有按照法庭的要求将资产移交给法庭时，破产法庭可以以藐视法庭罪监禁债务人。从这个角度来看，债务人要么移交资产，要么用确凿的证据表明，虽然经过了所有合理的、真诚的努力，移交资产仍然是不可能的，而且这种不可能也不是债务人自己造成的。

案例研究：重新看待斯蒂芬·J·劳伦斯的案例——刚出狼窟，又入虎穴

1991年1月，斯蒂芬·J·劳伦斯在泽西岛（英国在英吉利海峡的属地，靠近法国西北海岸）建立了一个离岸信托，估计价值为700万美元。两个月后，他和其经纪人贝尔史登之间42个月的仲裁争议裁定，他要向贝尔史登支付2 040万美元。

根据信托工具的规定，劳伦斯有任命托管人的惟一权力。一段时间后，他对信托进行了许多修改。在1991年2月，他增加了规定包括受益人不得自由处理信托的条款并且他的信托将由毛里求斯共和国的信托法规管理（毛里求斯是一个距离马达加斯加岛海岸450英里的岛国）。在1993年1月，信托条款又被修改了：不能在强迫或强制下执行财产托管者的权力，并且他的终身权益也会因为破产事件而终止。在1995年3月，劳伦斯又修改了一项规定，声明他本人是信托中的"非豁免人士"，因此禁止他成为信托的受益人。最后，在1999年，托管人发布了意向声明，说明非豁免人士的地位是

不能改变的。

1997年6月，劳伦斯根据《破产法》第7章申请自愿破产。破产托管人反对劳伦斯撤销负债的请求。在处理过程中，关于劳伦斯对质询的回答是否充分的问题出现了争议，法庭认为他的回答是不完全和含糊其辞的。法庭同意了托管人提出的采取强制措施的请求，命令劳伦斯出席证据听证会。在这个听证会上，托管人将有直接的、被监督的机会从劳伦斯口中获得回复。1998年7月，听证会结束后，法庭做出了缺席判决，认为托管人控诉的事实成立。同时，法庭发现，信托中规定的权利和义务应该由佛罗里达州的法律来规范，而不是像信托文件所选择的那样，由毛里求斯的法律规范，而且还发现其信托是不动产。

几个月后，法庭进一步发现了劳伦斯还控制着信托，并利用他的保留权撤换或任命托管人、增加或替换受益人，于是便驳回了劳伦斯关于不可能向法庭移交财产的辩护。接着法庭因为劳伦斯没有移交信托资产而判他藐视法庭罪。劳伦斯拒绝遵守法庭判决。于是在1999年10月，破产法庭判决他不遵法庭判决并判处他监禁。此外，他还得每天被罚款10 000美元，直到他不再藐视法庭为止。2000年7月，联邦地方法院批准了他移交资产的命令和藐视法庭的命令。劳伦斯提出了上诉。

劳伦斯申辩说，在1999年9月，他签署了一份将破产信托人任命为信托托管人的文件，并通知了原来的托管人。他坚持认为，这是他将信托资产移交给破产托管人的最大权限。

劳伦斯还申辩说，他已经在权力范围内尽了最大的努力，把破产信托人任命为新的托管人。他坚持认为，他的努力没有得到任何结果的这个事实（大概是由于信托文件中规定的强制条款导致的）是他所不能控制的。由于各种理由，这个申辩没有被上诉法院采纳。为了支持不可能抗辩，劳伦斯必须证明他已经通过"合理且真诚的努力"来实现他试图逃避的法庭命令。第十一巡回法庭支持联邦地方法院的判决，该判决认为劳伦斯最后将破产信托人任命成托管人的行为并没有满足"合理且真诚的努力"这一要求，而且劳伦斯的行为从法庭来看也不是"真诚"的。他必须意识到，他打算进行的任命会由于强迫条款而被托管人忽略。而且，联邦地方法院根本不相信劳伦斯声称的他无法控制信托以及他没有和托管人保持联系等证词。第十一巡回法庭没有发现足够的证据来推翻已做出的裁决。

而且，第十一巡回法庭发现劳伦斯的辩护是无效的，因为他所宣称的那些"不可能"完全是他自己造成的。因为劳伦斯自己要对他不遵守法庭的命令负责，所以不能用"不可能性"来证明他不是藐视法庭。劳伦斯争辩说，他的"不可能性"和其他案例中的"不可能性"是不一样的，其他案例中的"不可能性"是自己制造的，不能成为辩护的理由。他申辩说，他使资产移交变为不可能的"行动"（如果有的话），是在藐视法庭的行为前发生的。但上诉法庭完全驳回了他的申辩，因为它发现劳伦斯所建立的信托很明显地是为了逃避预期的仲裁裁决。此外，当劳伦斯成为信托中的非豁免人士时，他仍然保留着任命新托管人的权力，而这个托管人可以随时恢复非豁免人士的权力。

在这个案例中,劳伦斯基本上将大部分的资产都转移到了离岸信托,他可能对这个信托有控制权,也可能没有。他本来可以利用更全面的计划,例如免除计划、房产免除(毕竟他住在佛罗里达州)、人寿保险和养老金等。如果是那样的话,现在劳伦斯可能就不用通过破产来解决索赔问题了,并且可以保留住他的大部分资产。

下面一章详细叙述了离岸计划的吸引力,它使劳伦斯忽略了常识和他本来可以使用的更基本和更有效的规划技巧。

第7章

离岸计划

资产保全经常和离岸计划相联系，例如在库克群岛建立资产保全信托。确实，许多小国主要是以满足某些人的需求为主，这些人可能是判定债务人，也可能是那些担心某一天变成判定债务人的人。这些避税港是"债务人的天堂"，这绝非巧合。一些小的、富裕的国家，例如瑞士和卢森堡，也在与加勒比海（例如安圭拉岛、圣基茨、尼维斯和巴哈马群岛）和太平洋（例如库克群岛、瓦努阿图、瑙鲁和马绍尔群岛）的一些更小、更贫穷的国家争夺资产保全生意。同样，它们也在同各个自治的英国保护国和分散在世界各地的殖民地（例如百慕大群岛、开曼群岛、英属维尔京群岛、海峡岛国、直布罗陀和马恩群岛）争夺客户。

在实践中，所有这些司法管辖区域都有一个共同点：美国的裁决结果在它们的法庭基本无效，甚至完全无效。这就意味着，在美国的司法管辖区域中取回资产的诉讼，通常必须在这些司法管辖区域重新审理，尽管债权人在美国已经获得了有利的裁决结果。这些司法管辖区域的法律都规定了有利于债务人的条款，例如缩短时效期和严格限制欺诈转让法。此外，这些司法管辖区域通常有严格的保密法律用来禁止罪犯、银行、信托公司和其他的金融机构在没有该司法管辖区域的法庭的命令下泄露客户的相关信息。

这些司法管辖区域的目标是尽可能地有利于债务人，这样才可以吸引资产保全业务。确实，为了使自己的法律成为最吸引人的法律，能走在其他国家的前面，这些司法管辖区域一直在相互竞争。库克群岛的信托法刚刚修订完，尼维斯岛也出台了类似的法案。英属维尔京群岛的国际业务公司（International Business Companies）法案刚刚被修改，圣文森特岛的国际业务公司立法机构也就此类法案做出了更大的修改。这种争夺是永无止境的。

同样，这些司法管辖区域的法庭通常也偏向于债务人，并且一般都会阻止债权人获得资产。即使是在最极端的、涉及证券欺诈和消费者欺诈的情况下也是如此。毕竟，如果这些司法管辖区域中的一个法庭做出有利于在岸债权人的裁决，业务将很难持续下去（尽管这种情况很少会出现）。

就如离岸法庭不认同美国法律和美国法庭的裁决一样，美国法庭也不认同这些"债务人天堂"的法律或者这些法庭的裁决。只要美国法庭对债务人有司法管辖权，并且可以因为他藐视法庭而将其送进监狱，它就可以命令债务人把资产从"债务人天堂"取回（遣返），以此来执行债权人得到的裁决结果。这意味着要想使离岸计划在债务人的资产是离岸时有效，债务人本人就必须转移到美国法庭不能控制的地方。这种解决方式对有些人可能有用，但对大多数人是完全无用的——没有人想离开家庭、职业和在美国的舒适生活去追求离岸裁决结果。

好的资产保全计划会利用"债务人天堂"的某些特征，这些特征到目前为止还没有将资产所有者暴露在遣返命令或藐视法庭等债权人补救措施之下。

"离岸天堂"的优势是，这里的人或事物不用服从美国法庭的裁决或命令。当前，根据美国《宪法》中的充分信任与尊重条款，州法庭必须尊重彼此的裁决，并且要根据最高条款尊重联邦法庭的裁决。当然，"离岸天堂"不会受美国《宪法》的约束，它们可以不在乎美国法庭的裁决。事实上，离岸法庭好像从拒绝美国法庭在"离岸天堂"间接维护其裁决这一过程中获得了很大的满足感。

但是美国法庭的裁决不是离岸法庭忽略的惟一事情，它也不会理睬美国法庭的命令。一个发给离岸信托公司的传票可能得不到回音，而美国法庭对这种事经常无能为力。只有外国实体在美国有分支机构并且可以针对它采取补救措施时，美国法庭才有机会看到其命令被执行。[1]

从债权人的角度来看，这意味着很难在"离岸天堂"获得证据（至少很难合法地获得）。因此，某个关键的证人可能拒绝为一项交易的相关问题作证，当事人可能会破坏文件或者简单地拒绝出示文件。即使是在允许透露的情况下（基本上都要征得债务人同意），在"离岸天堂"开展透露过程也将会非常地费时、费钱。例如，想得到一份宣誓证词的债权人可能要让其记录员从美国法庭乘飞机到"离岸天堂"去。

债权人面临的另一个类似的问题是，很难让美国法庭对离岸的个人或实体行使司法管辖权。离岸的个人或实体在什么地方被判定为案件的"必要的当事人"是很重要的——也就是说，如果一方当事人不介入案件，诉讼就无法进行。如果找不到行使司法管辖权的基础或者无法向另一方当事人传达诉讼法律文书，债权人就可能会遇到诉讼障碍。

离岸实体一个常见的作用是作为美国有限责任公司和有限合伙企业的管理者或一般的合伙人。即使债权人能够获得一个抵押令，责令债务人交出其资产，他也根本不可能强制离岸的管理者或一般合伙人在不受海外司法管辖权管制的情况下交出财产。

离岸计划与法律的冲突

资产保全计划经常会利用有冲突的法律（例如，有的行为在加利福尼亚州可能被当成欺诈转让，而在佛罗里达州则可能不会）。既然"债务人天堂"有对债务人非常有利的法律，规划师很自然地会试图利用这些法律来解决美国的债权人—债务人纠纷。法律冲突的存在给债权人带来了不确定性，并且促使债权人同意更有利于债务人的解决方案。

有些外国的法律会被美国认可，但是还有些法律则因为公共政策的原因不被认可。是否被认可的关键通常是，法庭诉讼所在地的美国司法管辖区域和离岸司法管辖区域是否有相同或类似的法律。例如，因为得克萨斯州有《有限责任公司法案》，我们基本可以预料到尼维斯岛的有限责任公司及《有限责任公司法令》会被得克萨斯州认可。相反，自行设立的规定受益人不得自由处理的信托资产（第13章和第14章有更多相关介绍）——资产保全信托在离岸避税港的司法管辖区域中是很常见的，但是由于公共政策的原因，它们对信托债权人的保护在大部分州都是无效的。然而，在像内华达州这样的认可自行创立的规定受益人不得自由处理的信托资产的州和那些有特别的立法允许这种工具存在的州，这类信托资产也会被认可。

也就是说，当某个州和离岸司法管辖区域有相似的立法时，离岸实体本身应该会被认可。但是在涉及离岸实体的情况下，州法庭可能无法像在涉及美国国内实体的案例中那样实施补救措施。例如，法庭可以命令美国国内实体解散，这样债权人就可以获得实体的资产，然而法庭并没有权力强迫外国实体遵守这个命令。

资产保全规划师经常试图在交易中采用国外的法律和使用某些条款用来要求在判决与交易有关的问题时采用"离岸天堂"中有利于债务人的法律并选择缩短时效期或者要求在"离岸天堂"提起诉讼。并不奇怪，美国法庭会拒绝引入这种法律，特别是在交易的经济状态使它没必要这样做的时候，或者债权人不是交易中任何一方的时候。

在资产保全规划方面，最近的发展是利用与美国拥有相似法律的其他国家的实体，但是我们不能把这些国家当作债务人的避风港。在第21章所描述的英国以及《有限责任合伙法》（Limited Liability Partnership Act）就是一例。因为许多美国法律是从有长期历史的英国法律中衍生出来的，所以从总体上说，债权人很难说英国的法律和加勒比海及"债务人天堂"的税法一样，是有缺陷的。

未被记录的离岸账户的危险

许多人认为，既然"离岸天堂"的法律如此有利于债务人，那么只要使用离岸的银行或证券账户就可以保护这些账户中的资产免受债权人的侵害。但如果这些资产被报告给美国国税局（像美国的纳税人法律所要求的那样），债权人就能轻易地找到相关的书面材料。若不上报给美国国税局也并非是一种好的选择，因为不上报离岸资产和收入会被处以严厉的罚款，并且在某些情况下还会被监禁。在美国国税局和司法部（Justice Department）选择提出刑事诉讼的情况下，联邦判刑准则要求法官判处逃税行为给以监禁的处罚。联邦法官甚至可能必须根据准则的要求从严判决，延长进行离岸交易行为的入狱时间。

而且，对美国国税局隐瞒账户是一个糟糕的资产保全策略，因为总有一些人会知道账户的存在，他们可能是离岸银行家、托管人，也可能是投资顾问。如果"债务人天堂"的保密法律改变了，或者"债务人天堂"和美国达成了税收信息共享条约，这些知情者可能就会被要求披露账户的信息。这些人也可能不经意或恶意地披露信息，或者利用信息敲诈不顺从的美国存款人。实际上，许多美国受害人的离岸资金被盗用了，但不愿意把事情告诉任何人，因为他们担心对这种事件的调查可能会导致税收欺诈的调查。离岸罪犯知道这一点，所以对于打算把资金藏匿到海外的人来说，资金被盗用是一个实际存在的严重问题。

在20世纪90年代末，许多离岸银行和信托公司大肆地推销利用离岸借记卡或信用卡开设秘密的离岸账户。这种安排使资金（和这些资金带来的应税收入）可以被美国的账户持有者使用，而不用真正地将资金从离岸银行转到美国银行。然而，美国国税局很快意识到这个安排会被滥用。在2001年，美国国税局传唤了数千份信用卡记录，并且把信用卡和它们的离岸账户使用者对应起来。最近颁布的税收信息分享条约使"离岸天堂"面临遭受经济报复的威胁。这也迫使离岸银行开始在美国税收调查中与美国国税局合作。这之后又出现了许多成功的起诉。这些都充分证明了在今天的法律下逃税还是秘密的，可能在明天就不是了。而且，那些试图利用离岸银行的保密性来逃税的人，在一生中可能随时面临着被起诉的危险，因为对未报告收入的税收欺诈行为，不存在诉讼时效的问题。

当然，要遵守法律就需要向美国国税局报告收入、外国账户、外国信托和外国实体。这种报告会留下关于离岸账户和离岸活动的书面证据，很容易受到债权人的追踪。因此，要么犯下税收欺诈的重罪，获得不可靠的保密性；要么遵守税法，但是要放弃所有有效的税收保全措施。聪明的选择不是依赖离岸保密性，而是去构造一些即使完全暴露也可以经受得住挑战的事件。

而且，钱不可能毫无痕迹地进入到离岸账户中。将现金用手提箱带到瑞士的时代已经结束了，因为银行对任何可能涉及洗钱的事情都害怕得要命。资金肯定来源于某个地方，通常是通过支票或电汇转移过来的，这会留下很容易追踪的书面或电子记录。债权人的律师知道在银行报表中寻找什么线索——某一天账户上有100万美元，而第2天却消失了。在对债务人进行判决后讯问时，债务人必须诚实地回答关于这种交易的问题和是否存在离岸实体和账户的问题。如果没有诚实地回答，债务人可能会因拒绝回答而被判民事藐视法庭并被判入狱，也可能由于做伪证和撒谎被指控藐视法庭，面临着刑事诉讼。

而且，如果债权人发现离岸金融活动没有上报美国国税局，可能会威胁债务人若不还债，就去揭发这个信息。虽然这可能是刑事敲诈，但是债权人无论如何都会这样做。起诉者可能对判债务人逃税更感兴趣，而没兴趣告发逃税的债权人采用了小小的技巧性起诉。确实，起诉者和债权人之间惟一的争执可能不是关于是否是试图敲诈，而是债权人是否有权力提供和离岸逃税相关的信息。

如果离岸计划是资产保全计划的一部分，就必须要使计划达到如下的效果：即使在向美国国税局披露了所有的信息，并且债权人获得了债务人所有交易的详细税收申报材料的情况下，这个计划仍然使债权人觉得很复杂。在资产保全计划中，要假设涉及的每份文件和每次谈话都有一天会成为证据。也就是说，要假设不管计划依赖的保密程度如何，都有可能会失败。

遣返与蔑视

发现了离岸资产的存在，不管是否准确地知道这些资产到底是什么以及在什么地方，债权人接下来都可能申请法庭命令债务人遣返资产，即将资产转移回美国。如果法庭发布了这个命令，债务人有3种选择：遣返资产、逃离美国或者拒绝遵守。其结果将是因为蔑视法庭而被判入狱——时间不确定，有可能是好几年。

债权人也可能试图在"离岸天堂"取回资产。获得外国资产正是宣传者吹嘘的离岸计划的好处，并且他们说得确实相当正确。然而，在某些情况下，债权人可能发现信托或公司文件中存在技术缺陷，从而使其可以取得资产。或者，债权人可能会成功地取得了裁决前资产扣押权——玛瑞瓦禁令（Mareva injunctions），从而冻结未决审判涉及的资产。如果债权人在一个英联邦司法管辖区域（包括许多"离岸天堂"）内成功地获得了玛瑞瓦禁令，他就取得了重大的胜利。因为该禁令不需要经过进一步的听证会就可以在其他英联邦司法管辖区域内生效，而债务人有受益权的资产可能就在那些司法管辖区域内。

一个积极的债权人可能会求助于非法的补救措施。毕竟，债权人没有离岸资产，不会被离岸法庭惩罚。有些"离岸天堂"腐败到了无可救药的程度，这意味着贿赂行为可能以当地法律预料不到的方式造成有利于债权人的结果。一些工资很低的银行员工也可能做出这样的事，他们为了钱可能对伪造的电汇指令视而不见，将资金从债务人的账户汇到债权人的账户。如果债务人在美国或国外起诉债权人，不会取得什么实际的经济效果。因为不管怎么说，债务人欠债权人的钱，并且债务人并没有遭受着实际的经济损失。

然而，必须承认，前述的例子很少发生，但这说明了重要的一点：老练而积极的债权人在设计创新的解决方案时很有能力，包括利用某些"离岸天堂"无法无天的本质。在美国，一个判定债权人可以采取对债务人造成经济伤害的行动，而不会面临刑事惩罚（因为美国没有这样的法案）。债权人也可以用自己获得的判决结果来抵消债务人在民事诉讼中取得的胜果。

对大部分人来说，在涉及金融账户时，一个小型的离岸计划会大有帮助。对许多客户来说，一种简单的无息支票账户再加一笔永远少于10 000美元（超过这个金额就必须向财政部报告）的余额就足够了。这种账户可能至少在判定债务人被质询前都不会被发现。本质上，这种账户只不过是债务人陷入灾难时的应急资金储备，特别是债务人发现有必要永远离开美国的时候。

离岸银行

必须远离可能没有充足资本金和储备的小型离岸银行。有些离岸司法管辖区域，如格林纳达银行骗局已经泛滥成灾了。在格林纳达第一国际银行丑闻中，诈骗高手范·布林克（Van Brink）成立了一家许可银行，接着拿着大约2亿美元存款人的钱逃走了。这个诈骗高手甚至成立了假冒的"国际存款保险公司"（International Deposit Insurance Corporation，IDIC），给存款人造成错觉，认为这个银行的存款有完全的储备和保险。

另一方面，有离岸分支机构的大型跨国银行通常资本非常充足，并且有雄厚的储备。在更好的离岸司法管辖区域，这些银行会受到当地中央银行或金融服务委员会的严格监管，有些银行甚至可能比某些美国银行更健全，虽然大部分离岸司法管辖区域都没有可以与美国的联邦存款保险公司（Federal Deposits Insurance Corporation，FDIC）的保险范围相媲美的存款保险形式。除了高费用（有时极端昂贵）和常常低效率的服务之外，离岸银行和美国银行很相似。

然而，投资于离岸市场和投资于受到高度监管的美国市场是非常不同的。离岸投资受到的监管很松——经常根本没有监管。适当的留心和谨慎发挥着极其重要的作用。而且，大部分外国市场都比较小，都比美国市场效率低。这会导致更高的交易成本和更低的流动性。类似的，货币管理费和经纪人费用也明显高于高度竞争的美国市场。

天真的美国投资者经常认为，离岸投资会比美国国内投资产生更高、更安全的收益，虽然事实往往恰恰相反。这个误解使"离岸天堂"充满着欺诈，特别是"庞氏骗局"。它们编造出秘密的欧洲银行体系的谎言，并且通过提供每个月20%以上的"保底"收益来迎合贪婪的投资者。

离岸投资欺诈有时会伪装成合法的面目出现。例如，有些离岸对冲基金通过套利投资向投资者许诺低风险的收益。但是基金管理人实际上通过向自己的家庭或机构控制的公司投资，把基金的资产全都调走了。大部分有监管的离岸投资基金，包括对冲基金，都是合法的，但是宽松的离岸监管环境使那些建立得很好的机构基金之外的基金进行离岸投资变成了一种危险的碰运气的行为。离岸投资者都很聪明地听取威尔·罗杰斯（Will Rogers）的劝告："担心自己的本金能否收回，其次才是担心本金带来的收益。"当任何人进行离岸储蓄或投资时，必须首先考虑到投资安全问题。

因为这种考虑，大部分离岸资产的结构是这样安排的：资产由一个离岸实体拥有，但是资产本身投资于美国市场。如果出现了大量债权人，离岸实体就会关闭它的美国账户，将投资转移到境外，可能转移到相对安全的欧洲市场。因为没有债权人问题，这种安排可以使投资比较安全，而且当环境改变的时候，这种安排也可以灵活改变。

对离岸银行的优点、缺点和极度的离奇性的更详细讨论不属于这本书的讨论范围。有关离岸银行更精彩的观点可以参考《离岸货币：如何为了保密、保全和税收优势转移资产》(*The Offshore Money Book：How to Move Assets Offshore for Privacy，Protection and Tax Advantage*) 这本书。该书的作者是阿诺德·L·科纳（Arnold L. Cornez），由麦格劳—希尔出版社（McGraw-Hill）于 2000 年出版。

离岸恶名

在这本书中，我们讨论了进行资产保全的各种离岸策略。然而要记住，由于离岸资产保全被广泛推广，所以它在许多美国法官眼中的形象并不好。离岸服务公司的广告使得美国许多激进且目光短浅的规划师肆无忌惮地大量使用离岸计划，希望以此来避开美国法庭的司法管辖权限和权力范围。也就是说，"高兴起来，阁下！"一个人不能期望美国法官喜欢一个蔑视他的人，事实上，法官对于无耻地阻挠债权人的离岸计划是很严厉的。

因为这个恶名，债务人应该审慎和小心地使用离岸计划。在可能的情况下，规划师应该避开那些臭名昭著的"债务人天堂"，而使用被认为更合法的司法管辖区域——例如英国和新西兰。那里没有坏名声，你可以使离岸计划发挥合理的实际效益。

离岸税收计划

重新计价（reinvoicing）是一种离岸逃税策略，许多美国企业都陷入了这里面。许多离岸服务提供商都大肆宣传了这一概念，甚至一些信用很好的美国规划师也对此广泛提倡：你需要在避税港建立一个离岸公司。离岸公司给美国公司开具一张发票，伪装成他们向美国公司提供了某种商品和服务——事实上，有可能他们确实提供了这些服务。美国公司会按照发票上的金额支付，将资金打入离岸公司的外国账户，这样这些钱就从美国的税收体系里消失了。这种计划已经存在了数十年，美国国税局有很强的能力取消这些计划。使用这些计划的人通常都会被控逃税。

一个相似的计划是，让一个美国专家和一家员工租赁公司签订雇用合同。这家员工租赁公司所在国的税收法规比美国的更有利，例如爱尔兰。然后美国的企业再向员工租赁公司租用专家的服务，提供的租金比员工租赁公司支付给专家的工资高很多。支付给离岸员工租赁公司的差额通常和企业的总利润非常接近（加上离岸员工租赁公司支付给专家的工资），这个差额是支付到一个被专家控制的离岸"退休金"账户的。这个账户的目的是增加专家的免税收入，并且将其转移到另一种形式的免税账户，使专家可以很容易地免税使用这个账户中的资金，例如罗斯个人退休账户。美国国税局也一直在查这些计划，涉及这些计划的人正在被仔细地调查，并且被控税收欺诈。

然而，虽然这样的安排从税收的角度来看是失败了，但是从资产保全的角度看可能仍然是有效的。只要美国人不试图通过使用这些计划获得税收利益，除了最精明的债权人之外，其他人很难识别和戳穿这些策略。成功的关键是债权人能否确定这个安排确实没有税收利益。但是要记住，应付国际税收的复杂性可能不是一般的税收律师的长项，更不是一般的债权人律师的长项。

审慎的、符合税法的离岸计划可以给资产保全计划带来显著的优势。成功的离岸计划的关键在于避免标准化的俗套的策略、远离被大肆宣传的策略、避免投资欺诈并且有效地投资。

当然，离岸计划是许多资产保全计划中的重要部分。然而，它不应该是核心的部分。有效的资产保全计划是以基本的规划方法为基础的（在下面几章会讨论到），而与离岸措施相配合会使这些方法更有效。

注释

[1] 例如，在美国对加拿大新斯科舍省银行纠纷案例中，离岸银行的美国分支机构在一个麻醉品案中被美国联邦大陪审团传讯，要求其提供在安提瓜岛、巴哈马群岛和开曼群岛的分支机构的银行记录。银行引用它的保密责任拒绝提交记录，结果因为没有遵守传讯，每天被罚款 25 000 美元。最终，当罚款超过 180 万美元时，银行勉强同意交出了记录。(*U. S. v. Bank of Nova Scotia*, 740 F. 2d 817, cert. den. 469 U. S. 1106)

第8章 资产保全的方法

资产保全计划的制订和实施的过程可以被分为两种基本方法论：**一般方法**（general methodologies）涉及大部分策略都存在着的普遍问题；而**执行方法**（implementational methodologies）涉及保护特定资产的特定策略。

一般方法的一个例子是时间的方法：它考虑到与资产保全计划相关的时间效果。时间可能会限制或增加可以使用的规划方法。合适的时间安排可以明显地加强计划的效果；而不合适的时间安排可能降低或破坏计划效果。

在资产保全计划中时间是一个确定的、可测量的值。例如，在将来的某个时间，可能会出现针对客户的索赔。到索赔发生时为止，客户可以使用的计划方案都很广泛。然而，一旦索赔真的发生了，随着裁决和收款时间的临近，可选择的计划方法就减少了。最终到裁决时，几乎没有什么计划可以选择了。随着索赔从真正发生到裁决，再到收款期逐渐临近，债务人可以使用的计划数目会不断减少，我们把这种现象叫做解决方案的**时间弱化**（time decay）（见图8—1）。

时机的掌握也影响着资产保全计划的实施（见图8—2）。没有理由马上实施资产保全计划的每个部分。在理想的情况下，资产保全计划是在不同的时间阶段实施的，所以不存在太过宏大的计划。在理想的情况下，计划实施是和客户平常的商业行为步调一致的，并且与一般的商业决策和交易混合在一起。相反，如果客户在被注意到有潜在的诉讼后突然将一大笔资金转移到外国，那一定会受到严密的审查。然而，如果比较隐秘地在客户的业务操作中把资产从美国国内转移给外国的供应商（可能和客户有某种关系），可能就不会被审查，虽然这个行动也能起到转移价值的效果，但是债权人很难提出质疑或发现其中的奥秘。

第 8 章 资产保全的方法

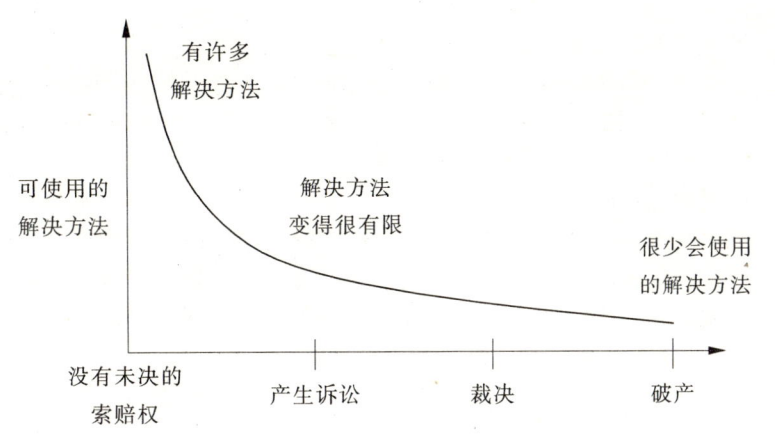

图 8—1 解决方法的时间弱化

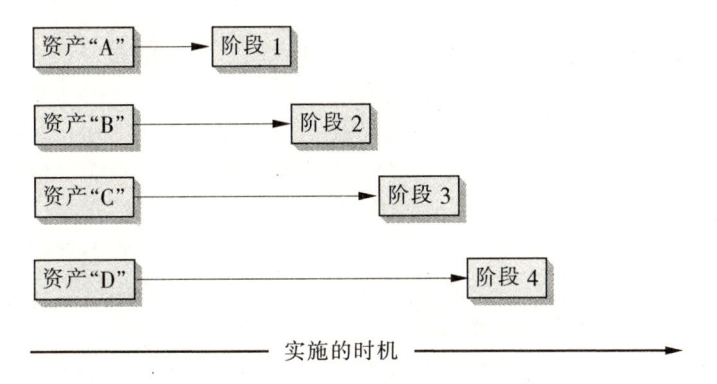

图 8—2 实施的时机

好的资产保全计划通常会延续很长时间以避免针对其为了保护所有资产免受债权人侵害而实施"大型计划"的指控

裁法权方法

裁决权方法（jurisdictional methodology）涉及将有利的法律引入交易和将资产转移到更不利于债权人的司法管辖区域。裁决权方法的本质是利用法律来帮助债务人。

充分利用法律是一个核心的资产保全概念。起草文件时通常需要引入有利的法律——例如，将某些公司的问题构建在完善的特拉华州法律体系之下。债权人可能不确定某些存在法律冲突的问题将怎样解决，这将影响到他的和解心理。在决定是和解还是诉讼时，债权人必须首先推测一下，在多种司法管辖区域的法律中，法庭会采用哪种法律。其次，债权人必须推测，在法庭可能选择的各种法律组合下，他是否会胜诉。

在形成一个实体、建立一个信托、决定在哪里投资或托管资产、甚至决定在哪里居住时，司法管辖区域的选择都会显著地影响资产保全计划的成功与否。然而，司法管辖区域的选择通常可以简单地归结为选择美国国内、国外（例如加拿大或英国）或者"离岸天堂"。

固守俗套的资产保全规划师的大肆宣传行为和对"离岸天堂"的司法管辖区域的宣传会让人认为，选择"离岸天堂"的司法管辖区域是资产保全计划的关键。这样，离岸计划是否健全就变成次要问题了。实际上，司法管辖区域的选择应该是最后一个决定。大部分结构可以从一个司法管辖区域转移到另一个司法管辖区域，因此，在比较保守的司法管辖区域里的实体资产可以在面临威胁时转移到更有利于债务人的司法管辖区域。规划策略的健全性比实体和资产一开始所处的位置更重要。无论资产和实体一开始是否在"债务人天堂"，健全的计划最终都能幸存下来。

集成方法

集成方法（integrational methodology）处理的是资产保全计划与客户现存的业务计划或其他计划相结合的过程。正如我们在第4章讨论的，好的资产保全计划的一个特征就是不易察觉。将资产保全计划与业务计划和不动产计划结合是达到不易察觉这一目的最常用的方法。确实，资产保全计划必须成功地与其他计划相结合，才能在长期内有效地发挥作用。这个计划必须包含某些在一定的背景下可以用于其他目的的内容，而不仅仅是在债权人出现时把资产转移走。对那些笨重或无效的计划所做的维护工作可能已经完全被忽略，从而使最终计划无效。

在历史上，资产保全计划和税收计划总是同时出现的。人们往往认为，资产保全计划主要是为了税收目的而制定的，并且许多税收策略也声称资产保全是它们的经济动机。一个计划被如何描述取决于在这个案例中要面对的是美国国税局还是在法院裁决后处理收款问题的民事法官。

集成方法胜过仅仅编造一个掩人耳目的说法或是障眼法。集成方法详细地分析了客户开展业务和个人生活的方式，它的结构和策略在经济上给客户带来的收益超过了纯粹的资产保全收益。好的资产保全计划使客户可以将精力集中在他的业务和个人生活中最重要的部分上。一个理想的资产保全计划还会加强客户将财产传给下一代的能力。

分别处理与分离方法

分别处理（unbundling）资产是一种重要的资产保全策略（见图8—3到图8—5）。**分离方法**（separation methodology）是将资产分成简单的资产和复杂的资产。简单的资产是指那些不可再细分的资产——现金就是一种简单的资产，专利权带来的专利费也是。

复杂的资产是那些可以被细分的资产。例如，高级的商业房地产就是一种复杂的资产，因为它既包含土地本身的价值，也包括一定的出租价值。分离就是把土地价值从出租价值中分离出来，并加以保护。企业由许多资产组

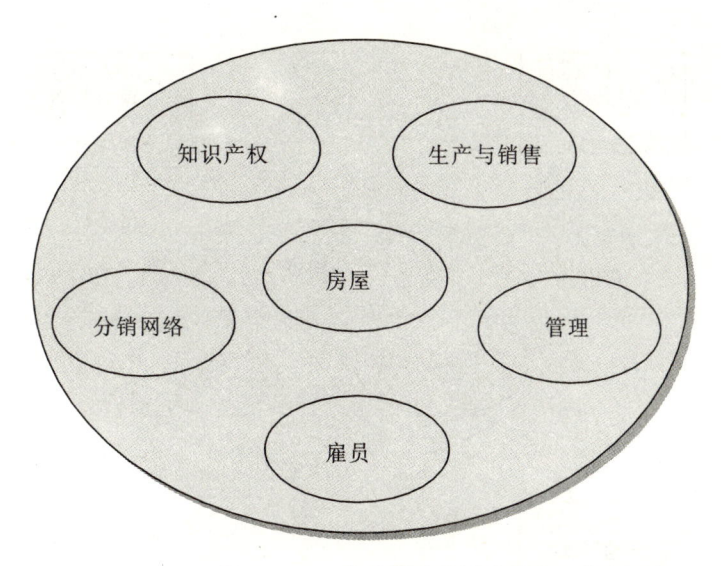

图 8—3　一个典型企业的分别处理资产组成

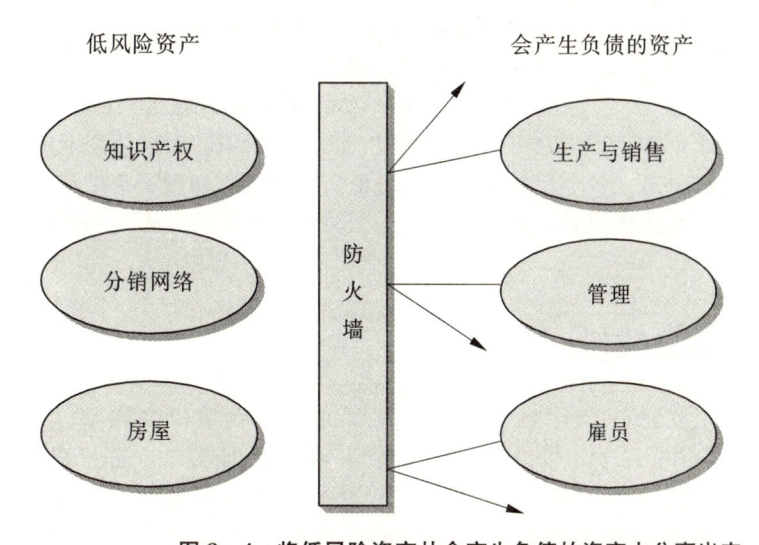

图 8—4　将低风险资产从会产生负债的资产中分离出来

成,包括不动产和设备、客户的合同、客户名单、专利、版权、商标、关键雇员的合同、卖方合同等资产的市值和出租价值。其中每一种资产都可以被单独估值、货币化和保护。例如,企业所有者可以建立一个拥有客户名单的实体,并将名单出租给该营业企业。不动产和设备可以归其他实体所有,再租赁给该营业企业。商标可以属于另一个实体所有,并允许营业企业使用。还有一个实体可能和员工签订合同,并将他们的服务租赁给营业企业。每个合同都可以使资金从营业企业流到各个独立的实体,在这些实体中,那些资金不会被营业企业的债权人和其他实体的债权人获得。

分离方法是将有价值的资产从有可能产生负债的营业单位中转移出去,并且通过租赁、租借和许可证等方式继续从这些资产身上获益。因此,营业企

58 | 资产保全

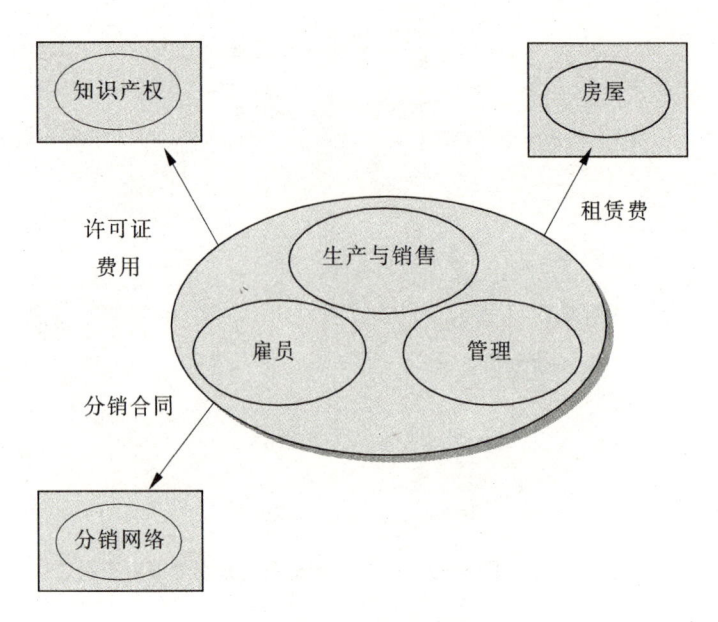

```
         [知识产权]                      [房屋]
              ↑                            ↑
              |                            |
          许可证                         租赁费
          费用          ┌─────────────┐
                       │  生产与销售   │
                       │ ┌────┐ ┌────┐│
                       │ │雇员│ │管理││
                       │ └────┘ └────┘│
                       └─────────────┘
          分销合同
              |
              ↓
         [分销网络]
```

分别处理的最终目的是保障低风险的资产和用这些资产从高风险的交易中抽离资金。

图 8—5　对各种成分分别处理

业永远不会积累起可暴露给债权人的大量价值。对整体企业的成功很重要的资产都分散在各个实体里,因此每个实体的价值和利润都被尽量减少了,但是实际上从整体来看,客户变得比任何时候都更富有、更有利可图。

机会转移

资产保全计划中一个最重要的概念就是**机会转移**(opportunity shifting)的概念。机会转移是一个不动产计划概念,它可以把一个富人的新的商业机会转移或移植到一个为子孙设立的家庭信托中去,从而使未来的收入和资本增长可以在他的应征税遗产之外积累起来。这个结构还可以把预期的收入和资本增长与可能的债权人隔离开,从而达到资产保全的目的。

为了方便机会转移,能产生收入的新资产一般会建立在一个企业里或被一个企业购买。例如新专利,应该被放在一个单独的资产保全结构中,这样,财富就可以在可能产生负债的企业外积累。如果企业需要新的资产,应该通过租赁或许可证的方式让企业获得这些资产。这种设置不仅保护了资产不受企业债权人的侵害,而且也提供了另一种将企业的现金资产抽调出去的渠道,从而使潜在的债权人无法获得这些资产。这种资产保全形式是一种最安全、最可靠的形式,债权人顶多能对转移的金额提出质疑。

结构的方法与转移的方法

资产保全计划强烈依赖于选择和建立的结构（也就是，结构的方法）和将资产转移到这些结构的途径，例如赠予、销售和资本化（也就是，转移的方法）。

结构的方法往往非常引人注目。大部分资产保全研讨会和文章都很关注"最新和最伟大"的结构，不管是美国国内的或离岸的资产保全信托、公司和有限责任公司法、外国基金会还是其他什么结构的新的主体。宣传者有可能向客户出售一个简单的、很容易建立的结构以便获得信息费用，然后去应付下一个客户。巧妙的销售和奇异的新结构看起来很花哨，而将资产转移到结构的细节看起来则很平凡。

然而，从资产保全的观点来看，将资产转移到结构的方法往往比结构本身更重要。这就是因为大部分可以判决资产保全计划无效的法律主要都是攻击转移行为，而不是攻击结构。

将差的转移放入一个好的结构和将好的转移放入差的结构相比，后者是更可取的。如果转移方法设计得好，结构本身就不会受到置疑，债权人就没有机会了。另一方面，如果转移设计得很差，转移和结构都有可能受到威胁，并且债权人成功的可能性会更大。

首先应该把精力集中在可以使用的转移方法上，而不是集中在可以使用的结构上。只有这些问题都解决了以后，才应该把精力放在比较不重要的方面，例如具体文件的起草和司法管辖区域的选择上。

不幸的是，大部分的规划师都把顺序颠倒了，从最不重要的开始——先选择司法管辖区域和结构，最后才解决怎样将资产转移到结构中去的问题。结果选择的转移方式通常不是那个环境下的最优方式，而且在受到挑战时会成为导致计划失败的薄弱环节。

结构的方法可能会涉及大部分用来隔离或抑制债务的法律结构，包括美国国内外公司、信托、合伙企业、有限责任公司和它们的变体。结构的方法很关心持有资产的结构的合法性。不幸的是，对标准化的（或者更不客气地说，"俗套的"）结构的大量宣传和使用在数十年中一直是困扰着资产保全规划的问题。某些结构，特别是离岸资产保全信托，被欺诈性地宣传成可以为任何人想保护的资产（和想支付的费用）提供"绝对的"保护。

除了所有"俗套的"计划固有的缺陷外，这些结构存在着的一个显著的问题是：如果它们有用的话，它们不加区别地保护着干了坏事的坏人的资产和好人的资产。美国国会、州立法机构和法庭是不会允许这种不加区别的结构存在太久的。例如，对破产法的修订建议不允许做错事的公司高级管理者保护他们的金钱，但是可以完全保护退休金计划免受被欺诈的股东的追讨。

而且，任何使用了标准化结构的计划，只要这个结构的形式过去曾被战胜过，就一定存在债权人打破类似结构的先例——即使构成先例的案例涉及异乎寻常的情形，而后来的案例涉及更有利的事实。俗话说，"坏事实产生坏法律"，但是坏法律仍然是法律。

挑战分析

在可以使用的资产保全策略按照有效性排列顺序时，**挑战分析**（challenge analysis）是很有用的。这种技巧需要将策略分成几类：已经证明有效的、正处于被挑战过程中的和新策略（见图8—6）。挑战分析的前提是法律经常在改变，通常是向有利于债权人的方向改变。就像资产保全规划师可以设计出能扩散到整个领域的新策略一样，债权人的律师也会识别出资产保全策略和战胜它的方法。如果债权人律师有研讨会、期刊和互联网讨论小组，那也没什么可奇怪的。今天某个资产保全技巧是有用的，但这并不意味着它在明天也会有用。确实，只要一种资产保全技巧普及起来，我们就可以说它已经埋下了自我毁灭的种子。成功的关键是要领先一步。资产保全规划师在制定新策略时具有非凡的创新能力，但是同时他们也会犯下错误，他们采取那些已经过了有效生命周期的失败策略。

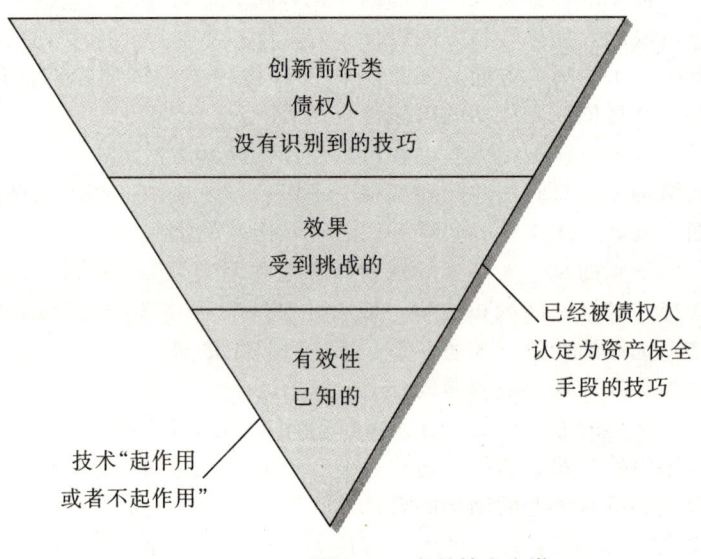

图8—6 有效性金字塔

从债务人的角度来看，挑战分析的结果通常与流行性比较的结果是相反的，使用最流行的策略通常是达不到效果的。一般来说，在资产保全计划中，新的就是好的，流行的就是好的。

在挑战分析中的第1类策略是有效性已知的策略。债权人已经发现这类策略具有资产保全的目的和效果。它们能存在是因为出于重要的公共政策的原因，得到了立法和司法的认可，能够保护某些资产免受债权人的侵害。挑战这些策略的结果可以相当准确地从现存的法律中预测出来。债权人很少在法庭上挑战这些方法，因为法律是很清晰的。如果债权人想战胜这些资产保全计划方法，必须通过立法机构来改变法律。

这类有效性已知的策略一般只包含**免除的方法**（exemptional method）（例如，涉及州和联邦房产免除、退休金收入、人寿保险和其他资产的计划）以及**抵押**和**证券化**（也就是用负债来负担资产）。上述这些策略是保全资产最有效的方法。除非立法改变或者司法学说广泛改变，这些方法将继续有效，而且债权人的挑战要么是针对合法的，要么是针对价值评估的。立法改变的可能性很小，因为这些法律有着很强的公共政策做基础。然而，无耻地滥用这些方法最终也会导致立法向着有利于债权人的方向改革。近来美国国会试图对破产法进行改革，如果成功的话，将在很大程度上限制某些免除规定——例如，在破产中，房屋免除的最高额为 10 万美元。这个例子证明了，即使是最可靠的策略也有可能随着时间而削弱。

效果受到挑战的策略会被债权人认为其有资产保全的目的，并且这些策略目前在法庭上已经受到债权人的挑战。债务人和债权人都不能比较确定地预测挑战这种策略的结果。通常，这些策略刚开始是创新的，并获得了一段时间绝对的成功。然而，随着这些方法被识别和研究，债权人开发出了更高明的技巧来战胜它们。如果某种策略在经过法庭挑战后仍然有效，就可以被划分到已经证明有效的那类策略中去。估计那时候债权人不是去放弃法庭挑战，而是去寻求立法改变。如果某种策略在法庭上失败了，债务人就应该放弃这种策略。然而，失败的策略会在资产保全的世界中顽固地存在下去，特别是一个曾经很有用的策略。毕竟，许多规划师都通过持续地使用这个策略来获得财务收益。

效果受到挑战的策略是有风险的。涉及某一个债务人的案例的裁决结果可能使这个策略对所有的债务人都无效。而且，债权人很可能在每个案例中都挑战了这些策略，并且积极地寻求立法改变。这些策略可能是有用的，但是它们只应该作为一个更大的计划中的一个小方面，而不是用在关键的地方，也不能作为最后的防线。它们还应该能够随着可以预料的法律变化而做出灵活的改变。

毫无疑问，分离的方法就是将资产从债务人身上转移。很简单，债务人会试图让他自己（大概也包括他的负债）和资产分离，从而保护资产。这些方法通常都属于有效性已知的类别。将资产转移给姻亲或者转移给复杂的外国资产保全结构，对债务人的结果是一样的："我放弃了它。"

在第 6 章中讨论过，分离转移的效果会受到欺诈转让法的严格限制。信托的分离转移和其他相关问题将在第 11 章到第 15 章中进一步讨论。

转换的方法是将资产从一种债权人容易获得的形式转换成债权人很难或不愿意攻击的形式。通常，转移的方法会利用当地使资产可以受到保护的法律，并把资产（有时还有他们自己）转移到更有利于债务人的司法管辖区域去。转换的方法将在第 17 章到第 22 章中讨论。

创新前沿类的策略包括新的、最前沿的资产保全策略，它们还没有被债权人发现，因此还没有遭受挑战。这些策略有理论基础，并且在最初几次受到挑战的时候，很可能可以保护资产。创新前沿类的策略通常在一段时间里是相当有效的。随着它们越来越流行，不可避免地会成为有效性受到挑战的那类策略。

先进的保险和金融协议是创新前沿类的领军。在第 23 章中我们将讨论个人养老金和私募的人寿保险结构。在第 24 章中我们将讨论受控保险协议。在第 25 章中，我们会概要介绍其他的高级方法。

最后，我们在第 26 章中会概述资产保全客户要面临的几类常见问题和可能适合那些客户的解决方法，也讨论了资产保全实践中最后需要考虑的一些因素。

第 9 章
法定免除计划

当试图将资产放在债权人不能得到的地方时，最重要的策略之一就是把重点放在最有效地利用联邦和州法律允许的免除条款上。如果你发现自己处于一个不利的地位，债权人有权清算你的资产时，这种被免除的财产是法律禁止接触的。一般的规则是，免除的资产不受欺诈转让法限制，因此不存在"免除资产的欺诈转让"的说法。

每个州都有一个资产目录，列出了法庭和债权人不能获得的免除资产。这个免除目录包含在法令当中，而对某些资产的免除通常包含在州宪法中。除了给某人的房子和机动车提供一定金额的保护外，各州的法令还给家畜、奶牛、农具、专业交易工具和家庭用大型《圣经》这类东西提供保护。

《联邦破产法》(Federal Bankruptcy Act) 也有自己的免除资产目录，但大部分州都不采用联邦的免除体系。在这些州中，债务人在联邦破产诉讼中只能使用该州的免除条款。在其他州中，破产的债务人可以在联邦破产免除条款和州免除条款中选择。

为了最大化资产保全计划的效率，你必须知道免除资产法令的局限性和可以使用的资产免除选择。一个资产保全规划师必须知道资产免除条款是怎么起作用的，他们可以做什么和不能做什么，以及怎样最好地为他们的客户工作，这包括了解怎样利用资产转移来充分利用免除条款。

1. 一项资产——不管是一栋房子、一辆车还是其他资产的免除法令不能使贷款方对这种财产的担保的利益失效。如果一个美国北卡罗来纳州的债务人除了有栋价值为 20 万美元的房子外其他什么都没有，并且他为这栋房子借了 16 万美元的抵押贷款，那么虽然美国北卡罗来纳州规定的房屋免除额是 10 000 美元，也不能保护这栋房子不受抵押贷款的提供者的价值追讨。10 000 美元的免除额可能在阻止无抵押的债权人时是有效的，但是对抵押贷款的提供者是无效的。

2. 我们必须知道，某些债务不受法定免除条款的限制。大部分州的免除法律赋予某些索赔权一定的特殊权利，包括联邦、州和当地政府的索赔权与特定财产的担保利益有关的索赔权以及与子女抚养、赡养费和婚姻财产分割有关的索赔权。例如，如果客户无法支付州财产税或者税收当局要实施税收留置权，免除条款将无法保护房子的任何价值。

3. 免除条款只适用于自然人。如果一个顾问成立了一家有限责任公司来经营他的业务，并且将他的车捐给了有限责任公司，机动车的免除法令就不能保护这辆车免受有限责任公司债权人的追讨，因为对机动车的免除条款只适用于自然人，而不适用于商业实体。虽然这家有限责任公司只有一个成员并且不用考虑联邦的税收，但是这并不意味着这家有限责任公司可以使用免除条款。因为联邦税法不能影响州免除法令的应用范围。

房产免除

大部分州都有法令或宪法对房产（也就是，债务人定居所在州的住宅不动产和增值）提供保护。然而，许多州的房产免除额都很小，无法用于资产保全计划。只有客户在一个免除额很高或无限制的州，例如得克萨斯州或佛罗里达州，拥有或打算拥有住宅财产时，房产免除计划才是有意义的。

在佛罗里达州有个著名的案例，霍夫兰对希尔。[1] 佛罗里达州的最高法院规定，虽然破产债务人在佛罗里达州购买了一栋价值为65万美元的房产是为了保护房子的价值免受先前已经存在的债权人的追讨，这栋房子仍然可以受佛罗里达州的房产免除条款的保护。希尔先生在1990年的一次裁决中欠霍夫兰1 500万美元。在田纳西州居住了很长一段时间后，希尔先生于1991年在佛罗里达州以65万美元的现金购买了一栋"退休后用的房子"。1992年，他宣布破产，并且宣称佛罗里达州的财产将作为房屋享受房产免除。

在几次上诉后，佛罗里达州的最高法院注意到，隐瞒、拖延或欺诈债权人的意图不属于佛罗里达州宪法规定的房产免除条款的3个特定例外情况之一。法院还认为，州的欺诈转让法不适用于房产免除的情况。

一般来说，将非免除资产（例如现金）转移成免除资产（例如房产）是会受到怀疑的，因为欺诈转让法令可能使免除法令无效。然而，佛罗里达州的房产免除条款在各州的宪法中是独一无二的，因此战胜了欺诈转移法令。所以，如果在其他所有的州都失败了，债务人可以搬到佛罗里达州，将尽可能多的不享受免除的现金转换成享受免除的房产。但是要注意到，因为《联邦破产法》可能会改变，这将在很大程度上限制州房产免除条款在破产案例中的应用。

如果房产免除额是无限制的或者免除的金额超过了房子的价值，债务人就应该考虑还清房产的抵押贷款。但是如果房子的价值超过免除的金额，就应该让房产承担额外的银行或金融公司的负债抵押（或者承担客户的商业实体的私人抵押贷款，最好是受保护的实体，例如资产租赁公司），从而把房产的权益剥离出去。这样，现金就可以通过购买免除资产或贷款给商业营业实体而受到保护。债权人则可以获得经营实体返还回来的票据，但是这些票据里可能包含**毒丸**（poison pills）。例如，规定在遥远的将来支付所有本金和利息、提供很高的利率或两者都采用。这将使得到借据的债权人获得应纳税的折扣利息收入，而得不到用来支付税款的现金。

有些州必须用国家或州的记录文件来证明房产免除。如果免除没有记录，可能就会失去免除的资格。在有些州，可以选择记录，也可以选择不记录。在其他州，则没有关于记录免除的规定。在需要记录或允许记录的州，最好是记录免除事项。

其他的免除条款

许多州对人寿保险和退休金的现金价值提供了相当程度的保护。这些保护将在第23章详细讨论。

虽然许多州没有专门规定对工资的免除，但是联邦法律规定，扣押的工资额不能超过工资总额的25%（除了涉及命令、应缴税金和《破产法》第13章中规定的情况）。也就是说，判定债权人只能扣留债务人可支配收入的25%，可支配收入是指总工资减去法律规定必须扣除的项目后的净额，其中必须扣除的项目包括联邦所得税和社会保障税。联邦法律的地位高于州法律。

为了确保客户业务所得的一定比例可以构成可免除的工资，自我雇用的业主应该定期从企业中支取一定金额经过认可的工资而不管企业采取的是什么样的组织形式。不支取工资（例如，只从有限责任公司或S公司获得利润分配）可能意味着从企业中获得的收入无法享受工资免除条款。

共有财产（tenancy in common）是联合财产所有权的一种形式，这种形式是由两个或更多个人在财产中都有独立的、不可分割的部分利益，但是所有人都对全部财产拥有共同的所有权。任何共有财产所有人的所有者权益都会受到他的债权人的追讨。因此，共有财产并没有为所有者提供任何的资产保护。然而，实际情况是，就债权人来说对联合所有财产行使索赔权是有一点麻烦的，特别是那些价值较低的索赔权，这可能使这种财产对债权人失去吸引力。

有遗产享有权的**联合共有**（joint tenancy）也是联合财产所有制的一种形式，这种形式有两个或更多个人各自对财产有独立的、（假定）平等的且不可分割的部分利益，但是所有人对全部财产拥有共同的所有权。去世的联合共有者的权益会自动让渡给继续生存的联合共有者。

任何联合共有者的所有者权益都要承担他的债权人的索赔权，并且某个联合共有者的债权人都可能会对财产执行索赔权，而将部分所有权出售，从而使有遗产享有权的联合共有权被分割。然而，去世的联合共有者的债权人在他去世后则没有这样的权利。联合共有权没有提供很多的资产保护，但是由于去世的联合共有者拥有的共同财产会自动让渡给继续生存的联合共有者，而这些拥有者不用承担已经去世的联合共有者的债权人的索赔权，所以与共有财产相比，它可能是一种比较好的所有制形式。

实际上，和共有财产一样，对共同拥有的财产执行任何索赔权对债权人来说都有一点麻烦，特别是那些价值比较低的索赔权，这可能会使这种财产对债权人失去吸引力。

共同财产的全部占有（tenancy by the entirety）是配偶间联合拥有财产的一种形式。只有1/3的美国司法管辖区域承认这种形式。[2] 夫妻以共同财产的全部占有形式拥有的资产被认为是被这个婚姻所拥有的。在大部分州，以共同财产的全部占有形式拥有的财产不能被配偶中的任何一方单方面分割或者转让。因此，在那些州，配偶任何一方的债权人都不能获得以共同财产的全部占有形式持有的任何财产。然而，配偶双方的共同债权人可以获得以共同财产的全部占有形式持有的财产。有些州允许以共同财产的全部占有形式拥有动产和不动产，而其他州只允许以这种形式拥有不动产。

当夫妻双方都积极经营一家企业时必须小心。这种所有制形式没有为夫妻双方的共同负债提供任何保护。因此，如果企业的债权人需要个人担保的话，必须尽力地确保夫妻中只有一方为商业实体的合同担保。相反的，只要夫妻中的一方在积极经营一家企业时，不积极参与的一方应该避免与这家企业发生任何联系，包括担任公司的高级职员或者董事。

除了潜在的共同负债外，使用共同财产的全部占有的计划时还有两个主要的危险。一个是夫妻一方的死亡，将导致财产完全被健在的一方拥有，这样财产会完全暴露给债权人；另一个是离婚。对离婚来说最好的结果是使共同财产的全部占有的所有权形式分割，并建立起共有财产的形式，导致财产暴露给债权人；最糟糕的结果是，这会导致客户对财产的权益被前配偶获得。此外，共同财产的全部占有可能无法保护财产因一方欠税而受到联邦政府索赔权的追讨。

改变居住地

州法庭执行一项裁决的能力仅限于州边界的地理范围之内，因为各州对它的边界之外没有权力或司法管辖权。但是，一个州的裁决结果可能会被另一个州采纳。美国《宪法》要求后者必须对裁决结果采用"充分信任与尊重"的原则，并且就像这个裁决结果是在本州做出的那样来执行它。但是这并不意味着接受裁决结果的州必须尊重做出裁决的那个州的收款法。相反，接受裁决结果的州会应用它自己的收款法律和免除法令，就像这个裁决结果是在本州做出的一样。

这样的后果是，就像债权人经常选择最有利于他们的司法管辖区域开始初始的诉讼一样，债务人也可能会选择能够阻止收款行为的州。各州之间可能有很大的不同，因为有些州像得克萨斯州一样，对房产的免除额是无限的，并且不允许扣押工资偿还债务。

因此，资产保全计划有时会被设计成被动的紧急情况应对计划。它的理念是，如果出现了很多潜在的债权人就转到有利于债务人的州。只要满足了转移的州的居民身份要求，债务人就完全有理由利用他转移到的州的更有利于债务人的法律。

例如，假如一个人住在加利福尼亚州，并在加利福尼亚州买了人寿保险。之后，债权人出现了但这个人可以转移到佛罗里达州，而且人寿保险单的现金价值受到佛罗里达州法律的保护，前提是他满足获得佛罗里达州居民身份的条件。

注意，这个策略不能反过来使用：一个人不能将一项资产从一个可以免除的州转移到另一个州，而希望资产继续受到第一个州的免除法令的保护。

退休金计划

退休金计划有很多形式，包括像 401（K）这样的由雇主提供的税收合格计划、像个人退休金账户（IRA）这样的个人税收合格退休金计划和像递延薪酬计划这样的雇主提供的非税收合格计划。每一种计划都有自己在税收和资产保全方面的奇思妙想。

划归到雇主提供的税收合格退休计划中的款项可以减少雇主需要缴纳的税款，雇员也不需要在划款的时候缴税。计划中的投资增长可以延迟缴税。当雇员退休并开始从计划中领取资金时，领取的资金要作为一般收入付税。

联邦政府和几乎每个州都认为，保护退休金收益是一个重要的公共政策目标，可以防止退休者成为社会的经济负担。

许多相关的观点都可以防止大部分由雇主提供的税收合格的退休金计划受到债权人的追讨。（1）这种计划都服从《雇员退休收入保障法案》（Employee Retirement Income Security Act，ERISA）。ERISA 要求这些计划设置可以强制实施的**反转让条款**（anti-alienation provision）——即计划的参与者不能把他在计划中的利益以任何方式转移给第 3 方（例如债权人）；（2）《破产法》专门把不动产从破产中排除了出去，不动产要服从"对债务人在信托中获得的受益权的转移限制，这种限制是可以根据适当的非《破产法》强制执行的"。ERISA 规定的反转让条款就是这样一种限制转移的条款；（3）在两种法律都适用的情况下，联邦法律的地位高于州法律。在某个州法庭的诉讼程序中，州法律本来可能规定是受 ERISA 保护的退休金计划必须承担债权人的索赔权，但是因为这种保护是由 ERISA 提供的，而 ERISA 是联邦法，地位高于州法律，因而可以保护退休金计划中的资产。因此，符合 ERISA 的资格是保护许多退休金计划的关键。

为了获得受 ERISA 保护的资格，退休金计划必须是一种 ERISA 中所包含的计划；必须根据《国内税收法》（Internal Revenue Code）的 401 条款判断其是税收合格的；并且它必须包括反转让条款。

税收合格相当直接。一旦美国国税局判断计划是税收合格的，这个决定就是最终的决定，除非美国国税局又收回了这个决定。同样，反转让条款包含的内容也是很直接的。如果转移限制条款可以强制性地阻止转移，它就是有效的。

ERISA 的覆盖范围可能是退休金计划惟一致命的弱点。企业所有者要想获得 ERISA 对退休金计划资产提供保护的好处，除了所有者和所有者的配偶外，至少要有一个员工也加入了这个计划。如果税收合格的退休金计划包含了除企业所有者和所有者的配偶外的一个或多个雇员，所有者就可以和其他计划参与者一样，有资格受到 ERISA 对计划参与者的保护，包括保护参与者免受其债权人的追讨。相反，如果企业所有者和所有者的配偶是税收合格的退休金计划的惟一参加者，计划就没有受到 ERISA 保护的资格，并且所有者在计划中的资产必须承担其债权人的索赔权。

注意，提供给符合 ERISA 资格的退休金计划的保护有几种例外情况。联邦（但不是州）税务留置权可能扣押债务人在 ERISA 计划中的权益；ERISA 计划可能被美国国税局传讯；美国国会也为适格家庭关系证明书（Qualified Domestic Relations Order，QDRO）规定了一个例外，允许参与者在退休金计划中的资产分配给配偶、孩子和其他受赡养者。

最后，ERISA 的保护不包括那些已经分配给债务人的资产或者为债务人提供的资产，包括贷款。也就是说，虽然资产在 ERISA 计划中的时候可能被保护，一旦离开这个计划，资产就会成为债权人可以攻击的对象。然而，有些州的免除条款也可以为这部分资产提供一些保护。

如果退休金计划没有完全被 ERISA 保护，也可以根据州法律免于承担债权人的索赔权。特别是，对于雇主提供的只包含企业所有者及其配偶的账户（不受 ERISA 保护）、个人退休账户［包括简化的雇员养老金（Simplified Employee Pension，SEP）］和非税收合格计划来说，州免除条款是非常重要的。

ERISA 并没有包括个人退休账户，因此，个人退休账户能够提供的资产保护在每个州都不一样。几乎所有的州都对个人退休账户和其他退休金账户有一定程度的保护，对这些账户来说，这些保护不逊色于 ERISA 的保护。

美国大概只有一半的州对个人退休账户实行完全免除。有些州的免除有金额的限制，还有些州不免除最近缴纳的款项。有些州免除从雇主提供的税收合格计划中转移到个人退休账户中的余额，还有许多州对个人退休账户和其他退休金计划的免除额仅限于支持债务人和债务人的受赡养者的生活的"合理的必需水平"。"合理的必需水平"取决于个别的事实和环境，它本身可能就是一个有争议的诉讼对象。最后，虽然许多州更新了免除法令，来保护罗斯个人退休账户（Roth IRAs），但有些州却没有。

有些退休金计划不是税收合格的。典型的非税收合格的退休金计划是递延薪酬计划。在这个计划中，雇员把收到一部分当期收入的权利递延到将来的某一天或某件事。这种计划被叫做"未备基金的计划"，因为没有为支付递延的薪酬专门设立一个基金，在计划的协议指定的时间前，雇员对递延的资金也没有任何权利。雇主没有权力因为支付薪酬而减免税收，直到这部分钱真正意义上支付给雇员为止，或者更早一点，到雇员有获得这笔收益的可强制执行的权利为止。同样，雇员应该在获得收益的时候纳税，或者更早一点，在有获得收益的权利时纳税。

虽然非税收合格的递延薪酬计划不能带来税收利益，但它有其他的收益。主要是，它们使高薪雇员可以享受到退休金计划，而不必满足于非歧视性的要求。同时，为了退休而设置的递延薪酬金额是无限制的。

为了使递延薪酬收益被视为雇主的资产，而不是雇员的资产，也就不需要在雇员手中缴税，在备有基金的递延薪酬计划中的资产必须承担雇主的债权人的索赔权。通常，这些资产被一个不能取消的信托持有，这个信托叫做"犹太传教士"（rabbi trust）信托，因为第一个被美国国税局接受的这种信托协议是由教会为一个犹太传教士建立的。虽然在这种信托中的资产必须承担雇主的债权人的索赔权，但是只要雇员在计划的资产中没有法定的权力，这些资产就不用承担雇员的债权人的索赔权。

一旦雇员对计划中的资产有了法定的权利，并且资产不再承担雇主的债权人的索赔权，一个非税收合格的退休金计划通常就会在一定程度上受到州免除法律的保护，通常与州法律对个人退休账户的保护程度是一样的。

对任何已经存在的或新的计划，称职的顾问都应该考查一下它是否符合ERISA和税法的规定。如果企业所有者及其配偶是退休金计划惟一的参与者，最好让另一个雇员也参加进来——例如一个小孩，这样才能获得ERISA的保护。即使其他的参与者离职了或退出计划，至少有一个法庭已经认同这个计划符合ERISA的资格了。当一个人不止控制一家企业时，在评价是否至少有一个其他人加入了其中任何一个企业的退休金计划时，应该把所有的企业联合在一起考虑。请注意，这个规则是一个分水岭，它可能使一个计划受到ERISA保护，因为这个计划中包含了其他雇员。然而，这规则也意味着，全部企业中所有符合条件的雇员都必须被纳入符合ERISA和税收规则的退休金计划之中，以防止有利于高薪雇员的歧视性行为。

简化的雇员养老金个人退休计划和雇员储蓄激励配套计划（Savings Incentive Match Plan for Employees，SIMPLE）被设计成：允许小雇主向雇员提供比401（k）计划或传统的固定收益退休金计划管理要求更少、成本更低的退休金计划。虽然简化的雇员养老金个人退休计划和雇员储蓄激励配套计划在设计和维护上的简便非常具有吸引力，但是它们不属于ERISA的保护范围，可能更容易遭受计划参与者的债权人的侵害。像401（k）或者固定收益计划这样的符合ERISA资格的计划，虽然在建立和维护上更复杂一些，但是从资产保全的角度看，可能更令人满意。这种计划还有额外的好处：允许参与者划入计划的薪酬比简化的雇员养老金个人退休计划和雇员储蓄激励配套计划要多。

而且，如果参与者考虑将一个受ERISA保护的计划中的收益转移到个人退休账户中，应该考虑到州法律的保护作用，包括如果参与者转移到另一个州，受到的州法律保护可能发生什么变化。通常，最好的选择是把资产留在受ERISA保护的计划中，并且在决定支出的结构时要考虑资产保全问题。例如，有些州规定退休金收益可以免受债权人的侵害。在许多州，一个支付退休金收益的受ERISA保护的计划受到的保护要比个人退休账户的再投资受到的保护多，因为参与者从个人退休账户中提款是自愿进行的。

有时，雇员的资产保全风险比雇主的风险大，并且资产可以以某种方式被保护，使它们在技术上似乎可以被雇主的债权人追讨但是实际上债权人很难获得。在这种情况下不符合 ERISA 资格的计划就会成为一种非常有用的资产保全计划工具。例如，一个易受攻击的雇员可能希望把大量的薪酬递延到一个不符合 ERISA 资格的退休金计划中去，而递延的薪酬会进入一个离岸的犹太信托中去。这个犹太信托的托管人可以在一个或多个不受抵押令约束的实体中持有计划中的资产，并且通过让不受抵押令约束的实体持有有利于债务人的资产——例如人寿保险或者结构性的金融产品来进一步保护计划中的资产。即使离岸信托资产要承担雇主的债权人的索赔权，一个债权人也必须克服抵押令和基础资产受到的保护。

高级计划

退休金计划是非常有用的税收计划工具，并且可以用于资产保全计划，特别是在许多年中积累了很大的财富余额的情况下。然而，大部分符合 ERISA 资格的退休金计划和个人退休计划一般允许的缴款额都很小，无法在短期内成为有用的资产保全计划工具。这个规则只有 1 个重要的例外，那就是 412（i）计划。

412（i）计划是一种固定收益计划。雇主提供的税收合格的退休金计划有两种基本形式：固定缴款计划和固定收益计划。固定缴款计划指定了参与者在参与计划期间的缴款额（例如，薪金的 10%，最高可以达到允许的最大金额）。然而，雇员可以得到的退休金收益的金额可能有非常大的变化，这取决于未来缴款的金额、时间和投资表现。固定收益计划则规定了雇员退休后能获得的收益额。它是养老金计划的传统模式，就像那些大公司经常提供的计划一样。固定的收益可能是一定的金额（例如，从 62 岁开始每个月收入 3 000 美元用于生活），也可能是薪金的百分比（例如，是雇员最后一个月薪金的 60%）。

和任何其他符合 ERISA 资格的计划一样，雇主向 412（i）计划缴纳的款项可以抵减部分税收，并且雇员在收到钱的时候必须支付税款。412（i）计划和其他符合 ERISA 资格的计划的不同只在于对向计划提供资金的要求。

为了满足 412（i）的规则，计划的资金来源只能是年金契约或人寿保险和年金契约的结合物，并且年金契约必须是由人寿保险公司发行和承保的。这个计划必须提供不同的年度保险费支付水平并且这些支付是在雇员加入计划时就开始的，在支付保单红利后就会减少（也就是说，保单红利不会增加资金总额；它们只是减少了应付保险费的金额）。最后，412（i）计划不能允许保单贷款，并且禁止雇员用计划中资产的担保权益为第 3 方贷款担保。

向 412（i）计划缴纳的款项必须足以支付保险费和保单，除此之外对缴款金额没有限制。例如，如果用来为某个计划提供资金的保险费和年金契约需要 40 万美元，那么允许的缴款和附带的抵扣额就是 40 万美元。这一般意味着它比传统的那些固定收益计划和固定缴款计划允许缴纳的金额更大。因为 412（i）计划会受到 ERISA 的保护，所以是很好的资产保全工具，而且它通常允许向计划快速地提供大笔现金。

只要某个计划仍然是 412（i）计划，就不可能存在缴款过多或缴款过少的问题。这个计划可以为退休准备充分的资金；并且，如果其他类型的固定收益计划缴款过多的话，可能会受到美国国税局的处罚，而 412（i）计划则不存在这个问题。

支持 412（i）计划的假设是，由于那些计划是由保险公司担保的，因此在面临美国国税局的检查时应该不会有问题。然而，决不能滥用那些假设不合理的计划。这种计划的一个例子是，100 万美元的保险费要在 3 年内付清，但是在第 3 年年末的现金价值只有 10 万美元。这种设计将使参与者可以以低税收成本获得大量保单。美国国税局会积极寻找滥用的 412（i）计划。但是还存在大量在经济上合理的 412（i）计划可以利用。就像谚语所说的，"人怕出名，猪怕壮"。

412（i）计划的收益是由保险公司担保的。保险公司承担着投资风险，使收益不会受到市场波动的影响。有保证的收益率通常总是很保守的，这意味着在计划执行的最初几年很有可能需要缴纳高额的保险费，也意味着它可以享受很高的税收扣除额，并可以保护大量的资产免于承担债权人的索赔。

根据这种计划，可以在短期内为将来获得的所有收益提供资金。例如，如果一个专业人员在刚开始从业的几年赚的钱比较少，在后几年赚的钱要多得多，他想尽可能快地把一个有担保的退休金计划所需的钱全部缴齐，那么 412（i）计划就是一个很好的选择。适于采用 412（i）计划的人一般年龄在 40 岁到 75 岁之间，有稳定的或递增的年收入，并且在 20 万美元以上，而且几乎没有什么雇员。

412（i）计划是不以资产保全计划为目的的，但却是一个有明显的资产保全效果的好工具。在接下来的章节中，我们将看到债务融资协议也可以有显著的资产保全效果，虽然它们最初是为了重要的经济目的而不是为资产保全目的服务的。

注释

[1] *Havoco v. Hill*，790 So. 2d 1018（Fla. 2001）。

[2] 15 个允许共同财产的全部占有所有制形式的美国司法管辖区域是特拉华州、哥伦比亚特区、佛罗里达州、夏威夷、印地安纳州、马里兰州、马塞诸塞州、密歇根州、北卡罗来纳州、俄亥俄州、宾夕法尼亚州、田纳西州、佛蒙特州、弗吉尼亚州和怀俄明州。

第10章

抵 押

大部分财产都有一些可识别的价值，可以用来为贷款作担保。不动产经常被当成贷款的抵押品，但是它不是可以用来为贷款作担保的惟一财产。股票、应收账款和设备也可以用来为贷款作担保。如果某个出借人的贷款是以财产作担保的，在贷款出现违约时，这个出借方就有第一优先权获得这个财产的价值。这个出借人还有优先权处置这个财产——这可能是在自愿的情况下（例如，所有者主动出售财产），也有可能是在非自愿的情况下（例如，为了执行判决而强行拍卖）。例如，债务人以50万美元的财产为20万美元的银行贷款担保，这个债务人的其他债权人的索赔权只有在偿还了银行的20万美元的贷款后才能获得清偿。

如果债务人被判定由债权人追讨，那债权人很有可能追讨回这项财产——它当前的货币价值大概是30万美元。

然而，债务人和债权人对这个资产价值的看法很不一样。债务人会看到它增值的潜力，也会意识到财产中无形的收益，例如，一幢度假屋可能已经属于这个家庭许多年了。而另一方面，债权人却只能看到财产可以尽快产生一小部分现金的潜力，其价值可能低于30万美元。如果要强行拍卖该财产来执行判决，收到的钱将首先被用于支付拍卖费用。接下来，有担保的出借人将获得20万美元。最后，判定债权人获得剩下的部分。判定债权人不能确保拍卖按安全公平的市值进行。在一般情况下，登记拍卖的财产会在市场上交易几个月，使适当的购买者有机会发现这个财产，并以市值购买它。然而，在强行拍卖中，许多因素会导致拍卖价格低于市值。一个重要的因素是，在拍卖发生的特定一天的特定时间段里，出价最高的投标人通常必须用现金或即期信用卡来支付。

债务人和债权人之间观点的不同使**资产剥离**（equity stripping）成为一种有效的保护财产的技巧。资产剥离就是使财产负担法定的债务，从而降低它的净值和对判定债权人的吸引力。虽然财产现在暴露给了出借人，但是不再暴露给无担保的债权人。更重要的是，通过这样的方式，债务人的现金就不会被限制在财产里了。

现金比不动产或有形的财产更容易保护，这有两个理由：（1）现金可以转换成更容易保护的资产，例如，人寿保险或者退休金计划资产；（2）现金可以移动，可以转移到债权人无法获得的地方，并且变成免除资产或债权人很难获得的投资形式。另一方面，不动产通常会受财产所在地的法院的司法管辖权管制，并且要完全服从当地法律和当地法庭的命令。某些规划师建议把所有权转移到一个离岸资产保全信托来保护不动产。那其实是非常愚蠢的做法，因为当地法庭不可能承认这种信托的有效性。

从纯经济的观点来看，财产的增值率与财产中权益的多少是没有关系的。也就是说，不管你在财产中有多少权益，财产都可以增加同样的价值。一项没有债务的资产不会比有债务的资产增值快。没有债务的资产仅仅是减少了可以用于其他投资的现金。因此，只要现金的投资回报率比借贷的利率高，增加财产中的权益就是没有意义的。

债务融资是美国经济的一部分。有众多法律条文——包括财产法、《统一商法典》、联邦破产法规范和担保着与贷款有关的债权人—债务人关系。这些法律专门规定了哪些债权人是第一债权人，哪些债权人只能争夺剩下的东西。

资产剥离可以被分成 4 种基本类别：商业的、受控的、暂时的和交叉担保。它们相互之间并不互相排斥，事实上，大部分资产剥离计划都使用了其中的多种技巧。

商业资产剥离

商业资产剥离（commercial equity stripping）涉及的情况是：一个商业出借人将现金借给财产所有者，并用这种财产为贷款担保。所有者收到现金，将它花掉或保护起来，财产上会被设置为留置权并且在地方政府登记（见图 10—1，以图的方式演示这种剥离是怎么起作用的）。

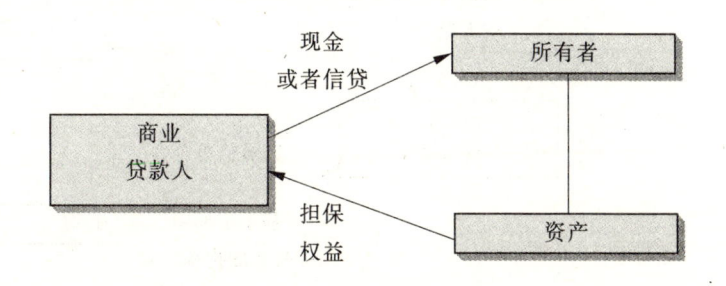

图 10—1 商业资产剥离

面对商业资产剥离，债权人在战胜贷款人的留置权时会遇到不可克服的困难。从欺诈转让法的角度看，商业资产剥离交易显然是很有用的。而且，一般的财产法和《统一商法典》都会保护贷款方的留置权。基本上来说，债权人能采取的补救措施就是去追逐现金，而不是商业贷款方。

商业资产剥离也不是没有缺点，主要的缺点是债务人无法控制贷款环境。商业贷款方会要求定期偿还部分贷款，如果没有偿还，商业贷款方很有可能取消抵押品的赎回权。确实，在大部分情况下，联邦银行监管部门将坚持这种做法。当然，在资产保全中一旦出现判定债权人，支付将很难进行，因为财产所有者可能没有现金来支付。即使所有者能按时支付，根据某些贷款条款，如果债务人被认为是失去清偿能力的，贷款方也有权取消抵押品的赎回权。这些缺点使商业资产剥离对某些资产是不切实际的，例如住宅或经营企业时必须使用的财产。

同时，贷款方提供的贷款通常只是财产市值的一部分。比如，在房屋市场中，房屋净值的80%是一个常见的上限。达到财产价值100%或比财产价值更高的贷款也有，但是这类贷款的利率一般很高。因此，相当大的一部分财产价值没有得到保护，而且随着财产的增值，会有更多的价值暴露给债权人。虽然可以进行再融资或二级贷款，但是这些方法都是很昂贵的，并且当债务人意识到要这样做时，通常已经太迟了，因为未决的或已经存在的裁决结果为，没有贷款方会提供贷款。

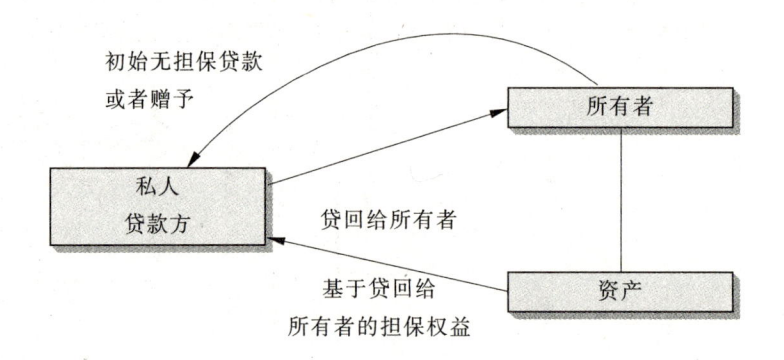

受控的资产剥离

受控的资产剥离（controlled equity stripping）利用关系紧密的、可信任的人建立一个实体，作为贷款方贷款给所有者（见图10—2，以图表的方式演示了受控的资产剥离是怎么起作用的）。私人贷款方向债务人贷款，由债务人用登记过的留置权的财产来担保。如果出现了判定债权人，私人贷款方的留置权将优先于判定债权人的索赔权。受控的资产剥离比商业资产剥离有明显的优势。

图10—2 受控的资产剥离

因为私人贷款方的所有者和财产所有者有密切的个人关系，在处理控制权的问题时会更有灵活性。例如，私人贷款方可以构造一个贷款，里面包含一个长期的债务，在贷款期限结束之前，只需要支付很少一部分的欠款，或完全不用支付。如果债务人有其他的债权人，那么私人贷款方可能同意推迟一段时间来偿还债务，给债务人时间来处理与债权人的问题。

受控的资产剥离可以使财产的全部市值都用于负担债务，只要私人贷款方愿意冒在财产以低于所欠金额的价格出售时要承担损失的风险。有人可能认为贷款比财产当前的市值更有价值，这种想法是合理的，前提是贷款协议将会增值。贷款协议的条款——罚款、违约时的高利率以及发生取消抵押品赎取权时的高额费用等将会使财产变得不那么有吸引力。因此，受控的资产剥离可以保护财产的全部价值或更多的价值，包括将来的增值。

即使判定债权人可能强行拍卖抵押的财产，也很有可能是受控贷款方要停止拥有财产。在实践中，受控贷款方的留置权的存在可以阻止大部分确定的判定债权人强行拍卖的企图，因为债权人可能得不到任何好处。

然而，受控的资产剥离也有些缺点。首先，私人贷款方必须是可以信任的，因为他牢牢控制着局面。如果所有者或私人贷款方没有平等的地位，非常有利于私人贷款方的贷款协议会把私人贷款方放在一个很有利的地位，从而使所有者只能得到最初收到的现金。

债务人对贷款方的公开控制会使协议面临一些风险。判定债权人可以宣称债务人给贷款方的担保权益是欺诈转让。债权人也可能宣称协议除了阻止判定债权人的索赔权外没有任何经济实质和目的，是伪造的。防卫严密的受控的资产剥离要求在贷方和债务人之间有一定程度的独立性和距离。这种距离可能很难达到，特别是附着债务人情感的资产，例如房产或者家庭拥有的企业。

受控的资产剥离需要将大量现金从贷款方转移给债务人。在某些情况下，其他可以衡量价值的贵重资产也可能要转移给债务人。但是要记住，非现金资产带来的计划灵活性比较小。通常，如果贷款方没有足够的现金出借，为了实施贷款交易，就必须找到其他流动资金的来源。

受控的债务融资

受控的债务融资（controlled debt financing）是填补商业资产剥离和受控的资产剥离之间缺口的桥梁。在一个受控的债务融资交易中，商业的第3方贷款方——例如银行会将贷款发放给债务人。接下来，债务人会将一份本票出售或转移给一家私人金融公司，这家金融公司由某个与债务人友好的人所控制。银行将管理这项贷款，并收取手续费（见图10—3，以图表的方式演示了受控的债务融资是怎么起作用的）。这种安排的效果是：判定债权人会看到贷款发放、证明、担保并且由一家商业银行提供服务，债务人向银行偿还贷款的全过程。当然，债权人不会看到转移给私人金融公司的那笔钱（比银行的服务费少）的支付过程。

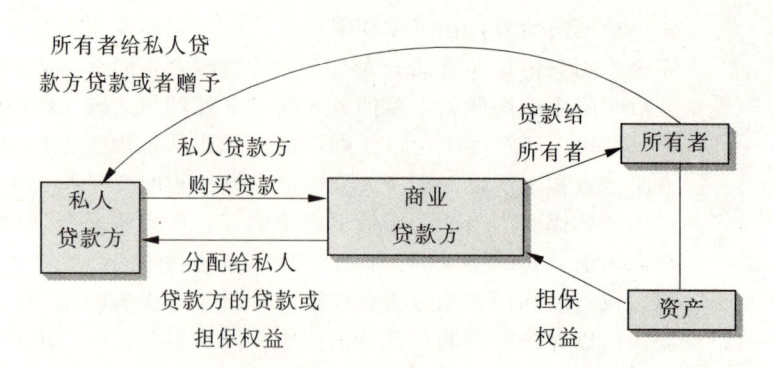

```
                所有者给私人贷
                款方贷款或者赠予
                                        贷款给
                                        所有者      ┌─────┐
                      私人贷款方        ────────→  │所有者│
          ┌────┐      购买贷款        ┌────┐       └─────┘
          │私人│  ───────────────→    │商业│           ↑
          │贷款│                       │贷款│           │
          │ 方 │  ←───────────────    │ 方 │       ┌─────┐
          └────┘      分配给私人        └────┘  担保  │资产│
                      贷款方的贷款或             权益  └─────┘
                      担保权益
```

图 10—3 受控的债务融资

有担保的贷款会在当天购买、当天出售。贷款方很少保留他们创造的贷款。因此，只要债权人没有发现私人金融公司，受控的债务融资交易就不可能引起债权人的疑心。即使债权人发现了私人金融公司可能也不会起疑，因为交易确实有经济意义。私人金融公司承担着交易的违约风险和利率风险。

暂时的资产剥离

暂时的资产剥离（contingent equity stripping）本质上是利用有财产担保的信用额度。如果一个潜在的判定债权人出现了，就会执行信用额度，将资产从财产中剥离。

暂时资产剥离可能由商业贷款方提供也可能由私人贷款方提供。暂时的商业资产剥离的最基本的例子是房屋资产的信贷额度，它可以使房屋所有者不连续地借入现金，直到达到信贷额度为止，由房屋为未偿还的贷款担保。房屋资产的信用额度的费用通常比较低，在借入资金时才需要支付利息。在这个过程中，在使用信用额度之前，费用通常都很少或完全没有。房屋资产的信用额度提供了一个将不动产的价值转换成更容易保护的现金资产的简单方式，但是它们仍然有商业资产剥离的普遍局限性。

暂时受控的资产剥离提供了许多典型的受控的资产剥离协议会带来的好处，它会带来的额外好处是私人贷款方不必将现金立即转移给债务人。当然，在执行私人的信用额度时，私人贷款方必须将现金转移给债务人。为了让暂时的私人资产剥离起作用，最好在遇到债务人的债权人问题之前，将有利于私人贷款方的留置权或抵押权登记备案。当债权人出现后才试图登记留置权可能会使这个安排被当成欺诈转让或伪造而被取消。

交叉担保协议

交叉担保协议（cross-collateralization agreements）是指在贷款交易中使用一种以上的财产。例如，如果债务人拥有一样价值为 50 万美元的财产，并且想以这个财产作担保获得 50 万美元的贷款,贷款方可能还需要另一样财产的担保权益。虽然只有一种财产的权益全部是借来的,但是有两种财产承担担保(见图 10—4,以图表的方式演示了交叉担保是怎么起作用的)。交叉担保协议会使债权人在获得两种财产的净价值时都面临着相当大的实践困难,特别是在涉及多个贷款方和留置权的时候。

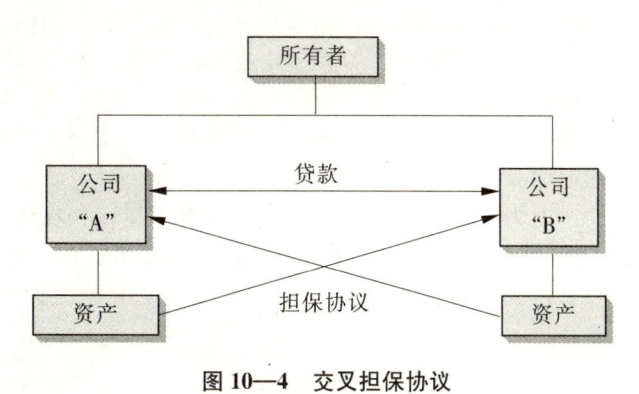

图 10—4　交叉担保协议

剥离其他资产

虽然资产剥离常常用于不动产,但是也可以用于其他资产。例如,可以用证券作抵押借入保证金,从而对公开交易的证券实行资产剥离。差额信贷的限额通常是股票价值的 50%,然而,它通常被拓展到等于债券的总值。

和其他的商业借贷协议一样,债务人会面临风险。如果股票或债券的价值大幅度降低,经纪人可能会要求他偿还一部分的贷款,这通常要通过所有者出售一部分的股票来实现。而且,差额贷款不是免费的。收取利息会在一定程度上抵消用作抵押品的证券的增值和它带来的股利和利息。

差额信贷最好被用作一种暂时的资产剥离方法,在账户申请中简单地表示了需要差额信贷。如果必须从账户中的证券中剥离出来一部分价值,账户所有者就可以随时这样做,直到达到账户的保证金限制为止。

应收账款是另一种应该进行资产剥离的财产。对一个医疗机构或律师事务所来说,应收账款通常是公司最有价值的资产——也是最可以利用的资产。应收账款可以通过代管进行资产剥离(也就是出售应收账款),通常以一定的折扣出售给专门的账务公司,然后由它们去催收款项。应收账款最好是通过贷款来剥离,专门的贷款方提供的贷款最多可以达到公司短期(例如 90 天)应收账款价值的 100%,只需要定期支付利息即可。贷款方将取得公司的应收账款的担保权益。因此,只要贷款没有被偿还,贷方就拥有着公司的应收账款的担保权益,且优先于判定债权人的利益。从贷款中获得的现金经常被用来购买具有现金价值的人寿保险,为公司的专业人员的补充退休金计划提供资金。如果保险单的分配利率比贷款的利率高,这种保护将是免费的,甚至是有利可图的。这样的情况是经常会出现的,因为贷款方在人寿保险单中也拥有担保权益。这种措施使贷款方可以实行低息贷款（例如优惠利率加上 0.5%），因为涉及应收账款和人寿保险单的交叉担保风险都比较低。

公司中的每个专业人员都可以从退休金计划中获得一定利益，这个退休金计划是由用一部分贷款购买的人寿保险提供的。如果专业人员在退休前去世了，他原来的贷款本金将由人寿保险的死亡抚恤金偿还，剩下的死亡抚恤金将支付给他的家人。如果专业人员退休了，他的人寿保险单将分配给他本人。他可以用他自己的资金偿还原始的贷款本金或者从他的人寿保险单中获得免税的借款用于偿还贷款本金。因此，专业人员可以通过从初始的人寿保险单中借入货币价值（或者用新的保险单替换旧的保险单），用以获得免税的退休收入。

因为人寿保险甚至是不合格的退休金计划在许多州都会受到保护，这种方法达到了许多资产保全计划梦寐以求的境界。然而，即使没有州对不合格的退休金计划实施保护，这种方法也是保护专业公司和它们的成员的最好方法。

第 11 章 资产保全信托

信托是一种传统的资产保全工具。在适当的环境中,信托可以让一个人以一种受控制的方式来放弃资产,从而使那些资产免受债权人索赔权的追讨,因为这些资产根本不属于他了。更好的情况是,资产只是被"获利地拥有"。这意味着,如果信托构造得适当,在许多州或外国的司法管辖区域,这些资产也可以免受信托受益人的债权人的追讨。因为这些原因和其他原因(例如不动产计划的灵活性和不动产与赠予的节税效应),信托成为一种很受欢迎的资产保全工具。

确实,对很多人来说,资产保全就等于使用信托,特别是使用近年来出现的离岸信托。向许多人询问什么是资产保全,他们都会提到信托。资产保全不就是将钱隐藏到一个偏僻小岛上的离岸信托公司吗?金融杂志、航空公司杂志的封底常常会出现资产保全的广告,体育版面上也经常会提到离岸信托。有些精明的人甚至可能说,他们听说离岸信托"不再起作用了"。事实到底是什么呢?存在什么事实吗?

信托的定义

为了理解信托和资产保全有什么联系,你必须首先理解信托是什么,以及同样很重要的,信托不是什么?信托实际上是"信托关系"的简单表达方式,是法律上承认的 2 个人之间的协议:一个人以某个人的名义持有(或者托管)另一个人的资产。

和公司一样,信托其实不存在物理上的实体。信托并不是现实存在的。它纯粹是一种法律拟制,就像公司是法律拟制一样。信托是一种法律拟制,只要它没有违反重要的公共政策,它就会以它所在的司法管辖区域和其他认同信托的司法管辖区域所认可的形式存在,但是没有实际的存在形式。

信托是资产保全的一种分离式的方法，它意味着资产的所有者试图通过声明"我放弃了它们"将自己和资产分离开来。根据我们对相关方法有效性的判断（见第 8 章），分离方法通常是简单和无效的资产保全方法。然而，信托确实在资产保全计划中很有地位，即使它们经常被误用。误用的理由主要是历史原因：信托在英格兰和英联邦数百年来都被当成一种财富转移的工具。在美国的法律体系中，这个观念也深入人心。信托对于转移财富来说是一种合法且有效的工具，但是它们在保护资产免受债权人的追讨方面所采用的方式被大部分州的法律认为是不合适的或者是滥用的。我们将看到，信托在资产保全中的普遍滥用主要是历史的反常引起的。

不动产冻结

　　资产保全计划经常被当成客户总体不动产计划中的一个组成部分。这个策略很不错，因为有效的资产保全一般不应该是凭空建立起来的。不动产规划师会大量使用信托作为转移财富的工具，因此他们认为，把信托用于资产保全的目的是符合逻辑的。

　　不动产冻结（estate freeze）是在不动产税及赠予税计划中常用的有效方法。一般来说，它是在今天将资产转移给继承人的，从而使资产的收入和增长都被转移给继承人的，这样，从不动产税及赠予税的角度看，资产的价值就被冻结了。许多不动产规划师对冻结不动产税及赠予税这种做法的价值都非常熟悉，会试图进一步为客户实施**资产冻结**（asset freeze）。他们把财富转移给继承人，使资产的收入和增长（最好还包括资产本身）不会被债权人获得。这是个很好的计划，只有一点需要提醒你注意。

　　这个问题就是，在不动产计划和资产保全计划中使用的技巧经常是不能通用的。在许多情况下，最好的资产保全计划技巧和最好的不动产计划技巧是完全不可兼容的。对不动产计划非常有效的技巧可能对资产保全计划毫无作用，反之亦然。这主要是因为不动产计划主要依靠赠予来实施转移，但是就像我们在第 6 章中所说的那样，在欺诈转让法下，赠予对债权人来说是很容易取消的。虽然如此，对未来债权人的索赔权的担心（对大部分人来说，这是个永远不会变成现实的威胁）通常没有对不动产计划带来的在财务上更直接的税收问题的担心强烈。结果是，客户最终制定的不动产计划会使用信托结构，这个信托结构从税收角度来看很有效，但是很容易地被无法预料到的未来债权人所击破。

　　一个与此相关的问题是，离岸信托在历史上经常被用来逃税。在低税收或零税收的司法管辖区域建立的信托在很长时间里都是高税收司法管辖区域的人用来逃税的方法。没有基于充分信息就得到的想法通常都相当简单：如果一名纳税人将资产转移到位于避税港的受托人名下，那么这些资产在税率高的税收管辖区带来的收入和投资增长就不用纳税了。很不幸，这个策略已经有数十年不起作用了——至少在法律上是这样的。虽然如此，消息不灵的纳税人仍然假设，因为美国国税局对离岸资产一无所知，所以没有必要将它们列在联邦不动产纳税申报单里。这个策略从来没有起作用过——至少在法律上没有。而且，离岸信托通常会伪装成在离岸公司中的所有权，这家公司会给纳税人的企业开具发票，制造虚假的扣除额用于抵消报告收益。这些活动都是非法的，在受到挑战时没有一个会有效。

制定这种计划的常见理由是"资产保全"，虽然事实上其资产保全的动机远远不如逃税的动机强烈。因此，许多在离岸避税港建立的信托被叫做**外国资产保全信托**，尽管资产保全一直是建立信托的次要目的。最终，离岸信托发展成了一个独立的市场，真正把资产保全当成了主要目的，但是这种结构用于资产保全目的的许多内在缺陷都被忽略了，这导致了安德森和劳伦斯案例的灾难，对此我们将在第14章讨论。

离岸信托的大规模销售

在20世纪90年代，多层次的网络营销者开始大规模销售离岸信托。买进某些离岸营销项目（最臭名昭著的是Global Prosperity 和 Prosperity International League 公司）的客户不仅可以获得自己的离岸信托，而且还有机会将它们出售给自己的朋友和家人。同时，许多律师和注册会计师把自己称为资产保全专家、"资产保全之父"或其他类似的胡乱称谓，并且开始出售一些工具包，利用这些工具包，"平民百姓"也可以建立自己的离岸信托。在地方上的小餐厅举办的收费低廉的研讨会上以及在遥远的离岸国度举办的几天就花费成千上万美元的研讨会上，都可以看到这样的工具包。如果你没有离岸信托，你就等于没有资产。在一段时间里资产保全和离岸信托是同义的。

在狂热销售资产保全信托的过程中，人们忽略了它们实际上能不能起到抵御债权人的作用这一问题。事实上，将信托用于资产保全会产生许多显著的问题，这在很大程度上限制了它们的有效性。

我们已经提到的，信托的资金大部分来自赠予。例如，你为你的小孩建立一个信托，接着将现金或其他有价值的资产放入这个信托之中。然而，欺诈转让法，包括《统一欺诈转让法》和它的前身的一个主要目的就是取消那些以将资产转移到债权人不能获得的地方为目的或者有这种效果的赠予。也就是说，欺诈转让法规定你不能在资产保全中做你真正想利用信托来做的事——即放弃资产，把它们放在债权人无法获得的地方。

即使是在不知道存在索赔权或债权人的情况下进行的转移，也有可能在若干年后面临风险。《统一欺诈转让法》的时效期会持续许多年。在加利福尼亚州等地，时效期可以持续长达7年，那里允许时效期暂时中止，直到有判决结果出现为止。而且，逃避特定债权人的索赔权并不是某些欺诈转让检验中规定的元素。因此，即使当转让发生时没有已知的债权人或索赔权，转让也可能在7年后或更长的时间后被取消，这取决于后来的索赔权是在什么情况下产生的。真正有资产保全顾虑的人不应该让他们的资产在许多年（即使远远少于7年）中一直面临风险。

自行设立的规定受益人不得自由处理的信托

欺诈转让法不是在资产保全领域中惟一对信托持有偏见的法律。除了少数几个州还有一些法律会禁止所谓的**自行设立的规定受益人不得自由处理的信托**（self-settled spendthrift trust）。

受益人不得自由处理的信托（spendthrift trust）规定受益人不能把他在信托中的利益转移给第3方，如果分配给受益人的利益被转移给他的债权人，那么受益人的分配权就会被剥夺。这种信托通常也叫做**可自由决定的信托**（discretionary trust），因为是否进行分配完全取决于托管人，受益人没有权力强迫性地把信托的资产分配给自己。这种信托既是为了帮助不够精明无法保守自己资产的受益人保护资产，也是为了让受益人的债权人无法获得信托资产。

因此，规定受益人不得自由处理的信托是专门为资产保全设计的，在第12章我们会讨论它在保护受益人的资产免受债权人的追讨方面完全合法和有效的用途。事实上，规定受益人不得自由处理的资产非常有效，以至于人们自然会问："为什么不能让每个人都为自己建立一个受益人不得自由处理的信托呢？"

大部分州不允许以最初建立信托的人的名义建立规定受益人不得自由处理的信托——那样的受益人不得自由处理的信托被称为是自行设立的。也就是说，州法律禁止信托受益人从他自行建立和提供资金的规定受益人不得自由处理的信托中获得资产保全的好处。这些法律规定背后的基本原理很简单：人们必须对他们的债务负责，不应该简单地把资产转移给自行设立的规定受益人不得自由处理的信托，以此来逃避债务。

就像我们在第14章会看到的，离岸避税港首先会在新的法规中专门批准自行设立的规定受益人不得自由处理的信托，以此来吸引离岸信托业务。在第13章我们将讨论，某些美国的州现在怎样为了吸引信托业务，而允许自行设立的规定受益人不得自由处理的信托。然而，在美国的大部分州的法律都规定，如果自行设立的规定受益人不得自由处理的信托以保护财产托管者的资产免受债权人的追讨为目的，它将不会受到法律的认可。

信托与放弃控制

将信托用于资产保全的另一个问题是，为了让信托结构起作用，资产所有者必须将资产的实际控制权完全让与第3方托管人。如果控制没有完全让与托管人，法官就很有可能认为没有发生实际的转移，资产的所有者只是试图造成转移的假象。在这种情况下，法官将彻底审查信托协议，并且允许所有者的债权人获得信托资产。这不是一个理论上的担心，在几桩涉及外国资产保全信托的具有里程碑意义的案例中，债权人都是用这个理由击败资产保全计划的。

大部分人都有一个很容易理解的顾虑，那就是他们不想将所有的资产都交给托管人，特别是在信托文件里明确规定这个人不会把资产还给他们。在第 16 章中，我们将分析规划师处理这个问题的一些方法。

典型的资产保全信托计划的主要缺点是：在诉讼过程中，资产会被清算，放到一个信托中去，或者被转移成资产保全信托。与诉讼过程中资产多样化的目标相反，这些信托结构为债权人设立了一个很大的攻击目标。这样的结构会造成一个"赢家通吃"的局面：债权人在攻击信托时什么都不会失去，但是如果债权人成功了，债务人有可能会失去一切。在一定程度上，这是一种风险很高的局面，可能会促使双方达成和解协议。然而，债务人是承担风险最大的一方，因为他所有的财富都在信托中，而信托中的资产可能只是一个机构债权人净财富的一小部分。也就是说，机构债权人可以选择以数百万美元的资产作赌注，但是债务人很少能做到这一点。

因此，欺诈转让的问题、违反州法律的问题、保留太多控制权的问题以及资产合并的问题是信托用于资产保全目的时主要的问题。要使基于信托的资产保全结构发挥作用，就必须充分地解决这些问题。

生存信托

在市场上广泛交易的**可撤销的生存信托**（revocable living trust）不会提供任何资产保全的好处。可撤销的生存信托是这样一种信托：一个人在他活着的时候以自己的名义建立一个信托，信托的资产在他去世后将传给指定的受益人。在本质上，它就是遗嘱的替代品。从资产保全的观点来看，虽然可撤销的生存信托作为遗嘱的替代品以及作为残废时灵活性计划的一种方法一般是很有效的，但是它有 3 个明显的缺点。

1. 和其他的信托一样，向可撤销的生存信托转移资产在《统一欺诈转让法》的时效期内很容易被债权人取消。在某些州，债权人可以成功地挑战欺诈转让的期限可能长达 7 年，在某些情形下甚至更长。

2. 除了在第 13 章提到的少数州外，生存信托不能是与托管财产者—受益人有关的规定受益人不得自由处理的信托。如果信托不是规定受益人不得自由处理的信托，债权人就可以请求法庭命令债务人将资产分配给债权人。或者，债权人可以迫使单一的受益人将资产分配给单一的受益人本身，从而使债权人可以得到这些资产。然而，由于第 3 个缺点的存在，债权人通常甚至不必用这些理论发动攻击。

3. 最严重的一个缺点是，可撤销的生存信托是可撤销的，这意味着债权人可以简单地请求法庭命令债务人取消信托并将资产取回，于是债权人就可以得到这些资产了。

当然，可撤销的生存信托不是为了资产保全的目的而设计的，而是为了不动产计划的目的设计的，但这个事实并没有阻止某些宣传者吹嘘它们特殊的资产保全收益。那很明显是错误的：即使受益人是第三方，它也起不到资产保全的作用。事实是，在授予人去世后，这样一种原来可撤销的生存信托的条款可以给他的继承人带来很好的资产保护，但是在授予人的遗嘱中也可以建立同样的信托，其保护继承人的信托资产免受债权人追讨的效果是一样的。

虚假信托

许多骗子也出售他们自己的信托形式并声称这些信托有资产保全的作用。这些所谓的**纯信托**（pure trust）也叫做机构信托、习惯法信托机构（Common-Law Trust Organizations，即 COLATOS 和它们在外国的变体 FORCOLATOS）、合同信托和许多其他奇特的、听起来很正规的名字。他们的宣传者声称，所有者可以把所有的家庭资产（个人的和企业的）转移到信托中，债权人将无法起诉信托，更不能获得信托资产。

纯信托结构是以美国《宪法》的合同条款为前提的，认为各州应该尊重合同的神圣性。这些结构的宣传者说，因为信托关系是由合同产生的，所以纯信托不用服从州法庭的命令，这些结构也不用交纳州或联邦的所得税。本质上，这些声明的意思是，这些结构完全不受管制，并且不用服从任何法庭的管辖。这个声明当然是完全没有意义的，许多宣传这种结构的人和他们的客户都因为逃税而被起诉，并且被处以长时间的监禁。总之，纯信托在税法中是被忽略的，这意味着对于将财产转移到信托的那个人来说，信托中的任何应征税的活动都是要缴税的。授予人必须申报并支付与信托资产相关的应征税活动的全部税收。然而，很不幸的是，按照骗子的建议，纯信托的财产托管者试图将信托当成了一个不需要纳税的独立实体来处理，其结果将是被起诉逃税。美国国税局从没有漏掉任何一个纯信托的逃税案例。任何使用这种信托来逃税的人都应该尽快和税收律师联系，并且在美国国税局发现纯信托的存在前主动向美国国税局全盘招供。美国国税局对主动披露情况的纯信托使用者往往比较仁慈。

但是声称的资产保全怎么样了呢？宣传者声明，债权人因为合同条款不能起诉纯信托或者它的所有者。这是纯粹的空话。除了对合同条款的解释完全没有根据外，纯信托几乎总是被当成是自行设立的规定受益人不得自由处理的信托，因此在大部分州都不被认可。即使在那些允许自行设立的规定受益人不得自由处理的信托的州，这些实体也很容易在其他理论下被击败：比如建立信托的那个人实际上还控制着资产，因此从来就没有真正建立起真实的信托关系，或者信托是可撤销的。

第 12 章

规定受益人不得自由处理的信托和可自由决定的信托

尽管自行设立的规定受益人不得自由处理的信托对托管财产者的资产保全效果还受到怀疑（我们将在第 13 章和第 14 章中讨论），但是毫无疑问，使用信托可以保护资产免受非托管财产者的受益人的债权人追讨。使用信托可向第 3 方受益人转移资产，无论是通过生前赠予还是死后赠予的方式，永远都应该是值得考虑的方法。

基本概念

被长期认可的第 3 方信托的概念是：它是一方（即受让人或托管财产者）将一项资产的法定权利（也就是管理和控制权）转移给另一方（即托管人），而将资产的受益权（也就是所有权的经济利益）转移给一个或多个第 3 方（即受益人）的方法。虽然托管人是资产的法定所有者，但是托管人有义务为了信托受益人的最大利益实施对资产的控制权。虽然可能存在口头的信托协议，但是信托协议的条款通常以书面信托协议的方式存在——也最好是如此。

生存信托（living trust 或 inter vivos trust）是受让人生前建立的。**遗嘱信托**（testamentary trust）是根据让与人的遗嘱建立的。**可撤销信托**（revocable trust）是授予人可以在任何时候终止或修改的信托。**不可撤销信托**（irrevocable trust）是不能被授予人终止或修改的信托。虽然可撤销的生存信托作为不动产计划和避免遗嘱认证的手段有相当大的用处，但是它们没有提供抵御债权人的资产保护的能力。如果授予人可以在任何时候获得信托中的信托，那么其债权人也同样可以获得，因为债权人可以要求法庭命令授予人取消信托。虽然无法改变这个明显且致命的缺点，但是令人惊讶的是，有些宣传者居然把生存信托当成资产保全工具出售。因此，这里的讨论将集中在不可撤销的生存信托和遗嘱信托上。

规定受益人不得自由处理的信托

在建立了一个信托时，授予人可以在信托协议中明确规定受益人不能以任何方式转移他在信托中的利益，并且只要资产保留在信托中，受益人的债权人就对资产没有任何权利。一旦资产分配给受益人后，债权人就可以获得资产，但是只要资产还留在信托里，债权人就无法得到它们。有这种规定的信托叫做规定受益人不得自由处理的信托。

除了在第13章中提到的几个州外，如果受益人同时也是授予人，则规定受益人不得自由处理的条款无法保护信托资产免受这种受益人的债权人的追讨。也就是说，你不能以自己的名义建立一个信托，指望它在大部分州可以阻止债权人的追讨。这些信托形式叫做自行设立的规定受益人不得自由处理的信托，更普遍的叫法是美国国内资产保全信托（domestic asset protection trust，DAPT）。

但是如果你以自己的名义建立一个信托，你就等于建立了一个可以抵抗受益人的债权人的信托。虽然有几个州没有意识到规定受益人不得自由处理的条款的作用，还有几个州不允许申请这种信托，但是在大部分州，规定受益人不得自由处理的条款却是一种最可靠的资产保全形式，尽管它只能保护除了授予人以外的受益人，而不能保护授予人本身。规定受益人不得自由处理的信托的授予人可以让他的子女，而不是他本人作信托的受益人，从而为信托资产提供强大的保护。

有些债权人认为，规定受益人不得自由处理的条款不应该保护信托资产免于承担被民事侵权的债权人的索赔权——也就是说，如果信托受益人给债权人造成了身体上的伤害，比如人身伤害、非法死亡或性骚扰等，就不应该受到这种保护。法庭总是会驳回这样的主张。在一个案例中，密西西比最高法院确实接受过这样的主张，但密西西比立法机构立刻通过了一项特殊的立法，阻止被民事侵权的债权人获得受益人在规定受益人不得自由处理的信托中的利益。然而，我们应该注意到，一旦资产从信托中分配给受益人，它们就会成为受益人的债权人在任何情况下都可以追讨的对象。

规定受益人不得自由处理的信托资产意味着要为受益人提供基本的必需品，并且这种信托能够阻止债权人获得资产的好处使许多授予人和受益人都觉得很安慰。虽然某些案例的事实可能是不公平的，但是法庭不可能改变长期存在的有利于规定受益人不得自由处理的条款实行的先例。

尽管有这种可靠的保护措施，仍然有很多顾问让他们的客户向继承人提供毫无保护的赠予和遗产。这也许是不动产计划顾问犯的最大的资产保全错误，可能会使客户的家庭付出数百万美元的代价。除非客户能够绝对地保证他的子女不会离婚或被起诉，或者其转移的资产价值非常小以至于进行年度所得税申报的成本显得太昂贵，否则没有理由不利用有规定受益人不得自由处理条款的信托来转移资产。

可自由决定的信托

就像前面提到的一样,有些州的法律会限制或忽略规定受益人不得自由处理的条款。然而,即使在规定受益人不得自由处理的条款有效的州,一旦资产被分配给受益人,债权人就可以获得它们。如果信托要求必须进行分配,或者只允许直接把资产分配给受益人,那么受益人的债权人将有可能获得分配的资产。

解决这种潜在问题的方法是让信托协议规定,只能由托管人决定是否将资产分配给受益人。即使规定受益人不得自由处理的条款不能阻止受益人的债权人获得他在信托中的利益,但是如果不进行分配,债权人也就没有获得资产的渠道。如果受益人有判定债权人,托管人可以不进行分配或以受益人的名义使用信托资产。例如,托管人可以直接用信托资产来支付抵押、医疗费、水电煤气费、教育费用和类似的费用,而不是将资产分配给受益人来支付这些费用。如果托管人决定不直接把资产分配给受益人,受益人的债权人就无法强迫托管人直接将资产分配给受益人。而且,受益人的债权人也不能阻止托管人以受益人的名义利用信托资产,只有受益人的判定债权人除外。

在以多个家庭成员或多个层次的个人的名义建立的信托(例如为子女或孙子、孙女建立的信托)中,托管人可以不考虑信托受益人之间的分配比例和平等性,把信托资产全部给信托受益人自由分配。这种自主决定的分配有时被称做"喷雾式"分配或"洒水式"分配,并且相应的,这种信托有时被叫做"喷雾式信托"或"洒水式信托"。"洒水式"资产使托管人可以灵活地帮助需要帮助或值得帮助的受益人,不把资产分配给那些不需要帮助或不值得帮助的受益人或者那些存在债权人麻烦的受益人。

请注意,在制定不动产计划时必须要考虑的一个因素就是:信托是不是完全可以自由决定的。例如,为授予人的配偶建立的信托不能完全作为可支配收入,并且仍然适用于联邦房地产税的配偶扣除额规定。然而,在以资产保全为主要目的的情况下,应该重点考虑的问题可能是使用可自由支配的规定受益人不得自由处理的信托。可自由支配的规定受益人不得自由处理的信托为其他人的利益提供了很好的资产保护。这其中的资产可以免受处于破产、离婚、甚至严重人身伤害、玩忽职守和非法死亡案例的裁决后收款程序中的受益人的债权人的追讨。

指定受益人的权力

因为隔代继承税的原因,有时信托的主要受益人有权根据自己的意愿把资产(包括其不动产)给任何人,使享受这种权力的资产被纳入受益人的应税遗产中(可以免税或适用较低的税率),而不用适用较高的隔代继承税率。这种权力叫做**一般指定受益人的权力**(general power of appointment)。根据某些州的破产法和联邦破产法，服从一般指定受益人的权力的财产要承担权力持有者的债权人的索赔。在其他州，这种财产可以免于承担权力持有者的债权人的索赔。然而，在大部分州，无论是在法规中还是在上诉法庭中，这个问题都还没有得到很好的解决。

某些信托工具可以提供一定的灵活性，在受益人被赋予一般指定受益人的权力时多提供一层资产保护。例如，可以规定独立的托管人有权启动或停止一般指定受益人的权力，还可以规定其他有权限制一般指定受益人的权力。这样，独立托管人就可以相应地改变一般指定受益人的权力，来对税法和受益人的债权人状况的改变做出反应。而且，信托可能规定，主要受益人的一般指定受益人的权力只有在独立托管人同意时才可以实施。这样，无论在什么情况下，独立托管人最终都可以起到阻隔债权人和信托资产的作用。

有些指定受益人的权力不允许权力持有者把财产分配给他自己、他的债权人或者将财产划为其本人的不动产，这种权力被称做**有限的**或**特殊的指定受益人的权力**（limited or special power of appointment）。有限的指定受益人的权力允许信托的受益人将其资产提供给其他人，但同时又可以保证自己的债权人无法获得这些资产，而且在他死后这些资产也不会变成自己的应税遗产。它允许受益人把自己或其他人可以受益的资产免税赠予给别人。而且，因为资产不属于权力持有者，权力持有者也不用担心欺诈转让的问题。

朝代信托

因为可自由支配的规定受益人不得自由处理的信托具有强大的积累财富和资产保全的能力，授予人经常很希望建立一个可以长期持续的信托——只要法律允许，这个信托就可以一直持续下去，尽可能长时间地将信托资产留在家庭里。我们可以以受益人的名义使用信托资产，而资产的所有权一直保留在信托里并且还尽可能地避免了赠予税、不动产税和隔代继承税（这些税收通常可以被完全避免）。有一个神秘的规则叫**非永久权规则**（rule against perpetuities），它一般规定信托的有效期不能超过 3 代（100 年左右）。根据这个规则，大部分州都限制了允许信托持续的时间。然而，许多州和离岸司法管辖区域取消或改变了非永久权规则，允许信托持续很长时间。在这些司法管辖区域中建立的可以持续很多代的信托经常被叫做**朝代信托**（dynasty trust）。

朝代信托中创造财富的最佳工具往往是大额的人寿保险单。许多离岸私募的人寿保险单（例如在第 25 章中讨论的那些保险单）都是朝代信托拥有的。当朝代信托中包含了大量的资产时，它就可以扮演一个家庭银行或家庭资产池的角色。和其他信托一样，其中的资产也可以分配给受益人。

最好的策略是将资产保留在信托里，同时使受益人可以得到它们。例如，朝代信托可能购买一栋房子、度假屋、船或休闲车供信托受益人使用，也可能为受益人提供担保贷款来购买房子，或给受益人提供不动产流动资金。朝代信托提供的可能性是没有止境的。资金雄厚的信托实际上可以为信托受益人的各种需求提供资金，而不需要把资产实际分配给受益人。因此，进行分配的惟一一个合理的理由是使受益人可以为他本人和他的配偶购买人寿保险，从而为另一个专门为他的家庭而设的朝代信托提供资金。

可能利用朝代信托资产的最佳方式是提供资金，开展那些可以为信托内的家庭创造更多财富的事业。例如，如果朝代信托的受益人想成立一个企业，并且托管人认为这是一个好主意，那就可以把信托资产作为企业的启动资本。如果企业建立起来了，并且企业的价值增加了，它的增长就不需要交纳遗产及赠予税和隔代继承税且信托中的资产还可以免受受益人的债权人的追讨。这个策略叫做**机会转移**（opportunity shifting），它在当代资产保全中扮演着重要的角色，因为从企业中获得的利润可以在信托中受到保护。当然，对于车辆、不动产和企业等信托资产，还需要考虑资产保全的问题，以便将会产生负债的资产与其他信托资产分离开来。

受益人控制的信托

人们有时候不使用信托是因为信托将导致托管人失去对财产的控制。然而，在受益人控制的信托中，主要的信托受益人可能会拥有与全部所有权相同的权利，但是资产不会被债权人扣押，也没有信托遗产，不用为受益人的遗产交纳遗产税。

受益人控制的信托（beneficiary-controlled trust）是这样一种信托：主要受益人要么是惟一的托管人，要么是联同托管人。受益人—托管人往往有权利撤换和替换托管人和联同托管人。但是从资产保全的角度看，与撤换和替换托管人有关的决策，最好要征得第3方的同意。例如，要征得信托监管人的同意。受益人控制的信托协议将包括广泛的投资权力，所以受益人—托管人可以进行任何投资，就像他拥有全部所有权一样。主要受益人经常也有广泛的权力将信托资产分配给其他人（例如他的配偶、子女、孙子女或子女的配偶）。这个结构使他可以进行免税的赠予，并且可以防止被其他受益人（主要受益人实际上可以通过实施指定财产受益人时会被有效地将其他受益人排除出的信托）干预。

单一的受益人—托管人比联同托管协议提供的灵活性和保护要少很多。从遗产税和隔代继承税的角度来看，它可能会导致一些潜在的困难或局限性（例如，向受益人—托管人进行的分配必须满足某些确定的标准，比如必须用于健康、教育、生计和赡养等）。从资产保全的角度看，让受益人作为惟一的托管人可能也是危险的。有些法律学者认为，受益人—托管人的债权人应该能够获得根据信托协议的条款合理地分配给他本人的任何资产。

一个更有效的资产保全策略是使用2个联同托管人。主要受益人是负责投资的联同托管人，有广泛的投资决策权；另一个独立的联同托管人具有向受益人分配的惟一权力。有一个独立的联同托管人负责分配，就没必要要求分配必须满足确定的标准。主要受益人也可能被赋予撤换和替换独立托管人的权力。然而，这个权力只有在与其另一个独立方联合时才可以执行，这样法庭就不能强迫受益人指定一个有利于债权人的托管人了。

当客户告诉他的顾问他想把信托资产分配给达到特定年龄的受益人时，在大部分的情况下，客户选择那个年龄的原因都是：他相信受益人在那个年龄将足够成熟，可以谨慎地管理和使用资产。他这样做可能不一定是因为他希望受益人到那个时候才合法地持有资产。控制和使用资产的目的可以通过使用第 3 方控制的可自由支配的规定受益人不得自由处理的信托来实现，这种信托在受益人达到特定年龄时可以变成一个由受益人控制的信托。

这种受益人控制的信托规划方法显然比使用完全的赠予或遗赠更有效，也比强制信托在受益人达到特定的年龄时进行分配更加高明。因为这个策略建立了一个几乎难以逾越的资产和离婚保全屏障，信托应该被设计成可以延续很多代的朝代信托，这样第 2 代及其后辈的受益人都可以享受第 3 方建立的规定受益人不得自由处理的信托带来的好处。

信托与《统一欺诈转让法》

我们现在在讨论的信托都假设将资产转移到这样的信托中不存在欺诈转让的问题。虽然规定受益人不得自由处理的条款和类似的条款为信托资产提供了坚实的保护，使它们免受不是财产托管者的受益人的债权人追讨，但是如果资产是被欺诈性地转让到信托中的，这些条款绝对无法保护信托资产免于承担财产托管者的债权人的索赔。在这一章中讨论的信托的资金一般来自于赠予，正如第 6 章所讨论的那样，赠予很容易根据《欺诈转让法》被取消——在某些州时效期长达 7 年。

赠予不是为信托提供资金的惟一方式。在第 23 章中，我们将讨论为信托提供资金的其他方法，以及在信托中持有资产的方式——这些方法被取消的可能性都比较小。然而，最终结果都是一样的：一旦资产被成功地置于存在规定受益人不得自由处理条款的信托中去，除了财产托管者的债权人以外，其他受益人的债权人几乎不可能获得这些资产。

信托是一种有力的资产保全工具和不动产计划工具，以至于有些人不只想为他们的继承人也想为他们自己建立规定受益人不得自由处理的信托和类似的信托。在第 13 章中，我们将考虑美国某些州的一些比较新的、允许这样做的法律。在第 14 章中，我们将讨论外国资产保全信托。在这两章中，我们将看到，法庭和大部分州的立法机构都认为这种信托类型保护资产的能力太强，以至于不能允许它的存在。

第 13 章 美国国内资产保全信托

法庭很久以前就发现,某种特殊类型的规定受益人不得自由处理的信托被滥用了,这主要是因为它被用于以一种不公平的方式击败债权人。这种**自行设立的规定受益人不得自由处理的信托**(self-spendthrift trust)是一个人建立一个不可撤销的、全权规定受益人不得自由处理的信托,且规定他本人为受益人(关于这种信托的运作方式见图 13—1)。在这种信托背后的理论是:债务人将资产赠予一个信托,然后在债权人要获得那些资产时声称,那些资产是托管人的财产,而不是债务人的财产。在美国及所有英国普通法的司法管辖区域中的法庭很长时间以来就不允许用这种信托进行资产保全。直到最近,某些立法机构才勉强接受了自行设立的规定受益人不得自由处理的信托。

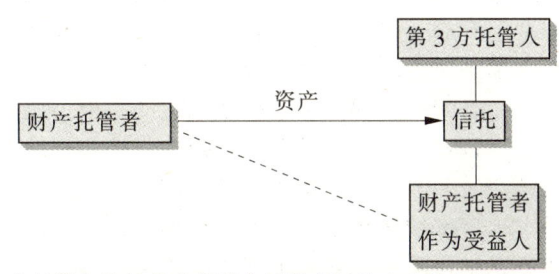

自行设立信托意味着财产托管者以他本人的名义建立了一个信托

图 13—1 自行设立的规定受益人不得自由处理的信托

在第 14 章中,我们将看到为了吸引业务,许多离岸避税港和债务人天堂改变了信托法,使自行设立的规定受益人不得自由处理的信托有效。从 20 世纪 90 年代中期开始的一段时间里,外国资产保全信托广泛流行,并且开始将信托业务从美国的信托公司中逐渐抢走。1997 年,阿拉斯加州成了美国第一个接受美国国内资产保全信托（domestic asset protection trust，DAPT）的司法管辖区域，允许成立自行设立的规定受益人不得自由处理的信托。很快，特拉华州、内华达州、罗得岛州和犹他州也通过了类似的法规。[1]这股潮流是外国资产保全信托的流行和信托企业竞争的直接结果。

美国国内资产保全信托机制

新的美国国内资产保全信托法批准了数百年来法律和法规所禁止的东西。它们允许一个人以他本人的名义建立一个全权的规定受益人不得自由处理的信托，将信托资产作为托管人的财产，而不属于信托的债权人。这是否符合公共政策不是这本书要讨论的内容，我们仅仅要说，禁止自行设立的规定受益人不得自由处理的信托的法律和我们经济的系统性支柱是完全一致的。这个经济支柱要求，如果债务人欠了债，他就应该偿还这些债务。

担心公共政策的人不在少数，因为只有少数州通过了自行设立的规定受益人不得自由处理的信托法律，其他州并没有通过。这个争论不仅仅是个学术性问题。那些不承认这种信托的州之所以这样做是因为这些信托违背了法庭和立法机构长期推行的公共政策。各个州对这个问题的争议非常大，就像有些州承认赌博的合法性而有些州不承认一样。在某些州看起来是自由的和开放的事情，在其他州看来可能是不道德的、非法的或机会主义的。虽然一个州的法庭经常对另一个州的法律表现出一定程度的尊重或礼让，但是当一个州的法庭认为其他州的法律违反了它的公共政策时，它就会坚决反对这种法律。在一小部分允许美国国内资产保全信托的州和大部分不允许的州之间产生了典型的法律冲突。这种冲突意味着机会、困难和潜在的陷阱。

除了这些混乱外，还有美国《宪法》。《宪法》要求一个州合法的裁决结果要得到其他州的"充分信任与尊重"。然而，如果产生裁决结果的法律违反了另一个州的基本公共政策，后者就不可能尊重这个裁决结果。

每个州的管辖权都不会超出它的边界。例如，一个在俄克拉荷马州作出的裁决根本无法对北卡罗来纳州的资产起作用。俄克拉荷马州法庭没有权利强迫一个北卡罗来纳州的人做任何事。但是，俄克拉荷马州的裁决结果可以在北卡罗来纳州登记。此后，根据美国宪法的"充分信任与尊重"条款，北卡罗来纳州的法庭就必须将该裁决当作在北卡罗来纳州做出的裁决结果来同等对待。这将使债权人可以在北卡罗来纳州采取所有的补救措施。

因为"充分信任与尊重"条款，债权人可以采取的补救措施和债务人可以采取的保全措施取决于裁决是在哪个州做出的，而不取决于债务人居住在哪个州。这种情况也适用于信托资产，因为信托资产是否受到保护取决于债权人可以在资产所在的州采取的补救措施，而不是取决于信托建立在哪个州或托管人居住在哪个州。例如，如果在内华达州建立的美国国内资产保全信托中的资产实际上在肯塔基州，而且肯塔基州不承认自行设立的规定受益人不得自由处理的信托，肯塔基州的法庭就会认为内华达州的美国国内资产保全信托根本不存在。信托中的资产将被当成债务人的资产，所以债权人可以获得它们。

类似的，如果债务人服从某个州的司法管辖权，而这个州不承认自行设立的规定受益人不得自由处理的信托，这个州的法庭就有可能要求债务人把资产转移回不承认美国国内资产保全信托的法庭的司法管辖区域内，使债权人可以获得资产。虽然有些人认为，债权人不一定在承认美国国内资产保全信托的州提起诉讼，但是**遣返命令**（repatriation orders）会使债务人基本无法保护离岸信托中的资产。

美国国内资产保全信托的局限

要使美国国内资产保全信托可以保护资产免受债权人的追讨，资产和债务人就必须呆在有美国国内资产保全信托法律的州。然而，即使这样的安排也无法确保美国国内资产保全信托能够有效地保护资产免受债权人的追讨。

除了州法庭和州法律可能不承认自行设立的规定受益人不得自由处理的信托外，联邦法庭和联邦法律也可能参与其中。根据美国《宪法》的最高条款，联邦法律和州法律存在冲突或涉及同样的法律问题时，联邦法律优先于州法律。因此，如果美国国会决定改变联邦破产法、允许破产法庭忽略与自行设立的规定受益人不得自由处理的信托相关的州法律，那将使美国国内资产保全信托再也无法发挥作用。另一种可能的情况是，美国国会为特定类型的索赔权专门制定一部法律（例如，环境索赔权或海事索赔权），使联邦诉讼中的某个监管机构或原告可以忽略自行设立的规定受益人不得自由处理的信托，简单地把信托资产当成财产托管者的财产。同时，《民事诉讼法的联邦规则》（Federal Rules of Civil Procedure）的改变也可能认可可以达到同样效果的补救措施。

即使在允许美国国内资产保全信托的州，财产最初转移到美国国内资产保全信托中的行为也可能被认为是欺诈的。美国国内资产保全信托法规通常会缩短债权人声称向美国国内资产保全信托进行财产转移的行为是欺诈行为的时效期。这里有两个问题：(1) 即使美国国内资产保全信托法令也规定，在一段时间内，对美国国内资产保全信托的转移可能会被当成欺诈转让而取消；(2) 就像我们在第6章讨论欺诈转让问题时所看到的，在这一领域有大量的法律冲突，这可能使缩短时效期的法律失去效力。

例如，如果一个加利福尼亚州的居民将资产转移到在特拉华州建立的信托中，应该适用于哪一州的时效期规定呢？是适用加利福尼亚州的法律还是特拉华州的法律？答案可能取决于转移财产的类型，以及转移的方式和时间安排。而且，这不是一个容易回答的问题。加利福尼亚州可能规定直到债权人获得裁决结果时才开始计算时效期。如果采用了加利福尼亚州的时效期规定，将资产转移到美国国内资产保全信托的行为很有可能被忽略，美国国内资产保全信托结构将无法保护转移到其中的资产。

《统一欺诈转让法》允许忽略某些转移行为，即使这些转移发生在索赔权出现之前。假设美国国内资产保全信托将有效地阻止所有的债权人仅仅是因为它的资金是在没有已知索赔权时就转移进来的，那么，提前转移资金则会大有帮助。确实，提前转移资金对于涉及美国国内资产保全信托的计划来说是非常必要的。然而，一个需要担心的问题是，在美国国内资产保全信托获得资金的许多年后，它仍然可能无法经受针对欺诈转让问题的攻击。美国国内资产保全信托法规试图制定严格的标准来判断一项交易是否属于欺诈行为来纠正这种不合适的情况。但是，这又会产生一个明显的法律冲突问题：如果转移发生在其他州，就可能应用其他州的欺诈转让法，而不是那些允许美国国内资产保全信托州的法律。

一个相关的问题是，虽然实际上持有资产的托管人可能在允许美国国内资产保全信托的州受到保护，但是这些托管人可能会受到其他州的裁决结果和法庭命令的影响，包括扣押令的影响。例如，一个追讨在内华达州的信托资产的精明的债权人可能决定在纽约获得裁决结果，并试图扣押由纽约经纪商持有的这家内华达州信托公司的资产。在这种情况下，很有可能应用纽约的法律，而不是内华达州的法律。

美国国内资产保全信托与遣返命令

在一个允许美国国内资产保全信托的州的司法管辖区域之外的债务人的一个明显的潜在弱点是，那个州的法庭可能尝试采取安德森式补偿（Anderson remedy），将债务人—财产托管者因为藐视法庭关进监狱，直到他同意将信托资产遣返到不允许美国国内资产保全信托的州为止。欺诈转让法给了法庭很大的自由空间来选择适当的补救措施。因为"遣返—藐视"补救措施现在一般被用来获得在外国资产保全信托中的资产，一个必然的可能性是，有一天法官也会针对美国国内资产保全信托中的资产采取这样的补救措施。作者认为，从《宪法》的角度看，这种补救措施肯定会成功地让债务人呆在监狱里，直到资产被遣返到不允许美国国内资产保全信托的州为止。只要法庭相信监禁仍然有强制性的效果，就会采取这样的措施。确实，有些债务人因为没有将外国资产遣送回国而被判藐视法庭，在监狱呆了许多年。

美国国内资产保全信托和它在外国的类似工具比起来有一个显著的缺点，那就是美国国内资产保全信托中的资产通常是在美国，并且债权人至少可以获得它的实物。确实，有些美国国内资产保全信托法令要求信托资产的一定比例要保留在那个州。如果允许美国国内资产保全信托的州的一个法官以有利于债权人的方法来解释法律，债权人就有可能在解释被上诉前获得资产。即使裁决结果后来被取消了，债务人可能也没办法向债权人要求补偿。特别的，如果债权人居住在一个不承认自行设立的规定受益人不得自由处理的信托的州，那情况更是如此。除非在每个允许美国国内资产保全信托的州，资产保全的好处在各种情况下都是合法的，否则美国国内资产保全信托的生存能力就始终是个严重的问题，即使是在允许美国国内资产保全信托的州。

美国国内资产保全信托与外国资产保全信托

外国资产保全信托的一个特征使它成为比美国国内资产保全信托更好的工具。在最糟糕的情况下（记住，设计资产保全的目的就是应付这样的情况），由于至少使用了一个离岸信托，债务人可以完全离开美国，并且在享受信托资产时完全不受美国司法管辖权管辖——只要他不回到美国。

外国资产保全信托一个不太显著的优势是，债务人可以利用离岸的保密措施和隐私权法律。他们也可以简单地利用法官和债权人很难获得有关离岸结构和离岸资产的信息这个事实。相反，因为美国国内资产保全信托建立在美国，它要服从联邦法庭的管辖权，并且以披露为导向的《民事诉讼法的联邦规则》会把诉讼置于任何州的保密加强措施之上。虽然永远不应该考虑用保密性和隐私性作为有效的资产保全工具，但是在某些情况下，由于很难获得境外披露，使用这种方法可能有助于推动一个涉及外国资产保全信托的案例尽快达成和解。

就像外国资产保全信托一样，美国国内资产保全信托对大部分信托财产托管者来说有个特别显著的缺点：信托的财产托管者必须把控制权让渡给位于允许美国国内资产保全信托的州的另一个人或另一个机构。对这种情况持怀疑态度的人认为，美国国内资产保全信托的财产托管者是希望通过把信托资产转移给一个能现在就携款潜逃的托管人的，以此用来避免信托资产在将来某个时间被目前未知的债权人获得。如果财产托管者试图保留对资产的直接或间接控制，全部协议就有可能被法庭当成一个虚假协议而取消。另一方面，如果财产托管者让与了全部的控制权，假设他为了让这个协议生效必须这么做，资产可能"今天在这里，明天就在毛伊岛了"。

为了避免资产失踪的问题，大部分美国国内资产保全信托托管人都是规模相当大的机构托管人。然而问题是，这些托管人可能要服从全国性的司法管辖权，因此他们也要服从不允许美国国内资产保全信托的州的法庭命令。例如，根据与司法管辖权有关的各种不同裁决结果，一个机构托管人如果有一个互联网站点，并且在所有 50 个州招徕业务，它就要服从所有 50 个州的司法管辖权。即使某个信托是在一个允许美国国内资产保全信托的州成立的，并且信托公司的总部也设在这个州，信托公司仍然可能被起诉，并且要服从不允许美国国内资产保全信托的州的裁决。因此，这个信托公司要承受相当大的法庭压力，因为法庭会命令他把信托所持的资产移交给财产托管者的债权人。

其他潜在的缺点

一个精明的债权人可能不会选择通过辩论美国国内资产保全信托法令和《宪法》中的条条款款去直接攻击美国国内资产保全信托结构。相反，他可能会寻找各种方式去攻击备选计划。对债权人来说，可以选择的最明显的攻击方式是提起关于民事共谋的诉讼。虽然美国国内资产保全信托法令试图限制这些诉讼，但是如果债权人发现该案例与哪个不允许美国国内资产保全信托的州有司法管辖权上的联系，这些法令就不能限制债权人根据那些州的法律提起这些诉讼。例如，假设一个债权人在爱荷华州（这个州在写这本书时还没有美国国内资产保全信托法规），他就可以对一个在爱荷华州成立了一个信托的债务人主张司法管辖权限。债权人可以起诉债务人和所有涉及的人（包括持有信托资产的人和实体）民事共谋。根据爱荷华州的法律，共谋会被判定为欺诈转让罪。如果债权人胜诉，他将在信托资产所在的州登记裁决结果，并努力在那些州执行裁决结果。至少在理论上，内华达州法庭必须承认爱荷华州的裁决结果，即使内华达州的美国国内资产保全信托法规明确地阻止这种和内华达州的美国国内资产保全信托相关的诉讼。

在这样一种情形下，美国国内资产保全信托结构缺少灵活性的特点就成为一个潜在的障碍。为了像一个可自由决定的规定受益人不得自由处理的信托资产那样发挥作用，美国国内资产保全信托必须是不可撤销的。然而，除了在必须进行分配时，否则，你很难放松这个结构；而在进行分配时，债权人就可以获得那些分配。这个限制将美国国内资产保全信托置于这样一个姿势：一个拳击手的脚被粘在泥土里。另一方面，如果使用商业实体，就会有更大的灵活性来放松或改变交易，以此来适应变化的环境和躲避或避免债权人的攻击。

美国国内资产保全信托法规本身的改变也使得这种资产保全计划面临着一定的风险——这些改变可能是具有追溯性的，也可能不是。要改变法律只需要有一个在不恰当的环境中出现的备受关注的案例。例如，假设一个喝醉酒的司机开着一辆特大的运动型多功能汽车撞上了一辆学校班车，并且导致了大量的伤亡；进一步假设，喝醉酒的司机利用美国国内资产保全信托逃避了因个人伤害和非正常死亡而面临的数百万美元的债务（这显然是因为实施了没有远见的美国国内资产保全信托法规而导致的结果）。公众会因此强烈抗议，结果很可能让州立法机构相信美国国内资产保全信托毕竟不是一个好主意。由此带来的法律改变几乎肯定会阻止或严重限制美国国内资产保全信托。在一个像这样极端的案例中，这种改变甚至可能追溯过去的裁决结果。因为在新法规通过后，那些原来受到阻碍的债权人可以简单地重新提起催款诉讼，这次一定会成功。

最后，联邦破产法的改变有可能削弱或完全破坏美国国内资产保全信托的效果。因为联邦法律优先于州法律，债权人为了利用新实施的联邦法规来获得美国国内资产保全信托中的资产，可能会迫使债务人强制性破产。

由于所有的这些理由，可能需要 10 年或更长的时间来解决所有的这些问题，使那些对美国国内资产保全信托感兴趣的人可以坦然地将它当成一个重要的资产保全工具。当然，前提是州或联邦法律没有同时出现会削弱美国国内资产保全信托效果的改变。

尽管那样，美国国内资产保全信托可能永远也不会是可靠的资产保全工具。主要的理由是美国国内资产保全信托一点也不隐蔽。它们是臭名昭彰的，并且很明显的是试图利用法律的强制力改变债权人—债务人关系。这些法律更关注把资产吸引到居民少的或者经济困难的州，而不是关注坚实的公共政策。美国国内资产保全信托在一定程度上是不加选择地为所有人提供保护——包括终身赖账的人、存心污染环境的人、喝醉酒的司机、虐待儿童的人和进行证券欺诈的人，而这种结构表面上宣称是为医生和其他专业人员以及企业家提供保护的。有些州已经意识到这个情况，并且试图规定一些改变美国国内资产保全信托保护的例外情况，例如，在未偿付儿童抚养费的案例中。现在至少有一个允许美国国内资产保全信托的州甚至支持不支付儿童抚养费的行为。

什么时候使用美国国内资产保全信托？

即使存在着上述缺点，美国国内资产保全信托仍然可以作为资产保全计划中的适当组成部分，只要在制定计划时记住上述提到的局限即可。请注意，我们所说的是"资产保全计划的一部分"。即使你决定使用美国国内资产保全信托，这些结构直接或间接持有的资产也应该只是一个人全部财富的一小部分。我们不断强调方法的多样性，是因为许多未经检验的结构有很多潜在的缺点，美国国内资产保全信托就是一个好例子。

一般来说，只有财产托管者居住在允许美国国内资产保全信托的州，并且所有的资产都是允许美国国内资产保全信托的州持有时，才应该考虑使用美国国内资产保全信托，因为没有美国国内资产保全信托立法的州的法庭不可能承认其法令的保护作用。可能，居住在不允许美国国内资产保全信托的州的一个人可以设立一个美国国内资产保全信托，并且在遇到麻烦时，转移到建立美国国内资产保全信托的州（这很像一个试图利用外国资产保全信托来保护资产的人，为了让外国资产保全信托起作用，要准备离开美国）。但是我们认为这样的人最好寻找其他选择，能在他自己所在的州内起作用。

美国国内资产保全信托对于它所持有的资产来说，应该仅仅是资产保全计划的一个层次。在理想的情况下，美国国内资产保全信托应该只持有一些非流动资产。这样，如果债权人成功地突破了美国国内资产保全信托，仍然必须突破其他层次才能获得流动资产。这个结构可以阻止某些债权人试图首先挑战美国国内资产保全信托。

美国国内资产保全信托的一个独一无二的用处可能是作为外国信托的**美国境内版本**——也就是将一个外国资产保全信托转移到美国，而它的大部分条款仍然有效。一个居住在允许美国国内资产保全信托的州的人可以使用外国资产保全信托，因为自行设立的规定受益人不得自由处理的信托资产这个概念显然和不允许美国国内资产保全信托的州的法律不协调。然而，即使真是这样，只有债务人的资产也在离岸或允许美国国内资产保全信托的州时，这个外国资产保全信托才可能是有效的。当然，这整个情形是具有讽刺意味的，因为美国国内资产保全信托法令是在外国资产保全信托法令之后实施的，目的是让美国国内资产保全信托和"离岸债务人天堂"相竞争。

美国国内资产保全信托的一个潜在的应用可能是拥有一个美国国内私募

人寿保险单。在写这本书时，阿拉斯加州的保费税很低。当涉及数百万美元的人寿保险时，保费税的节省是相当大的——可能是数十万。想投资美国国内私募人寿保险单的人首先要将资金放在一个阿拉斯加州的美国国内资产保全信托里，接着美国国内资产保全信托的阿拉斯加州托管人将在阿拉斯加州购买一份保险单。如果州保险管制机构或税务当局质问为什么在阿拉斯加州购买保险，回答将是，美国国内资产保全信托是资产保全所必须的（这是资产保全如何"包含"税收交易的又一个例子）。我们不知道这样一种以避免保费税为目的的协议是否可以避免审查，并且我们认为这个问题很可能引起诉讼。

从市场营销的角度来看，如果不是外国资产保全信托如此成功，可能不会存在美国国内资产保全信托。在第14章我们将研究外国资产保全信托。

注释

[1] 在写这本书时，阿拉斯加州、特拉华州、内华达州、罗得岛州和犹他州是5个制定了自行设立的规定受益人不得自由处理的信托立法的州，它们还积极地试图在这个基础上吸引信托业务。美国科罗拉多州和密苏里州允许自行设立的规定受益人不得自由处理的信托，但有一定的时效期。其他州也在不同程度地考虑类似的法规，但是这本书并不想具体列出这些州，或者它们通过的这些立法所具有的特殊的好处。这些州和法律的目录在我们的网站（http：//assetprotectionbook.com）上可以找到。

第14章
外国资产保全信托

这本书我们是以斯蒂芬·J·劳伦斯先生的故事开始的。他是一个在1987年的股市崩溃中破产的债券交易人，并且受到贝尔史登公司的保证金的追讨。在一个不利于他的仲裁判决做出前不久，劳伦斯先生在印度洋的毛里求斯设立了一个离岸信托，并且将他的大部分财产转移到那里。之后，在他申请破产后，破产法庭命令他将资产转移回到美国。由于拒绝执行这个命令，他因藐视法庭罪而被监禁，同时他的破产免费申请也被拒绝了。

这是一个不好的结果吗？绝对是，除了在一个很重要的方面。在写这本书的时候，贝尔史登公司还无法获得劳伦斯先生信托里的资产。这些资产受到了保护，即使劳伦斯先生因为无法将资产转移回美国而仍被关在监狱里。

什么是外国资产保全信托？

外国资产保全信托（foreign asset protection trusts，FAPT）最大的优势是它们可以用于保护资产。一旦资产被放在一个外国资产保全信托中，债权人几乎没有什么办法可以合法地直接取得信托中的资产。攻击必须是间接的，债权人要让法庭相信债务人自己有能力取回资产。在法庭相信并且命令债务人取回资产（这是当前的趋势）的情况下，债务人如果不遵守命令将会因为藐视法庭而面临监禁。因此，为了避免这种情形，债务人必须离开美国，逃离美国法庭的司法管辖权限。对于使用外国资产保全信托作为一种主要的资产保全工具来说这是一个相当显著的缺点，这使大部分人都不愿意使用它。而实际上，许多不择手段的规划师没有向他们的客户揭示这条实用的信息，因为他们担心失去一笔交易。然而，尽管有这个缺点，它确实不可否认地能提供巨大的保护，因此值得仔细研究。

外国资产保全信托是一个在离岸司法管辖区域内建立的离岸信托，有专门的信托和民事诉讼法去阻止信托财产托管者的债权人获得资产。这些法律是这些司法管辖区域为了吸引信托业务和信托资产而做出的业务决策的结果。外国资产保全信托所在的司法管辖区域一般不承认美国的裁决结果。这些司法管辖区域的法庭通常严重倾向于保护信托资产免受债权人的追讨,因为允许债权人侵占信托资产将使那里失去很多离岸信托业务。

  数百年来,离岸信托一直被用于保护资产和收入免受债权人的追讨,虽然与今天明显的方式相比,以前采取的是更含蓄的方式。在20世纪80年代中期,位于南太平洋的一个独立的小国——库克群岛,试图把自己建设成一个重要的离岸避税港,一个可以让商人把钱从美国税制中转移出来的避税港。美国税法的改变和在许多法庭案例中的失败事例使大部分涉及离岸信托的离岸避税策略走到了尽头。因此,库克群岛实行了一套法令(它后来成为第一部"先进的"信托法令),目的是战胜库克群岛的财产托管者—受益人的债权人的索赔。

  许多律师都写了法律评述来称颂外国资产保全信托提供了"绝对的保护"。他们说美国法官将不能因为信托的财产托管者无法执行遣返信托资产的命令,而判处他们藐视法庭。他们解释,因为许多法律和政治的原因,要保护资产,就一定要将资产转移到库克群岛,那里没有一个资产保全信托会被打破。为了争取资产保全信托业务,许多其他的离岸司法管辖区域很快也开始实行外国资产保全信托法,而且可以说,这种竞赛仍在进行。许多司法管辖区域都制定了外国资产保全信托法,并竞相制定了最有利于债务人的法律。

外国资产保全信托/家庭有限合伙企业结构

  从20世纪90年代早期开始,外国资产保全信托就和家庭有限合伙企业(家庭有限合伙企业,在第19章讨论)结合起来,并且被广泛作为最终的资产保全工具进行宣传,号称是"债权人永远无法突破的堡垒"。这种结构甚至被各种团体宣传成"家庭堡垒"。外国资产保全信托/家庭有限合伙企业联合(我们戏称为"大拼盘"),在10多年的时间里受到了最热烈的宣传并最终成为最普遍的资产保全工具。它目前仍然很受欢迎,虽然它的使用者和支持者在许多情况下可能会后悔莫及。

  对外国资产保全信托/家庭有限合伙企业结构的简单解释(见图14—1)是:客户几乎把他的全部资产转移到一个美国国内家庭有限合伙企业,以换取99%的无投票权的有限合伙人权益和1%的一般合伙人权益。然后客户将把他在家庭有限合伙企业中的利益以赠予的方式转移到外国资产保全信托。在某些情况下,如果客户还有遗产及赠予税规划的目的,他就会把转移到信托中的家庭有限合伙企业利益的价值打个"折扣",这样会使其因缺少可销售性和控制性而节约遗产及赠予税。在理论上,如果出现了一个债权人,家庭有限合伙企业的权益将被清算,并且所有的资产都将"回流"到外国资产保全信托——实际上就是转移到国外,即美国法庭无法达到的地方。即使债权人有可能使有限合伙人的利益被赠予外国资产保全信托的交易被判为欺诈转让并被取消掉，债权人仍然只能得到一个"空的"、没有价值的合伙企业的利益和非流动的资产。

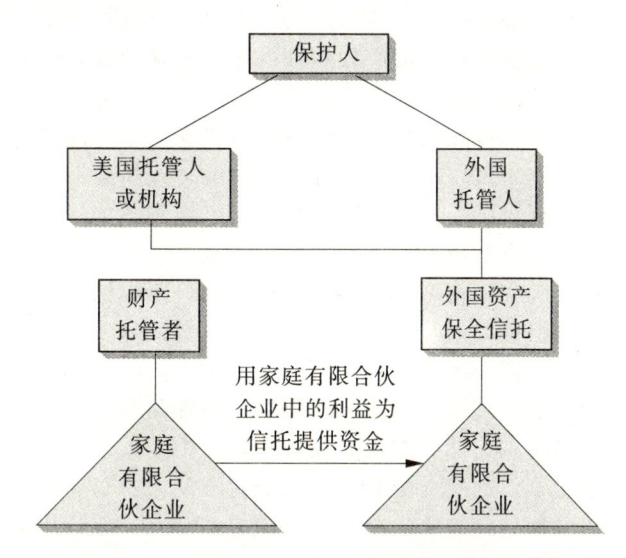

图 14—1 外国资产保全信托/家庭有限合伙企业结构

债权人获得资产的惟一机会（同样是在理论上）是，在信托所在的司法管辖区域提起诉讼，根据该司法管辖区域非常严格的欺诈转让法，将向信托转移资产的交易取消。但是尽管那样，债权人仍会受到阻碍，因为信托中将包含一个移民条款，允许托管人将信托转移到另一个"离岸债务人天堂"。这将迫使债权人在另一个新的司法管辖区域内再开始一次斗争。信托似乎可以一直从这个司法管辖区域转移到那个司法管辖区域，直到债权人筋疲力尽地放弃为止。

理论上是这样的，并且许多人在当时听起来都觉得相当好，特别是那些有兴趣拓展服务项目的不动产规划律师。然而，这个结构的潜在支撑基础是纯理论的，除此以外"大拼盘"还可能有一个更致命的特点：太容易实施。

离岸信托的蓬勃发展

一旦一个一般的不动产规划师或税收律师都领会到应如何建立这种结构，它就变成仅仅需要起草一套模板文件的事了（或者修改由离岸信托公司提供的格式文件），这种模板文件稍微修改一下就可以用于每个客户。"大拼盘"变成了一种陈词滥调的结构。接下来，规划师开始用这种结构作为惟一的资产保全方法，而忽略了许多更有保证和更可靠的方法，例如免除计划和资产剥离。其他这些方法许多年来一直被债务人律师成功地使用，但是它们相对来说更难实施，因为它们需要针对每个个别客户的具体情况制订计划。由于它在税收和不动产规划中被多次使用，因此这种最省力的方法会导致最拙劣的计划。

随着经济在整个20世纪90年代持续健康的发展，许多经历过20世纪80年代的储蓄贷款崩溃和商业房地产崩溃的专家，那些资产保全领域的真正精英，都退休了，或者转而从事更加有利可图的交易工作。因此，资产保全领域被税收和不动产规划师占据了主导地位，他们从来没有在法庭上经历过真正的债权人—债务人战争。他们中的大部分人从来没有在裁决后的催收过程中面对过充满敌意的法官。这些天真的规划师不关心法官可能会怎么想，对他们来说，有利的、陈词滥调的"大拼盘"就是最终的梦想。而且，这好像是很自然的，因为这些规划师已经熟悉如何将家庭有限合伙企业和家庭信托作为卓有成效的不动产规划工具了。

确实，在20世纪90年代后期，离岸信托领域充斥着各色人等。从会计师到财务规划师，他们都经常在没有律师参与的情况下为客户建立外国资产保全信托。离岸信托公司迅速发展它们的业务，成立了数以万计的外国资产保全信托公司。经纪公司提供了特殊的基金和其他的金融产品，这些金融产品是特别为那些把钱藏在离岸信托中的人设计的。离岸银行还提供不署名的借记卡，这些卡使客户可以随时方便地获得锁在信托文件背后的钱。有些荒谬的规划师起草的信托文件超过120页，因为里面包含了可以想象到的每一条阻止债权人的条款。

是的，就像泰坦尼克号上的每一位乘客都能证明的一样，一艘船撞上冰山不会沉没的理论和船撞上冰山后的实际结果是完全不同的事情。新的世纪来临了，涉及外国资产保全信托的案例开始在美国法庭上接受挑战，理论终于遇到了现实——并且现实胜利了。

外国资产保全信托的优点

是什么导致外国资产保全信托如此重要呢？许多年来，规划师们开发出了许多机制，使外国资产保全信托在理论上成为一个越来越好的资产保全工具。外国资产保全信托的优点可以归纳为以下4点。

1. 一个人可以以他本人的名义建立一个可自由决定的规定受益人不得自由处理的信托，有效地保护信托资产免于承担债权人的索赔权。由于公共政策的原因，美国的大多数州都不允许用这种自行设立的规定受益人不得自由处理的信托提供保护。

2. 外国托管人不用服从美国法庭的司法管辖权，这意味着美国法庭对外国托管人发出的任何命令都可能被忽略。类似的，在允许外国资产保全信托的司法管辖区域中，外国的裁决结果，包括美国的裁决结果，一般都不被认同。为了战胜信托，一个债权人必须在建立外国资产保全信托的司法管辖区域提起诉讼，这样做成本很高，风险很大，也很不方便。

3. 可以质疑向信托转移资产的行为是欺诈行为的诉讼时效期很短（通常是2年或更少）。这个诉讼时效期的规定可以阻止债权人起诉，即使债权人在信托建立的时候就已经存在，是财产托管者的债权人，并且直到时效期过后都不知道信托的存在。同时,在许多建立外国资产保全信托的司法管辖区域,为了主张欺诈转让索赔权,债权人必须通过"清晰和令人信服的证据"或者其他高标准的证据来证明存在欺诈转让的因素。获得这种证据是非常困难的,因为意图问题经常需要用间接证据来证明,而几乎没有人会坦白承认他们的意图是为了欺诈转让。

4. 如果受益人的财产托管人被美国法庭强迫做任何事,例如要求对信托进行分配或者开始对信托进行清算,托管人就可以简单地忽略那个人的指令或请求,因为外国资产保全信托几乎总会包含一个**胁迫条款**(duress clause),授权托管人忽略那样的指令。离岸托管人也可以将信托转移到另一个司法管辖区域中去。这样,如果债权人在信托所在的司法管辖区域提起诉讼,托管人就可以使用信托的**飞行条款**(flight clause)将信托转移到另一个"债务人天堂",债权人必须在那里重新开始催款措施。

外国资产保全信托的控制问题

离岸信托的最大问题总是涉及对财产托管者的控制。为了让外国资产保全信托起作用,财产托管者不能是托管人。这通常意味着外国的托管人必须拥有对信托资产的实际控制权。可以理解,大多数人都不喜欢把大部分资产的控制权拱手让给外国托管人,并且关于信托资产在国外失踪的事件也经常发生。即使外国信托公司是一个完全合法的机构托管人,财产托管者也经常会感到害怕(而且不是没有理由的),一旦机构托管人开始得到管理费,他不可能愿意放弃对信托或信托资产的控制权。托管人将试图收取尽可能多的费用。

如果一个美国财产托管者作为托管人控制着外国资产保全信托资产,那么从资产保全的角度来看,信托可能就没用了。法庭可以简单地命令财产托管者把信托资产分配给他自己,这样他的债权人就可以获得资产了。在合法的资产保全规划世界里,赞成外国资产保全信托的人一般认为客户不能作托管人。为了让外国资产保全信托起作用,托管人必须是一个明显独立的人或机构。但是这种局面又使我们回到了基本的控制问题上,也就是如何防止离岸托管人以高费用榨取信托资产,甚至更糟的是,挪用信托资产。

为了避免这些问题,规划师必须创造性地利用语言和关系,设立一个**信托监管者**(trust protector)。信托监管者没有直接控制信托资产的权力,但是可以聘请和解雇托管人,否决分配方案,并拥有类似的权力。[1]这样问题就变成,谁来担任信托监管者?许多年来,一些规划师认为客户可以当信托监管者。还有些规划师认为,如果客户作为信托监管者,法庭就可以命令客户使用他的权力,采取一个预料之外的补救措施,例如解雇托管人,将债权人任命为新的托管人。这种行动当然使债权人可以获得信托资产。当外国资产保全信托开始被攻击时,法庭实际上会模仿最近的一个标志性案例中法庭的做法。

有些外国资产保全信托规划师通过给客户做一些幕后安排(例如,让客户或客户的配偶作信托监管者）来安慰客户，使他们仍然可以对信托资产施加强大的间接控制力。当然，客户本来不应该对这些信托资产有控制权的，或者至少客户应该这样告诉法官。有了这类安排，有些外国资产保全信托规划师就能让客户相信，大量的财富可以被放在海外，而不会落入一个腐败的或粗心大意的外国托管人手中。因此，这种监管者的安排就成了外国信托的核心内容。外国资产保全信托规划师会在专业期刊的文章和市场营销资料中详细地描述这种安排。

这个活动忽略了这样一个简单的事实：债权人和法官有可能和潜在客户一样阅读专业期刊和市场营销资料。他们完全知道发生了什么事。必然出现的场景是，财产托管者将表情严肃地告诉法官，他无法取回信托资产，而法官将回顾事实，并且会大声说："撒谎！"这就是在许多标志性的联邦法庭案例中真实发生的情况，在这些案例中，外国资产保全信托财产托管者都被投入了监狱，甚至在监禁之后，他们中的某些人还因为妨碍法庭公平、破产欺诈和其他过失而被控刑事犯罪。在今天，大部分甚至全部监管者权力都是**消极的权力**（negative power）——也就是说，监管者只有否决托管人行动的权力，但是没有让托管人采取某种行动的权力。这种安排非常巧妙，但是它的好处完全是理论上的，而没有任何实际的法律作基础，可能在法庭上会站不住脚。法庭很可能将监管者协议仅仅看成是另一种共同托管的形式——只不过取了一个更花哨的名字而已。

外国资产保全信托的缺点

因为两个理由，美国法庭从来没有、也永远不会接受外国资产保全信托[2]：（1）外国资产保全信托的设计目的就是有效地消除美国法庭给站在它面前的当事人（也就是债权人）提供赔偿的权力。没有法官可以容忍旨在剥夺他权力的东西。许多资产保全规划师的市场营销资料宣称，外国资产保全信托财产托管者可以"嘲弄法官"，那更是雪上加霜。

（2）离岸信托有一个坏名声：外国资产保全信托可以把财产托管者置于一个比他没有实施任何资产保全更糟糕的局面。法官往往相信，"好天气是为坏心情的人而出现的"，只有骗子和罪犯才需要离岸信托。因此，一个陪审团可能不会认为一个没有离岸信托的被告有什么污点，而同一个被告如果有离岸信托，就可能被同一个陪审团认为，他肯定干过什么坏事。非常具有讽刺意味的是，外国资产保全信托的存在可以导致它本来打算防止出现的裁决结果。

尽管外国资产保全信托被宣传为"完美"的资产保全工具，它实际上有显著的缺点——如此多的缺点，以至于它们的资产保全作用非常有限。一个最明显的缺点是，外国资产保全信托的财产托管者如果没有遵守法庭命令将信托资产带回到美国，就可能被判入狱。

在下面将讨论的安德森和劳伦斯案例前，外国资产保全信托的基本假设是，只要财产托管者在法庭命令它遣返信托资产的时候没有这个权力，法庭就不能因为信托的财产托管者拒绝遣返信托资产而判其藐视法庭。其理论是，财产托管者可以证明，根据信托文件的条款和"债务人天堂"的法律，他不能强制遣返信托资产。因为他不能把资产从外国信托遣返回国，因此美国法庭所作的藐视法庭的判决是不公平的。这个理论被称做"不可能抗辩"（impossibility defense），并且在一些争议更少的案例中有过实际应用。这个理论对于那些从来没有面对过敌意的法官的人来说，显然是一个福音。而事实上，它仅仅证明，在资产保全规划领域理论和事实的暂时分离是极其普遍的。

打破"不可能抗辩"神话的案例是安德森案例。[3] 安德森夫妇是一对在库克群岛建立了一个外国资产保全信托的电话销售员。不久后，安德森夫妇开始了一个大规模的电话销售活动，并向其中的一个客户出售了电视节目的时间单元。投资者把大量的金钱投入到这一销售活动中。安德森赚了很多钱，并把这些钱转移到了库克群岛的外国资产保全信托。美国联邦贸易委员会（Federal Trade Commission）介入了这件事情。他们起诉了计划背后的人，包括安德森夫妇的公司——Affordable Media 和安德森夫妇个人，希望找回投资者失去的巨款。联邦地方法庭颁布了一个临时禁止令和一个初步禁令，要求安德森夫妇遣返所有在美国之外以他们的名义持有的资产。根据禁令，安德森夫妇传真了一封信给库克群岛的托管人，指示他提供一份账目，并且把资产遣返到美国。作为回应，托管人通知安德森说，临时禁止令属于"胁迫事件"并且取消了安德森夫妇的共同托管人资格。因为安德森没有执行禁令，地方法庭批准了政府的提议，因他们藐视法庭而将他们监禁。

安德森夫妇上诉到地方法庭，认为他们不应被判藐视法庭，因此他们不能遵守地方法庭的命令。联邦上诉法院第九巡回审判庭驳回了上诉。它第一次提出了所谓的"怀疑的信条"（doctrine of disbelief），并在未来许多的和外国资产保全信托相关的案例中都否定了"不可能抗辩"。

虽然一个理性的人有可能把上百万美元送到海外，并且对资产完全没有控制权，但是我们和地方法庭一样对此深表怀疑。虽然安德森提出了抗议，但是地方法庭仍然认为："随着我看到计划的全部内容，我确信安德森夫妇可以更正这个问题——如果他们希望的话。并且他们可以使这些资金置于这样一个位置——如果法庭最终决定资金应该返还给支付它的人，安德森夫妇就能对此负起责任。"

几个月后，出现了这章开始和第1章中讨论过的劳伦斯案例。在将"安德森式赔偿"应用于劳伦斯先生身上后，他因为藐视法庭而被判入狱，法庭声明：

的确，法庭的这个裁决基于法庭在这个案例和对抗程序中看到的全部记录以及法庭自己的常识：这个债务人在1991年将700万美元（超过他的流动新财富的90%）转移到一个在很远的地方由陌生人管理的信托中去。要接受并相信这一点，是不合情理的。因为根据假定的信托条款，信托的托管人对信托资源具有完全的管理权和分配权。法庭拒绝放弃常识而接受债务人的推理。

因而，曾在20世纪90年代被许多资产保全研讨会反复称颂的"不可能抗辩"在安德森和劳伦斯案例中被"怀疑的信条"战胜了。财产托管者实际上与是否放弃了对信托或信托资产的控制权可能根本没有关系。如果案例的事实是：一个放弃了几乎所有的资产而并没有得到什么回报的理性的人是不明智的（确实很少这样），那么法庭就可以选择不相信这个财产托管者。随后会按照财产托管者仍有控制权那样来处理。结果是财产托管者可能因为藐视法庭而被判入狱，即使他实际上没有权力从外国资产保全信托中遣返资产，这确实是一个很糟糕的结果。

结果是，在大部分的情形下，如果财产托管者没有逃出美国法庭的司法管辖权限，外国资产保全信托在受到猛烈的挑战时很可能会失败。请注意，如果财产托管者的计划是逃出这个国家，外国资产保全信托仍然可能是一个缺陷。在某些情形下，财产托管者可能必须在外国法庭上打一场法律战役，才能从外国托管人手中取回资产或者从信托中获得分配。毕竟，财产托管者有可能像信托文件中的胁迫条款规定的那样，正面临着胁迫。

这里还有一个关于其他资产保全计划的教训——外国资产保全信托的优势是理论上的。库克群岛的法令还比较新，因为大部分涉及资产保全计划的案例还没有达到被挑战的地步，重要的资产保全案例在法庭上很少出现。实际上，虽然离岸信托在20世纪90年代被大肆宣传和出售，但直到1999年出现的安德森案例，外国资产保全信托才受到美国法庭的真正挑战。但是当外国资产保全信托受到挑战时，理论也会受到挑战。并且，美国法庭基本上声明外国资产保全信托是不可接受的。直到那时，那些可能试图寻求外国资产保全信托庇护的人才发现，它在现实世界中的实际缺点非常明显（见图14—2）。

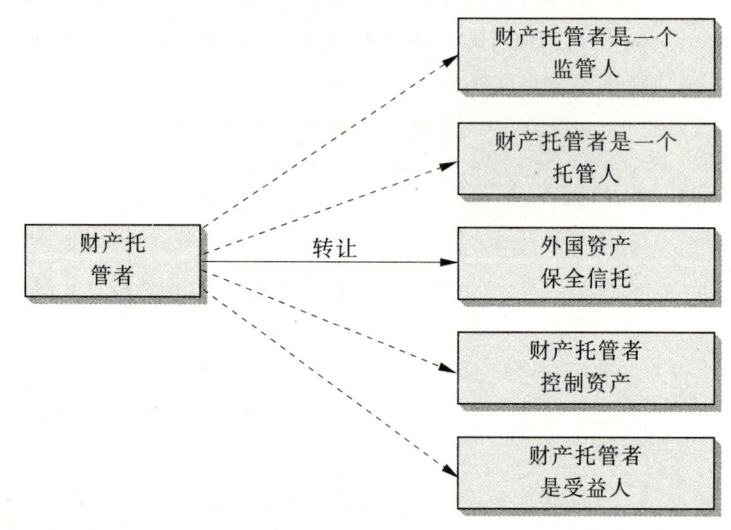

从资产保全的角度来看，一个外国资产保全结构在 5 个方面是有缺陷的

图 14—2　有缺陷的外国资产保全信托

外国资产保全信托的另一个问题是：它们是不加选择的。因为外国资产保全信托保护资产时并没有考虑到财产托管者是有好的意图，还是做出了坏的行为——它们可能被当成不道德的工具。确实，外国资产保全信托可以保

护家庭主要成员的资产：客户能建立一个离岸储备金，以备美国或其他地方出现政治不确定事件时使用。但是它们也能轻易地保护毒品贩子和证券欺诈者的资产。在法律学术界不乏对外国资产保全信托的刻薄批评，甚至有人提议用刑事制裁来阻止它们的使用。[4]

外国资产保全信托在规划中的作用

尽管前面说了那么多，外国资产保全信托在某些情形下仍然可以在资产保全计划中发挥合法的作用。

例如，如果财产托管者有合理的兴趣在未来的某天移居到美国之外，外国资产保全信托就可以提供一个媒介在移民前或移民过程中进行资产转移。等到债权人取得裁决结果的时候，移民应该完成了，否则财产托管者有可能因为藐视法庭而被监禁。

外国资产保全信托在持有外国投资时很有用，例如在第 23 章讨论的外国人寿保险和养老金产品，或者用于外国投资公司不允许美国人投资但是允许外国托管人投资的外国投资项目。在这种情形下，财产托管者可以说出拥有外国信托而不是美国国内信托的正当的经济理由。并且，即使外国资产保全信托被解散了，债权人也只能获得一个金融产品，不可能或没兴趣用它来清偿债务。

外国资产保全信托可以在许多预期的对财产托管者的遗嘱处置中存在争议的情况下使用。问题是，一个对财产托管者实施不正当影响的人可能试图使用离岸信托来阻止本来合法的遗嘱纠纷，从而骗取财产托管者的继承人合法的遗产。

在另一些情形下使用外国资产保全信托也是正当的。但是即使在这些情况下，外国资产保全信托也只能是整体资产保全结构的一个组成部分，并且绝对不能作为最后的防线，就像在使用外国资产保全信托/家庭有限合伙企业的"大拼盘"的案例中那样。许多资产保全计划的普遍缺点是：使用外国资产保全信托作为整个客户策略的中心，从而为债权人建立了一个明显的、不可靠的靶子。

在这个后安德森时代，某些资产保全者抛弃了外国资产保全信托，转向美国国内资产保全信托，而美国国内资产保全信托有比我们在第 13 章中讨论的更严重的缺点。至少如果使用了外国资产保全信托，财产托管者还可以逃出美国，使美国法庭无法抓住他和他的资产。近来对外国资产保全信托宣传全冷了下来，这使我们可以开始考虑利用外国资产保全信托的某些优点来建立一个结构。该结构不会引起美国法庭的愤怒，但是在保护和转移财富方面仍然非常有效。在某种情形下，使用外国信托是明智的，这时候，信托文件中不应该充满常见的不利于债权人的条款，因此法庭会很快把它当成一个外国资产保全信托，并试着把它与安德森案例归为一类。相反，规划师应该找到更含蓄的方式来建立整体协议。

同时涉及美国和外国托管人的协议可以为外国资产保全信托结构创造机

会，当环境需要时，它可以随时进出美国。一个在美国成立，并且根据托管人的独立意志转移到海外（没有美国财产托管者的引入）的信托，可能比一开始就在海外建立的信托更有可能经受住审查。

外国资产保全信托的一个最大的问题是需要把大量有价值的资产委托给一个在"离岸天堂"的人。当出现债权人时，为了让外国资产保全信托生效，就必须如此。在下一章中，我们将讨论保留对信托资产控制权的其他方法。

注释

[1] 信托监管者的观点从非资产保全的角度看是一个很好的主意，因为它可以保证托管人的诚实。对所有的信托来说，无论外国的还是美国国内的，使用信托监管人都是个好主意。

[2] 在作者的文章中，讨论了联邦法庭拒绝接受外国资产保全信托的技术原因，包括"Ninth Circuit Eviscerates Foreign APTs in the *Anderson Case*," *Offshore Finance U. S. A.* (Sept. /Oct. 1999); "Walking on Thin Ice——and Falling Through: The Perils of Offshore Trusts (*FTC v. Affordable Media LLC*)," *Asset Protection Journal* 22 (Spring 2000); 和 "A Conversation on the Anderson Case Between Jay Adkisson and Denis Kleinfeld," *Asset Protection Journal* 15 (Spring 2000)。

[3] *FTC v. Affordable Media*, LLC, 179 F. 3d 1228 (9th Cir., 1999).

[4] S. Sterk, "Asset Protection Trusts: Trust Law's Race to the Bottom?" 85 *Cornell L. Rev.* 1035 (2000)

第 15 章
外国信托控制

在一个人使用外国信托时，要处理的最迫切的挑战是确保信托资产不会消失。另一个挑战是确保信托资产被用在受益人身上，就像债权人最初打算的那样。在一定程度上，美国国内信托也有同样的问题，并且在这里讨论的解决方法对它们可能也有同样的效果。

一个资产保全信托最一般的目的是建立一种**资产冻结**（asset freeze），将财产托管者的部分资产转移到信托中去，使财产托管者指定的某些人，包括财产托管者自己，可以在将来受益。这种资产冻结将使财产托管者和资产在法律上分离，从而使债权人无法获得资产。但是为了让这个策略起作用，财产托管者必须放弃对资产的法定所有权，从而使资产在被转移到信托后不再属于财产托管者。

在出现安德森案例之前，有些规划师认为一个人可以把资产转移给他自己，自己作为离岸信托的托管人。这样美国法庭就无法用资产的法定所有权来清偿债务，只能对债务人束手无策。离岸信托就这样自欺欺人地蓬勃发展了许多年。在安德森案例中，安德森开始作为他们自己在库克群岛信托的托管人，但是后来他们辞职了。然而，在判断他们是否仍然可以控制信托时，美国法庭看到了一个明显的因素，这个因素强调安德森夫妇曾经是他们自己信托的托管人。文件确实记载着安德森夫妇在被命令将信托资产遣返到美国的那个特定时刻，对资产没有控制权。但是，安德森夫妇仍然因为藐视法庭而被判入狱 6 个月，反思他们的规划师让他们做自己信托的托管人的不当之处，以及其他一些不当之处。

所以，财产托管者不是控制信托的合适人选。那么谁可以做控制人呢？又怎么保证信托资产不会被盗取呢？

一个明显的方法是让美国托管人实际持有信托资产。然而，如果托管人位于美国，可能就要服从美国法庭的命令。他们可能被迫遵守法庭关于转移信托资产的命令。因为大部分信托的资金来自于赠予，很容易根据欺诈转让法而被取消，对于外国信托的美国托管人来说，这是一个潜在的困境。

另一个问题是，这种交易通常涉及大量的金钱。金钱足够多时，往往会使平常很诚实的人打算采取不诚实的行动。为一笔微不足道的资产建立外国资产保全信托在经济上是不合算的。相反，外国资产保全信托中常常会包括价值上百万美元的资产。这是一个很有吸引力的挪用或欺诈的目标，例如会导致信托资产被投资于被托管人间接控制的人所拥有的公司。因为信托资产可能放在海外，而那里发生盗用和欺诈的频率很高，人们真正关心的问题就变成了保护信托资产免受托管人和其他任何与信托资产有联系的人的侵害。

接着，"离岸天堂"的信托法律可能会限制谁可以作为托管人。例如，"离岸天堂"可能要求，托管人必须是一个得到许可的信托公司或银行。通常，它们这样要求的目的不是为了保护信托资产的安全，而是为当地创造就业机会。谁应该是外国资产保全信托的托管人的问题，通常是通过将不合适的候选人排除在外的方法来解决，这使得托管人只能在余下的相对有害的候选人中进行选择。

托管人协议

很自然的是，客户通常想成为他自己的信托的托管人——这个愿望是完全可以理解的。这样，客户只要简单地将身份从所有者变成托管人，就可以在控制资产保全的同时从法律上将他和他的资产分离。但是如果信托的财产托管者也是托管人（或者托管人中的一个），人们就会明显地看到，整个协议就是为了逃避债权人而设的一个骗局。如果美国法庭判定财产托管者对信托的赠予是欺诈行为，并宣布那些转让无效，财产托管者—托管人可能很容易被法庭命令（在藐视法庭的监禁威胁下）将资产带回到美国偿还给债权人。因此，如果财产托管者—托管人不打算逃离美国以逃避遣返命令和它的后果，以财产托管者作为托管人的外国资产保全信托就会受到严重的削弱。

信托的受益人也不应该是托管人。如果受益人也是托管人，规定受益人不得自由处理的规定所带来的保护就会被削弱。而且，如果受益人在美国法庭的司法管辖区域内，他们也要服从遣返命令。

由于自己和受益人不能作为托管人，财产托管者接着将希望他在美国的直系亲属和朋友能成为托管人。然而，这些人也要服从美国法庭的命令，并且一旦有一个债权人获得了一个裁决并且试图实行它时，这些人也将不适合作为托管人。这个弱点不意味着这些人永远不能作托管人。只要记住，如果有一个债权人获得了不利于财产托管者或者任何受益人的裁决时，这些人就应该辞职，换一个外国托管人。当然，这个条款不应该在信托文件或其他书面文件中出现。

请参见图15—1，了解如何适当控制美国托管人协议。

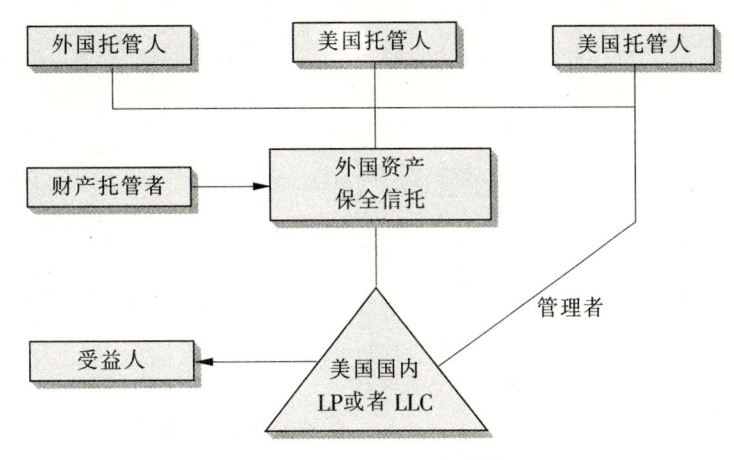

图 15—1 控制美国托管人

根据信托所在的司法管辖区域不同，有时可能需要一个外国托管人。"债务人天堂"实施激进的外国资产保全信托法规的目的是促进该国的业务。如果一个外国资产保全信托被允许，让一个完全处于外国资产保全信托司法管辖范围之外的人担任托管人，这种协议将与"债务人天堂"创造就业机会的目的相抵触。事实上，如果在外国资产保全信托的司法管辖区域中没有外国托管人，并且资产没有被保留在那里，就会出现一些严重的问题：就像信托工具指出的那样，这种法律究竟还是不是信托法律？在这样的情况下，信托和这个司法管辖区域之间还有什么关系？美国法庭可以很容易地得出结论：它应该应用美国财产托管者居住的司法管辖区域的法律、信托的美国资产所在地的法律或者美国托管人居住的司法管辖区域的法律。

所以，一个外国信托可能至少需要一个外国托管人。如果财产托管者有可以信任的外国朋友或者亲戚，问题就很容易解决了。否则，财产托管者必须依靠一个受雇的陌生托管人。在雇用外国托管人时，财产托管者基本上有两种选择。（1）财产托管者可以利用一个外国信托公司。美国信托公司通常受到严格的监管，而外国信托公司受到的监管相对比较松。如果信托资产落到了一个不发达的外国资产保全信托司法管辖区域中的一个小信托公司手中（几乎每个激进的外国资产保全信托司法管辖区域都是如此），财产托管者和受益人可能将没有有效的求助途径。这些司法管辖区域的外国信托公司往往是由没什么银行和信托经验的一两个人小本经营的。

这种类型的信托公司提供的托管人服务往往漫不经心，他们只是名义上的外国托管人，财产托管者或者其他和财产托管者关系紧密的人实际上管理着信托。有时，这些小的信托公司仅仅是美国法律顾问或者金融顾问的掩护，他们用离岸计划和外国资产保全信托来吸引法律或者投资业务。虽然由外国托管人签署所有的文件，但美国的法律或金融顾问才是实际的负责人（见图 15—2）。

在这些协议中，虽然外国托管人管理着信托的文书工作，但是美国顾问直接管理着资产。这种安排的好处是，外国托管人无法在美国顾问不知情的情况下携款潜逃，这就给财产托管者创造了对此采取行动的机会。一

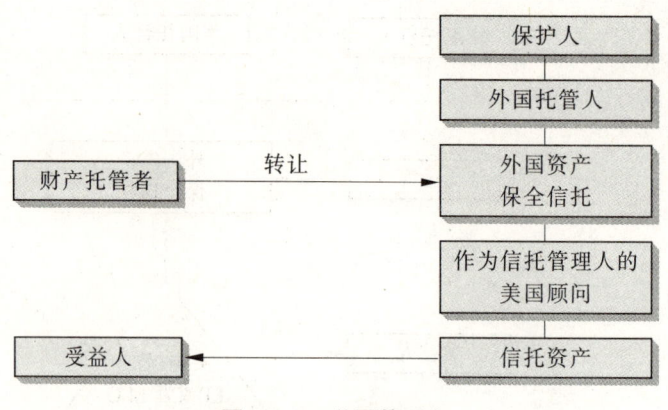

```
财产托管者  ──转让──→  外国资产
                      保全信托
                      
保护人
外国托管人
作为信托管理人的
美国顾问
受益人  ←──  信托资产
```

图 15—2　美国管理人

个问题是，虽然美国顾问可能是实际的负责人，但外国托管人仍然对信托资产拥有合法的控制权。如果外国托管人和美国顾问开始出现分歧，外国托管人可以坚持自己的意见，并试图成功地控制着信托资产，而且这很有可能成功。

另外，外国托管人和美国顾问可以串通起来，在财产托管者不知情的情况下掠夺信托资产。例如，在信托资产被掠夺后很久，外国托管人仍然可以告诉客户资产被保护得很好。美国顾问可以继续给出令人难忘的经纪人声明，表示财产是安全的，并且以很快的速度增长。如果客户需要一些小额的现金分配，美国顾问可以利用其他刚加入计划的牺牲者的信托资产来支付。如果信托被用于逃避美国税收，财产托管者经常不会报告托管人挪用资金的行为，因为他们宁愿看着信托资产消失，也不愿意被关进监狱好几年。

机构托管人

担任外国托管人的最佳候选人是在"债务人天堂"设有分支机构的大银行和金融服务企业。这些企业将帮助客户建立和管理信托，并且可以为信托资产提供全面的管理。这些企业通常都管理严格，员工素质过硬。更有利的一点是，它们拥有检查和制约制度确保信托资产不会被挪用或不当使用。这些机构托管人可以提供一站式服务，从离岸信托成立的那天到结束的那天一直管理着离岸信托的各个方面。它们的资本结构都非常完善，这意味着它们几乎没有破产或突然消失的风险。即使它们有可能破产，信托资产也将被由地方司法管辖区域任命的接收人管理，而与机构的债权人无关。

使用机构托管人有许多缺点：（1）这些机构托管人收取的费用较高。在"离岸天堂"的托管人费用和资产管理费用往往比美国的同类费用高 50%～100%；（2）一旦托管人得到了信托管理的美差，有时就很难放弃这个工作。如果托管人可以发现一种方法一直抓住托管资格和管理费用，他就会那样做。为了防止托管人自私的决定，信托文件中应该写清楚什么时候应该向受益人进行分配。

另一方面，外国资产保全信托将包含规定受益人不得自由处理的条款和自主决定的分配条款，以保护信托资产免受受益人的债权人的追讨。这些条款不但会阻止债权人获得信托资产，也会阻止受益人获得信托资产。当受益人是小孩和年轻的成年人时，这种安排可能是为了避免不明智的开销，但是这种限制可能也会在一定程度上使受益人失望。讽刺的是，最终结果可能是：由于托管人不让受益人得到信托资产，受益人可能会提起诉讼，最后信托资产都作为诉讼成本消耗掉了。

尽管有这些不利的方面，将信托资产放在一个大的机构托管人中还是比将资产放在小的信托公司，再试图通过一个友好的顾问或资产管理人来进行间接的控制更好。和所有的资产保全计划一样，多元化是安全的做法：（1）放在离岸信托中的财富应该只是不动产的一小部分；（2）最好是使用许多不同的司法管辖区域中的小的离岸信托，并使用不同的机构托管人，而不是使用一个单一的机构托管人并在单一的司法管辖区域中建立一个大的信托。这个多元化比在单一司法管辖区域中用单一的托管人建立一个信托更费时，成本也更高，但是它将更安全。

对托管人问题另一个可能的解决方法是成立托管人委员会，其中包括某些亲近的美国朋友和亲属，并且至少有一个托管人是外国的，不管他是一个私人信托公司还是一个机构托管人。这个安排的优点是：它使外国托管人可以与离岸信托司法管辖区域建立起联系，从而可以利用离岸司法管辖区域的法律。至少在潜在的债权人问题出现之前，它都可以把控制权留在美国托管人手中。

这种安排的缺点很少。美国托管人将作为外国信托的托管人向美国国税局提交某些报告文件时，美国托管人必须同意管理信托，而外国托管人必须同意服从大部分托管人的决策。如果出现了一个债权人，美国托管人可能必须辞职，让美国法庭不能强迫他们做出与信托目的相悖的决定。只有在那时，才必须依赖外国托管人，并且在这种情况下，信托监管的观点会变得特别重要。

在讨论信托监管之前，你需要意识到，信托文件中必须明确规定谁可以接替托管人以及在环境需要的时候选择替代托管人和新托管人的方法。文件也需要指出谁不能成为托管人。这样做的理由是：法庭可能会很聪明地命令托管人让债权人替代他的职位，这样，债权人就可以以自己的名义来控制信托了。因此，信托文件中必须列明哪些人不能作为托管人、受益人或保护人。财产托管者、托管人以及受益人的债权人，还有财产托管者绝对不想让他成为托管人的其他人，都应该包含在这个名单中。

信托监管安排

一个**信托监管人**（trust protector）是信托指定的一个人或实体，他对信托条款或者托管人有某种权力，但他本身并不是托管人。信托监管人经常被赋予在环境需要的时候解雇和替代托管人的权力。近来，外国资产保全信托的信托监管人的权力往往被限制在否决的权力中——例如，他有权否决托管人的决定，但是不能强迫托管人采取任何特定的行动。信托监管的概念非常不错，外国信托和美国国内信托都应该使用它。只有在很少的情况下，任命一个信托监管人才是不明智的。

最好的安排是给信托监管人充分的自主行动权，而不是要求行动前必须满足某些特定的条件。后一种要求可能导致托管人声称还没有出现保护人行使权力的条件，而要判断是否出了这样的条件往往需要经过昂贵而漫长的诉讼。信托监管人可以指定哪个托管人可以或不可以作为信托持有的特定账户的负责人。然而，保护人不应该被赋予过于广泛的权力，以至于他将被认为是信托托管人或者联合托管人；甚至他会为了自己的利益掠夺信托资产。

信托的财产托管者或受益人不应该作为信托监管人。如果财产托管者是监管人，而且这个财产托管者出现了债权人问题，法庭可能命令财产托管者利用自己作为监管人的权力来解散信托。法庭也可能迫使财产托管者解雇现在的托管人，并且任命某个对债权人友好的人来替代托管人。在监管人是受益人时，也存在类似的风险。

通常，信托监管人是财产托管者家庭中的一个成员或者关系密切的朋友；有时，信托监管人是财产托管者的律师或者另一位可信任的顾问；有些信托安排中则会设立一个监管人委员会。不管谁是最初的监管人，信托文件都必须明确地指定替代监管人和选择新监管人的方法。信托文件应该为不需要服从美国法庭命令的外国监管人提供担任监管人的机会。

我们现在回到托管人和外国信托普遍面临的问题：为了让外国资产保全信托起作用，财产托管者最终必须信任一个或多个个人或者离岸机构。某个离岸法律公司或离岸信托公司可能是担任离岸监管人的最佳选择，只要它和机构托管人没有密切的联系，因为这种联系可能会诱使它们为了获得非法所得而串通在一起。

私人信托公司

在复杂的托管人和监管人安排中，有一个可能的选择是**私人信托公司**（private trust company，PTC）。有些司法管辖区域（最著名的是尼维斯岛）允许在那个司法管辖区域成立的公司作为在那里建立的外国资产保全信托的托管人。公司不需要获得作为信托公司的许可证，但是它必须在当地有一个机构来提供服务。因为没有对公司的所有制进行限制，它可以由任何人所有。

最理想的情况是，财产托管者的一个关系密切的家庭成员或者朋友成立一个离岸公司，作为外国资产保全信托的托管人。这家公司将作为外国托管人和财产托管者签订一份信托协议，获得转移到信托中的资产的所有权，然后像其他托管人那样管理信托。图15—3显示了私人信托公司是如何起作用的。

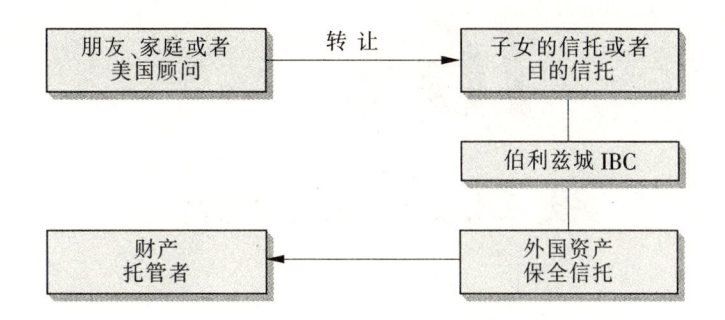

```
朋友、家庭或者        转让      子女的信托或者
   美国顾问       ──────→       目的信托
                                     │
                                     ▼
                                伯利兹城 IBC
                                     │
       财产          ←──────      外国资产
      托管者                       保全信托
```

图 15—3　私人信托公司

因为私人信托公司是由家庭成员或关系密切的朋友拥有或控制的，财产托管者不必对相关的美国共同托管人和监管人进行复杂的考验。同时，财产托管者也不必保留对信托的间接控制权。事实上，私人信托公司安排可以使财产托管者几乎不必做出任何会激怒美国法官的不利于债权人的行为。

即使债权人知道这个结构的一切细节，只要财产托管者确实无法对私人信托公司或任何拥有它的结构采取任何措施，债权人就很难追讨信托资产。当然，私人信托公司的股份要承担股权所有者的债权人的索赔权，因此私人信托公司的所有制结构是非常重要的。目的信托（purpose trust），即为了特定目的（例如，慈善目的）而建立的一种没有受益人的信托模式，经常是用来拥有私人信托公司的很好的工具。

第 16 章
股权结构介绍

　　股权结构是一种实体（例如公司），所有者持有实体中的股权；他们可以购买、出售和交易股权（除非公司章程或者证券法限制他们这么做）。股份有限公司是股权结构最普遍的形式。也存在其他形式的股权结构，特别是外国股权结构。一个公司要在它所在的司法管辖区域的立法当局的批准下成立，并且要根据**公司章程**（articles of incorporation）的不同，在相应的政府机构注册。一旦一个公司成立后，它就有了自己的法律生命。它可以以自己的名义签合同、起诉或者被起诉。因此，公司是和它的所有者相分离的法律实体。确切地说，这种存在是一种法律拟制（像信托一样，它不会参加我们的宴会），但是在许多方面，它都是一个实际的实体，可以提供实际的好处。

　　大部分股权结构都要求把一定的资本投入公司，以便实现成立公司的目的。这些目的可能是为了创造利润、为了投资增长而持有资产或者慈善的目的。因此，公司可以吸引投资者。公司法通常规定公司股东承担责任的权限取决于他们投资的金额。例如，如果一个股东从公司购买了 100 美元的股票，这个股东最多会损失 100 美元和那 100 美元所产生的未分配利润的价值。

　　一个公司的公司章程可能允许它发行一类或多类股票。公司通常会发行两类股票。第 1 类是**普通股**（common stock），这种股票代表获得利润分配的权利［这种收益分配叫做**股利**（dividend）］和获得公司履行了所有的其他负债之后的清算价值的权利。第 2 类是**优先股**（preferred stock），代表以投资收益的一定比率获得优先分配利润和清算价值的权利，优先股股东获得清算价值是在普通股股东之前，但是在公司债权人之后。这两种类型的股票都可以具有投票权，也都可以没有投票权。通常，优先股可能只有有限的投票权或者完全没有投票权。

　　出于资产保全的目的，应该尽量保证股权，特别是有表决权的股票，不会落入债权人手中。如果债权人获得了公司股权，债权人就成了公司的一个所有者，并获得所有者的各种权利。债权人可以对公司施加压力，要求它支付红利；债权人有可能要求公司提供财务账目，并且可以随时检查公司的账目和资料。让我们比较一下这些权利和债权人对债务人在合伙企业和有限责任公司中的利益所拥有的权利。在后一种情形中，债权人通常只能通过抵押令获得权利，而且必须是在进行了分配的时候才有这种权利。他们通常没有权利要求获得分配或会计账目，也没有权利检查账目和资料。

此外，债权人和股东一样，可以代表公司向公司的高级管理者和董事提出索赔。有时他们会为了反对其他股东和与公司有业务关系的第3方而这样做。这些**派生诉讼**（derivative action）给债权人提供了一种法律手段，可以对所有与公司相关的各方进行广泛的调查。他们可以试图对他们察觉到的不利行为采取补救措施，让资源回到公司的手中。在许多司法管辖区域，权利受到侵害的股东可以申请公司所在的司法管辖区域的法庭解散公司，并且把它的资产分配给公司的债权人和股东。可以获得资产分配的团体可能包括股东的债权人和前股东。

从资产保全的角度来看，前面描述的公司特征是很糟糕的。因此，除了采取其他措施之外，公司的治理文件至少应该包括一个详细的**毒丸**（poison pill）买断条款（见图16—1）。这种条款至少使公司某些股东可以以预定的价格买断有敌意的股东的股票。或者，更进一步，它们可以要求以一种不利的方式支付股票的预定价格。这种不利的购买安排可能是长时间维持低利率，也可能是一个最后一笔支付数额很大的分期付款条约，要求出售股票的敌意的股东实现合同利益的应税收入——即使还没有收到任何利息支付。其他在20世纪80年代、敌意公司接管的全盛时期发展起来的措施也都非常有用。

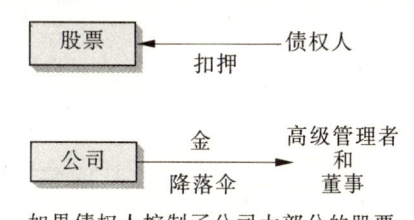

```
        股票 ←——— 债权人
               扣押

                 金
        公司 ——降落伞——→ 高级管理者
                         和
                         董事
```

如果债权人控制了公司大部分的股票，
将有大量的年终奖金支付给高级管理者和董事

图16—1 毒丸防御计划

金降落伞条款（golden parachute）可以在公司被第3方控制、公司高层管理者失去工作时，给公司高层经理提供有利的收益（例如股票期权、遣散费和奖金）。当公司看到将出现一个敌意的股东时，可以利用**通心粉防御**（macaroni defense）。之所以叫做通心粉防御，是因为当面临敌意的接管时，公司可以向友好的债权人发行大量的债券，并在公司被第3方控制时设定很高的债券赎回价格——像一壶沸水里的通心粉一样。

稀释条款使公司可以在将来发行更多的股票、股票期权或者认购权证。因此，如果债权人有可能成功地扣押一个所有者的股票，可以通过发行额外的所有权将那些股份稀释。在理想的情况下，这个过程可以根据已经制定了很长时间的公司治理文件中的条款，在债权人扣押债务人的股票前完成。如果这样，债权人将很难作为权利受到侵害的小股东进行逆向稀释。他也很难声称稀释是一种欺诈转让行为。

大部分公司法规允许确定股权结构时有很大的灵活性。在适当的情形下，有创造性的股权结构可以创造出一些在本质上对债权人不利的股票类型，例如不支付股利的股份、公司可以将其转换为长期无担保债务的股份和类似的股份。像通常一样，成功地使用这个技巧的关键是含蓄性，以及可以明确地说出使用这种股权结构的经济目的。这是一种高级公司结构设计的艺术。

对负债的限制

从风险管理和资产保全的角度来看，有限责任是个有力的工具。它使投资者可以投资有限的资本金额，他个人对公司债务的责任就仅限于这个金额，但是获得投资收益的潜力是无限的，同时，他的责任被限制在公司里。甚至更有利的是，这种限制不仅仅局限于公司能获得利润的活动，还可以扩展到所有的相关活动，包括雇用政策、产品责任和许多其他民事侵权行为和监管责任（见图16—2）。

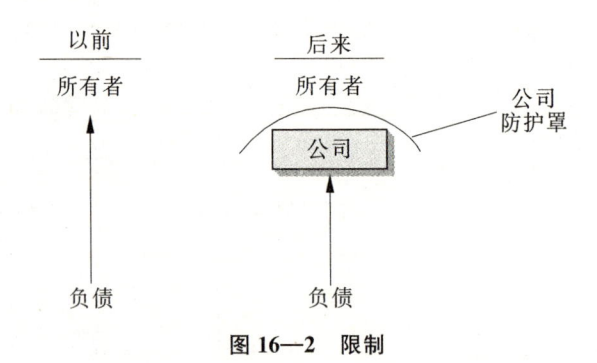

图16—2 限制

只要进行投资，从事商业经营活动或者持有不动产或汽车等可能给所有者带来负债的风险资产，都应该使用有限责任实体，例如公司和抵押令保护实体（更多关于抵押令保护实体的讨论见第19章），如果可以以一个有限责任实体达到相同的目的，在任何时候以个人的名义从事商业活动或者拥有一种可能产生负债的资产都是不明智的。

关于公司的壳

为了获得有限责任的保护，公司必须有一个与所有者分离的法律身份——也就是说，它不仅仅是一个纯粹的壳。它的所有者必须把它当作一个单独的实体来考虑。公司所有者、高级管理者和董事需要服从公司立法机构制定的规则。一般来说，公司必须在一个严格的层级结构中做决定，由股东选举董事，董事再指明公司的总体使命，并且选举高级管理者来管理公司的日常事务。有时，股东拥有足够的权力，可以强迫董事来考虑某个问题，或者以一些更合意的董事来代替现有的董事。然而，所有这些行动必须通过正式的会议完成，或者以书面的协议代替会议。此外，大多数公司法要求股东和董事每年举行一次会议来处理公司事务。召开这些会议前，必须事先书面通知股东和董事。

大部分小公司会让所有各方都放弃会议通知，从而避免召开实际会议的需要。它们实际上没有召开会议，或者用书面的协议来代替会议作表决。另外，有些公司通过召开电话或网络会议来满足开会的要求。然而，在任何情况下，会议或代替会议的行动都必须被记载在公司的账目和资料中。

虽然法律可能只要求每年举行一次会议，但是更适当的做法是，当有重大的事项需要决定时，就应该召开会议，或者用有记录的行动来代替会议。这些重大的决定包括签署重要的新合同，例如租赁合同、从银行贷款、发行股票或负债、选举董事和高级管理者以及确定薪资和津贴。

一个不遵守公司规则的公司可能导致法庭不承认这个公司［叫做**揭破公司的面纱**（piercing the corporate veil）］，并且认为这个公司在法律上不存在。这将使公司的所有者、高级管理者和董事对公司债务负有无限的个人责任。拥有很少所有者的公司在处理债务问题时被法庭拒绝承认的风险特别大。这种针对小公司的案例中的原告，会努力揭开公司的面纱，他们通常声称公司仅仅是所有者的另一个身份。原告要胜诉，必须具备两个因素：（1）公司与所有者的利益和所有权必须统一，从而公司实际上并不存在与它的股东相分离的人格；（2）实体必须被用于犯某个错误（有时专门指"欺诈"）。如果所有者犯了这个错误，而仅仅通过隐藏在公司有限责任这层面纱后面就可以避免负债，这在本质上是不公平的。

没有明确的检验标准判断公司与所有者的利益和所有权是否统一，但是基本问题是公司是否被作为与它的所有者、董事和高级管理者相独立的实体。下面是在成功揭开面纱的案例中所存在的某些共同因素：

- 公司资产和个人资产混合在一起；
- 没有付足价钱就把公司的资产用于个人目的；
- 把公司资产作为所有者的个人资产处理；
- 公司和公司所有者、高级管理者和董事之间有大量交易；
- 无法维持公司的账目和资料；
- 不召开股东和董事会议；
- 两个实体的所有权完全一致；
- 母子公司中有某些同样的董事和高级管理者；
- 同样的业务定位；
- 把公司作为一个单一目的实体；
- 公司和它的所有者雇用同样的员工；
- 无法维持充分的资本化和保险来满足公司合理的预期业务需求；
- 隐藏所有权、管理和资产；
- 相关实体的资产集中在一个公司，而负债集中在另一个公司；
- 使用公司进行非法活动。

只有一个或两个因素的出现通常不足以说服法庭揭开公司的面纱。确实，某些因素在与其他因素分开看时是不错的业务行为，例如使用单一目的实体、资产和负债分离以及为了私人目的合法地隐藏所有权或者其他公司信息。通常，必须同时出现许多因素，并且必须满足本质上不公平的第2个要素，才能成功地声明公司只不过是所有者的另一个身份。然而，尽可能避免出现许多因素是非常关键的。

因为在涉及单一所有者公司的案例中，很容易说明利益和所有权的一致性，所以出于资产保全目的，这种公司形式通常是不受欢迎的（除了像第20章讨论的那样，作为子公司）。虽然几乎每个州的法律和案例都承认单一所有者公司，但是一个可以成功宣称不公平因素的债权人能够成功地证明利益和所有权的统一性，这将使公司的债权人能够获得公司所有者的资产。

揭破面纱

负债从公司流向股东的风险比较小。在一个典型的公司结构中，股东的作用基本上是提供资本、选举董事和收取股利支票。然而，有些公司并不是这样。结果，它必须特别注意，防止其面纱被揭破。

当然，公司的有限责任特征提供了一定程度的资产保全——即使当事人是惟一的股东。然而，如果使用单一股东安排，债权人会很容易成功地揭破公司的面纱。记住：找到其他人或者实体作另一个所有者并不难。虽然其他所有者的存在不能阻止债权人声称单一所有权的统一性，但它将使债权人更难声称利益和所有权的统一性。这种不确定性在比较严格的案例中可能有很大的影响。其他股东持有的所有权比例越大，公司的面纱被揭破的可能性越小。例如，如果所有者将一些股票转移到一个为这个当事人的子女建立的不可撤销的信托中，公司和所有者不是同一个人的事实就被加强了。信托持有的股票越多，公司面纱被揭破的可能性就越小。如果所有者不是信托的托管人，或者，更好的情况是，如果所有者没有建立信托（例如，可能是祖父母建立的信托），公司的面纱将更牢固。公司的目标是使所有权多元化，从而使主要的所有者不会由于公司的面纱被揭破而要对公司的负债负责。

一个可能缓解所有问题的方法是，用债务融资，而不是通过股权资本为公司提供资金。如果所有者有继承人，并且他希望这些继承人可以通过股权增值获得收益，这种方法将特别有用。如果继承人（或者更好的情况是，为继承人建立的信托通过一个抵押令保护实体拥有股权）缴纳一小部分原始资本，获得股权，再把钱借给公司，所有者就会获得许多好处：（1）他使自己远离了公司和面纱被揭破的可能性；（2）如果公司发生清算或破产，他可以优先于公司股东获得资产；（3）如果所有者提供的贷款由公司资产担保，在发生清算或破产时，他可能可以优先于公司其他的债权人获得资产；（4）如果继承人手中的公司股票的价值比债务的利息增值得快，所有者就可以免税地把财富转移给他的继承人。然而，如果所有者想参与公司潜在的未来股权增值，可以采用另一个解决方法：他可以规定股东持有的公司债务可以转换成公司股票；他同样也可以使用期权和认股权证的方法。

董事与高级管理者的负债

只要有可能，有大量资产的人就不应该作为从事实际业务的公司的高级管理者或者董事，因为即使公司的面纱没有被揭破，这也可能给他带来大量的负债。作为最终要对一个公司的疏忽行为负责的人，高级管理者和董事很可能因为公司内部的事情（例如，由不满的员工提起的性骚扰诉讼）和公司外部的事情（例如，环境或税收索赔可能规定公司高级管理者和董事承担个人责任）面临重大的个人负债。在针对公司的诉讼中，一个已知拥有财富的人可能成为一根避雷针，因为原告将假设拥有财富的人最终将对裁决负责。

在理想的情况下，客户应该通过一个控股公司结构作为一个间接的被动投资者（见图16—3）。在一个简单的控股公司结构中，存在两层公司。下面一层由那些实际从事业务、持有企业资产并雇用员工的公司组成——也就是说，它们是可能产生负债的公司。上层包括一个或多个公司，这些公司员工很少或没有员工，并且除了持有下层实体的股票外，没有其他业务。

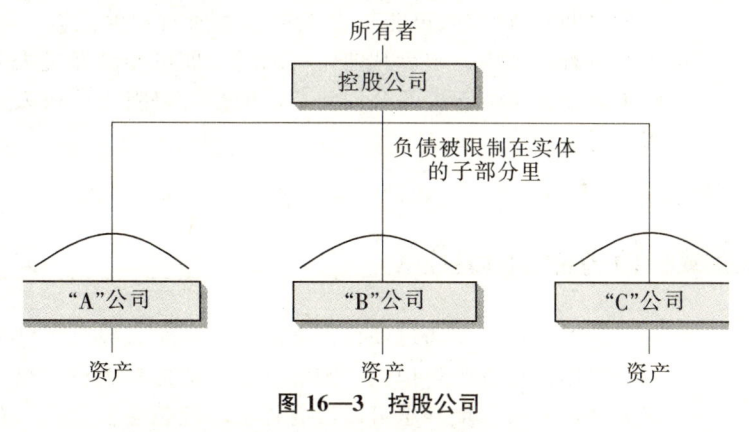

图 16—3 控股公司

过去控股公司被税收规划师用来建立交互所有权。交互所有权可以压低纳税人持有的所有权的百分比，而仍然保留控制权。对美国人来说，《国内税收法》有一项归属原则，严格地限制了这种结构的有效性。然而，交互所有权可能有资产保全的好处，在缓和公司面纱问题上表现得最明显。

例如，假设 B 公司和 C 公司各持有 A 公司 50% 的股权。接着，假设 A 公司持有 B 公司 49% 的股权，C 公司持有 B 公司 50% 的股权，D 公司持有 B 公司 1% 的股权。类似的，A 公司持有 C 公司 49% 的股权，B 公司持有 C 公司 50% 的股权，D 公司持有 C 公司 1% 的股权。最终受益的所有者拥有 D 公司的整体。这个关系在图 16—4 中表示了出来。

在这种情形下，D 公司持有有效的所有权和控制权。然而，如果 A 公司被起诉，债权人很难说 A 公司是 B 公司或者 C 公司的另一个身份，因为这

图 16—4　归源游戏

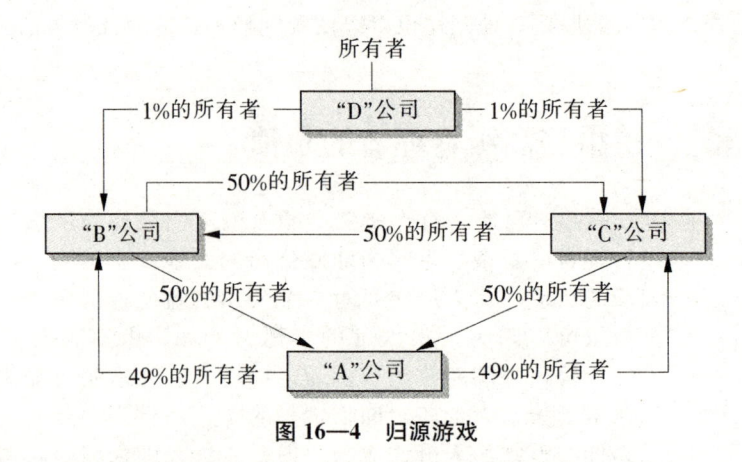

两家公司的大部分所有权都不归 A 公司所有。在债权人攻击 B 公司或者 C 公司时也是一样的，因为这两家公司都没有一个主要所有者。D 公司有着有效的控制权，它与 A 公司隔着 2 层，而与 B 公司或者 C 公司只隔着 1 层。如果债权人只攻击 A 公司、B 公司或 C 公司中的一个，这个债权人将很难把一个实体的债务转嫁给其他实体。

当然，债权人可以采取补救措施，以所有公司都相关并且都是 D 公司和它的所有者的另一个身份为理由，同时攻击所有的公司。然而（特别是在诉讼的早期），债权人可能不会发现这些所有权的问题。等债权人彻底了解了整个所有权结构，起诉其他公司的时效期可能已经过去了。虽然这种交互策略不会使直接被起诉的公司获益，但是可以阻止债权人追讨最终受益的所有者的行为。

债务融资的优点

公司应该定期通过发行债券的方式从个人投资者那里借入资金。这些债券可以用公司资产作担保，因此，债券的持有者将比公司大部分其他债权人优先获得资产。债券也可以没有担保，地位在公司的其他负债之后。在这两种情况下，债券持有者和债权人在破产和清算中都可以比公司的股票所有者优先获得资产。

公司发行债券可以把权益从公司中剥离出来。如果公司被一个无担保的判定债权人强迫进行清算，债券持有者将比无担保的债权人（包括判定债权人）和股东优先获得公司资产。在资产保全的情形中，一个资金贫乏的小公司可以向某些对公司友好的所有者发行零息票债券，因为公司是资金贫乏的小公司，债券可能以一个很高的折现率出售。然后公司可以用从债券发行中获得的收益购买受资产保护的资产，或者实施另一种资产保全方法。如果公司的一个所有者的股票被一个无担保的判定债权人获得，债券持有者在分配清算收益时将比债权人有优先权。

债券也可以以可转换的方式发行，这样它们就可以转换成股票。这种债券可以由债券持有者或公司设计成可转换的。因此，一个有用的策略可能是向对公司友好的群体发行债务。这样，如果所有者的债权人成为股东，债券可以转换成股票，稀释债权人—股东的利益。

公司股票期权

股票期权和认股权证在公司计划中扮演着重要的角色。首先，公司发行的期权和认股权证也可以在环境需要的时候提供稀释股权的另一种方法；其次，发行的期权和认股权证通常包含一些条款，使它们能以较低的价格购买股票，这种安排可以使执行期权时需要投入的现金最少。

对可能有潜在的债权人问题的小企业所有者来说，通过期权的方式持有虚拟所有权可能是拥有股权的一种很好的方式。期权有固定的有效期，如果在有效期内没有执行，期权就没用了。这给那些担心债权人问题的人一些时间，观察债权人威胁会不会变成现实。如果债权人的威胁没有变成现实，就可以执行期权，期权的持有者将成为公司一个普通的股权所有者。然而，如果债权人的威胁变成了现实，这个人可以简单地让期权过期，这样债权人就无法追讨公司的资产了。

期权的独特性在于，它们的价值一般会随着时间逐渐消失。如果期权在有效期内没有实施，它的价值显然会变成零。期权价值通常等于期权可以执行的价格和公司股票在期权执行那天的价格之差。然而，随着到期日的临近，因为可以执行期权的时间缩短了，期权的价值也减少了。如果公司股票的价值没有因为发行期权而增加，期权的价值会显著降低。这允许（或者强迫）期权的持有者以折扣很大的价格把期权卖出去，但是因为这种折扣是因为期权的价值随着时间而消失引起的，债权人很难说这种交易是欺诈转让。

如果期权从来没被实施，它也可以作为向一个资产保全实体转移财富的工具，想向这个实体转移价值的客户可以从实体购买期权。公司会马上实现这个价值，并且让股票反映出企业项目的价值。如果期权持有者没有执行期权并且期权过期了，财富将从客户转移到公司。债权人很难说期权技巧是欺诈转移，因为期权持有者确实从公司获得了有价值的期权，即使它们从来没有被执行。

第17章
美国国内公司

在历史上，美国最普遍使用的资产保全实体是在一个州的法律下成立的公司——也就是说，美国国内公司。在各个美国证券交易所上市的大部分实体都是美国国内公司，只有少数例外。它们的大部分子公司也是美国国内公司，甚至共同基金——某些美国最大的财富所有者，也采用了美国国内公司的形式。

同样，大部分美国小商业也采用了美国国内公司的形式。虽然有限责任公司的数目在近几年显著增加，而且在不久的将来有可能超过公司的数量，但是美国企业的法律形式仍然是以美国国内公司为主导。美国的公司法非常发达，并且随着时间的流逝已经被证明，在将股东和公司负债隔离方面获得了很大的成功。

只要保持公司的独立身份，并且公司没有被用于欺诈，美国国内公司的股东几乎不用担心公司的"壳"会被公司的债权人打破，进而让股东个人为公司的负债负责。即使公司高级管理者和董事也在很大程度上免于承担公司的负债。

特拉华州的《一般公司法》

对美国国内公司的考验是从特拉华州《一般公司法》（General Corporation Law）开始的，美国很多州都在很大程度上模仿了这个法律。甚至一些外国司法管辖区域，例如尼维斯岛和巴拿马，也效仿了特拉华州《一般公司法》。特拉华州法庭处理和解决的涉及公司法问题比其他任何美国法庭都重要。因此，我们在这一章的大部分讨论除了特别注明的外指的都是特拉华州的法律。

从资产保全的角度来看，我们必须要记住的是：因为公司是一个法律拟制，在揭开公司的面纱时，判断公司是否应该被承认的时候，一个公司的账目和资料是非常重要的。要成立一个公司，必须向特拉华州的州务卿提交公司章程。这些章程通常是简单的和通用的，但是它们将列出公司的初始创立者和在特拉华州的注册机构的名称和地址——公司的文件记录就从那里开始。必须假定，所有提交给特拉华州州务卿的档案都可以被债权人轻易地获得。

根据公司的使用方式，创立者的选择可能是很重要的。法人创立者，也就是通过提交公司章程建立法人团体的人，是最先出现在文件记录中的名字。法人创立者不一定是初始的股东。因此，如果必须在公司和一个所有者之间保持一定距离的话，所有者或任何可以确认所有者的人都不应该是法人创立者。通常，应该让所有者的律师担任法人创立者。记住，因为公司章程是公开的档案文件，它们不会由于律师与当事人之间的特许保密权而免于被披露。

公司将有议事程序来管理业务。和公司章程一样，议事程序中应该尽量包括较少的对债权人有用的信息。因为我们同样应该假定债权人有可能比较容易地了解公司的议事程序。

所有的司法管辖区域的公司法，无论国内的还是国外的，都要求公司在其所在的司法管辖区域保留一个注册机构。一个很重要的考虑因素，是注册机构必须是有法定资格的和值得信任的。注册机构的功能是接受诉讼法律文件的送达。如果注册机构没有通知公司高级管理者和董事就出现了诉讼，债权人很有可能获得不利于公司的缺席判决结果。

根据州法律，在某个州设立注册机构会使公司与这个州建立起一种联系，从而使公司可以在该州被起诉。这个事实本身就可能影响在哪里成立公司的决定。在一个陪审团的裁决往往比较保守的司法管辖区域成立公司，可能比在陪审团以做出不受控制的裁决著称的司法管辖区域成立公司更可取。在一个案例中胜诉的成本也是决定公司注册地点的一个重要因素。在所有者居住的州胜诉，可能比在大陆的另一端胜诉所需的成本低。这可能是决定在哪里成立公司的一个重要因素。

公司董事的选择也常常很困难。从纯客观的角度来看，最好的安排是所有者不要担任一个经营企业的董事。更好的选择是，所有者应该通过使用控股公司与公司的运作保持一定的距离。相反，一个经营公司的董事应该由其他可信任的人来担任。在理想的情况下，所有者也不应该担任公司的高级管理者，因为这可能使所有者面临各种潜在的负债。除了所有者之外的可信任的人是担任公司高级管理者的最佳选择。

公司与破产隔离实体

从风险管理的角度来看，美国国内公司的主要用途是作为**破产隔离实体**（bankruptcy remote entity，BRE），使所有者可以通过改组或清算这个公司来中止复杂的诉讼。破产申请会自动中止涉及该公司的任何诉讼。这样，原告就必须在破产法庭单独提起一个诉讼来要求解除中止，或者干脆放弃诉讼。

如果公司根据破产法进行了重组，就可以拖住债权人好多个月，它可以利用这段时间准备和提交重组计划并请破产法庭批准。同时，除非债权人可以强制指定一个接收者，公司原来的高级管理者和董事仍然可以继续负责公司的业务。如果股东的债权人也介入了，那也是很正常的情形。特别是对于小公司来说，如果那些债权人还获得了股票，那么债权人—股东可以为了公司的利益针对它的高级管理者和董事或其他人提起的任何派生诉讼都会被当成公司的资产。如果要进行法律诉讼，债权人必须说服指定的破产托管人提起诉讼。通常，这是很困难的，因为托管人可能更关心清算现存的资产，而不是追讨一些可能不会被支付的东西。

怎样强调长期的破产前计划的重要性都不过分。在申请破产 1 年内发生的交易将被认为是可疑的，并且很容易被破产法庭取消。然而，如果公司涉及的一项交易需要 1 年以上的时间才能完成（最好是许多年），债权人将很难以优先转移的名义把交易取消。这会导致重要的实际后果，因为破产法规定了向不同类型的债权人分配的优先顺序。有担保债权的持有者通常比所有其他类型的债权人都优先。因此，如果在申请破产前构造的一项交易中收到公司票据，而且票据由公司资产担保，持有票据的一方的地位将优先于其他债权人，并且可以有效地引导破产过程。无担保的债权人对公司的重组方案没有发言权。如果公司最终被清算，有担保的债权人将获得用于为它持有的债务担保的资产，而无担保的债权人将得到剩下的资产——通常什么都没有。

因为这个理由，公司应该大量使用债务融资，并且用公司有价值的资产为融资担保。基本上，公司应该进行资产剥离，这样在发生破产时，债权人就不会得到什么价值。

注意，试图冻结公司资产的行为都有可能产生适得其反的效果。它们可能导致所有涉及的人背上额外负债，还可能被指控为破产欺诈。当然，破产的负面影响是，某些会根据欺诈转让法被取消的行为在破产的案例中会构成刑事犯罪。当法庭怀疑存在欺诈时，它经常会聘请一位专家——一个独立的破产托管人。到那个时候，计划不当的公司转让行为中涉及的任何人的日子都不好过了。

选择成立的州

在成立一个美国国内公司时，许多州会成为可以考虑的候选地点。合适的州通常是公司开展业务的州、持有资产的州以及像特拉华州和内华达州那样有先进的公司法、法庭尊重公司实体的不可侵犯性、反对意图取消公司实体的人的州。

如果公司持有房地产，在房地产所在的州成立公司通常是最合理的。理由是，为了让公司持有房地产，它必须在那个州注册。如果公司在其他地方成立，公司仍然需要在房地产所在的那个州注册。必须权衡一下其他州的法律提供的额外保护是否会超过将公司在另一个州注册的成本。

公司也要对它打算从事业务的州进行同样的分析。如果公司没有在从事业务的那个州注册，债权人有可能会通过声称公司的壳不应该被那个州认可的方式成功获得公司的资产。然而，一个未注册的公司在应该忽略公司的壳的州是否有足够的业务呢？这个问题有时很难解答。例如，如果一个公司惟一的业务是持有另一个公司股票或者持有被动投资，那么债权人就很难说公司在成立的州之外从事了业务。但是如果一个公司定期在某个州签订合同，并且它的所有者担心那些合同引起负债，那么公司可能就应该在那个州注册。

解决注册问题的方法通常是简单地根据需要来注册。如果公司与某个州签订了大量的合同，使那个州的法庭可以行使对公司的管辖权，那么公司可能就应该在那里注册。但是要注意，注册将使公司服从那个州的司法管辖权，且如果一个公司不想进入阿拉巴马州法庭——在写这本书时该州的法庭因为极端倾向于原告而臭名昭著，公司就不应该在阿拉巴马州注册，并且应该避免在那里从事业务。

债权人的权利

美国国内公司最大的缺点是，和公司股权相关的问题至少要服从公司成立的州的司法管辖权，且这些问题也可能要服从其他州的司法管辖权。如果这个州的法庭做了一个和股权有关的决定，即使股东和实际的股权证书都在法庭的司法管辖权之外，那个决定也对公司具有约束力。理由是，法庭可以简单地命令所有权的任何改变都要记录在公司的账目中。

在债权人—债务人案例中，法庭这种能力的效果是很显著的。它意味着法庭可以把一个公司中的权益给予一个债权人，即使法庭对受到影响的股东或者实际的股权证书没有司法管辖权。因此，债权人可以立即成为公司的股东，拥有持有那种股票的股东的全部权利。从资产保全的角度来看，这将是一种灾难性的后果。

根据公司法，债权人可以要求检查公司账目和资料并获得账户明细的权利。债权人也可以由于任何不法行为提起针对公司的高级管理者和董事的派生诉讼。派生诉讼不会直接使债权人获益，因为这样的诉讼获得的赔偿金都是支付给公司的。但是，当然，这样的判决结果会增加公司的资产基础，使它对股东来说更有价值。

因为私人持有的公司经常很自然地会有许多**内幕交易**（insider transactions），其他的所有者因而会面临本来不会出现的派生索赔。因此，债权人等于掌握了一项工具，强迫其余的所有者买断债权人手中的股份或者清算公司。在最糟糕的情形下，债权人的派生诉讼甚至可以使他获得公司的董事和高级管理者的其他"财富"。

债权人提起的派生诉讼还可能影响初始股东的其他计划。如果债权人获得了一个原始股东的股份，并且在针对这个股东的派生诉讼中胜诉（因为这个股东有内幕交易行为），那么，法庭可能认为初始股东有权要求交易当天的资产价值。这个索赔权可能会使债权人要求查看初始股东的资产负债表，以便根据欺诈转让法来确定他的偿付能力。因此，其他可能经受得住欺诈转让法检查的计划可能会因为派生索赔而被取消。

专业公司

因为公司的壳可以把所有者与负债隔离开，因此大部分州都不允许专业人员以一个典型的公司形式来从事他们的专业实践，例如医学或者法律方面的专业人员。相反，专业人员可以成立**专业公司**（professional corporation）。这些公司与典型的公司很相似，但是它们只能让指定的专业人员作为股东。在某些情形下，它们可能有非专业人员的股东，但是必须由专业人员控制。

和任何其他公司一样，意识到专业公司不能使个人免于承担他个人的行为带来的负债是很重要的。在处理公司业务时，在交通事故中犯有过失的股东不能逃避个人责任，有过失的专业人员也是如此。相反，专业公司只能保护专业所有者免于承担企业的一般性负债，例如与办公用品和设备租赁等有关的合同负债。

外国公司的注册

如果一个公司在某个特定的州拥有并租赁房地产，通常必须在那个州成立，或者在那个州注册为**外国公司**（foreign corporation）（也就是说，根据该州以外的司法管辖区域的法律下成立）。注册通常包括指定一个州内的机构作为送达诉讼法律文书的接收人、公司在那个州从事业务并服从那个州的司法管辖权。如果某个公司在一个州成立，在另一个州注册并获得持有房地产的权利，那么它要承担两个州的税负和注册机构的费用。

然而，能够阻碍债权人的是公司在哪个州拥有资产，而不是它在哪个州成立。虽然与财产本身相关的问题将由财产所在州的法庭解决，但是大部分问题都可以用公司成立地所在的州的法律解决。公司面纱是否应该被揭开是一个存在很大法律争议的问题。这个问题是应该根据房地产所在的州的法律解决呢，还是应该根据公司成立地所在的州的法律解决呢？

某些州的法庭可能已经建立了打破公司结构的新理论，而其他州还没有这样的理论，这时就会出现法律争议的问题。例如，弗吉尼亚近来承认了**反向揭开面纱**（reverse veil piercing）的概念，需要**所有者**的债权人证明所有者和公司实际上是一样的，这样所有者的债权人就可以获得公司的资产（这和传统的揭开面纱相反，后者是公司的债权人试图获得股东的资产）。[1]这可能使公司决定不在弗吉尼亚州建立实体或者不让实体在弗吉尼亚州持有资产。另一方面，佐治亚州最高法院近来拒绝了反向揭开的概念。[2]这个问题显然还没有得到解决，因为大部分州的法庭还从没有处理过这个问题。

类似的，在决定是否应由公司揭开面纱时，确定适当的审判地点也是个复杂的问题。公司的所有者与房地产所在的州可能没有足够的司法管辖权联系，所以这个州的法庭不能对他们行使司法管辖权。因此这些所有者可以把案例从一个敌意的法官手中转移到公司成立地所在的州的一个公正的法官手中。前者可能会执行关于负债的潜在规则，而后者会愿意很有技巧地倾听事情的真相。最好的情形是，由于这些问题将很难解决，它们可能在债权人的心中产生疑问，使债权人愿意达成一个有利的和解方案。

如果可能的话，应该在公司很容易被起诉的司法管辖区域以外的司法管辖区域持有一些金融账户。例如，一个俄勒冈州的公司可能在纽约有一个经纪人账户。如果俄勒冈州的法庭命令冻结公司的资产，债权人必须将这个命令带到纽约，并且试图让纽约法庭对纽约的经纪人账户执行这个裁决结果。这个过程可能是昂贵和耗时的，这种延迟给了公司一段时间，可以把经纪人账户转移到其他地方。然而，如果纽约的经纪人公司在俄勒冈州有一个办公室，俄勒冈州法庭就可以强迫公司马上冻结账户，那样，债权人将不用与纽约法庭打交道。

另一方面，公司在某个特定的州拥有财产这一事实，可能使公司要服从那个州的司法管辖权。因此，公司不应该将资产放在公司在诉讼中会处于特别不利地位的司法管辖区域。

内华达州的公司

为了吸引新业务，有些州已经采用了新的公司法，声明提供一定的资产保全收益。其中，内华达州的公司是到目前为止受到宣传最多的。确实，只有在某些年中，内华达州的公司数量增长可以和特拉华州匹敌。

内华达州的公司在对实体没有税收和费用很少这两方面和特拉华州有同样的优点。然而，内华达州吹嘘的是，它没有与美国国税局签订任何信息共享协议。这可能使债权人在获得裁决结果前，很难了解公司的所有权。

确实，有些宣传者宣称内华达州的公司可以为公司的真正所有者提供"绝对的隐私权"。这种说法忽略了一个事实：虽然内华达州的州法律是这样规定的，但是其他州的法庭会强迫在它们的司法管辖区域的个人陈述和披露公司的所有权。同时，联邦法庭也可以强迫在它们的司法管辖区域的人（包括在内华达州的人）陈述和披露公司的所有权。推测起来，内华达州州务卿和其他的州政府机构也可能受联邦传票的强迫而披露与内华达州的公司相关的信息。

内华达州的公司根本没有绝对的隐私权或者秘密。真实的情况是，债权人在试图发现内华达州公司的所有权时会面临额外的困难，但是一个判定债权人仍然可以做到这一点。当然，这些困难可能使债权人在初步估计是否应该进行诉讼时做出不同的判断。另一方面，因为那里的宣传者经常进行欺诈性的宣传，内华达州也慢慢获得了不好的名声，而这种名声曾经对"离岸债务人天堂"和避税港产生过负面影响。一个更好的策略可能是同时使用特拉华州的公司和内华达州的公司。

如果适当地与其他资产保全技巧联合使用，美国国内公司可以提供显著的资产保全效果。然而在实践中，美国国内公司往往在与外国公司的比较下黯然失色。我们接下来就将讨论离岸公司。

注释

[1] *C. F. Trust，Inc. v. First Flight L. P.*，580 S. E. 2d 806（Va. 2003）.

[2] *Acree et al v. McMahan* 276 Ga. 880（2003）.

第18章
外国公司和国际业务公司

大部分外国司法管辖区域都承认某种公司形式。外国公司和美国公司的操作方法非常相似,通常只有少量的不同。相反,与自行设立的规定受益人不得自由处理的信托不同,外国公司通常会被美国联邦和州法庭认可。确实,美国大部分州的公司法都有专门的条款认同在美国之外成立的公司〔这种实体经常被叫做**外来公司**(alien corporations)〕。

出于众多资产保全的原因,成立一个外国公司都是合适的。债权人可能很难对外国公司声称司法管辖权,特别是如果在诉讼时外国公司在美国未持有资产并且与美国没有其他的业务联系就更是如此。如果外国公司被认为是**必要的当事人**(necessary party),法庭就不能对公司宣称司法管辖权,这将终结在美国的诉讼,迫使诉讼在外国公司成立的地方或从事业务的地方进行。但是即使美国法庭在技术上可以对外国公司宣称司法管辖权,债权人也很难向外国公司送达传票。而且任何在美国法庭获得的裁决可能都没有什么价值,因为外国法庭通常都不会接受美国的裁决结果。因此,想从外国公司获得补偿的原告可能需要保留一个外国律师,并在外国提起诉讼——这是一种昂贵且耗时的过程。

在债务人的资产所有权结构中存在外国公司这个事实本身就可能给债权人带来问题。美国法官不可能强迫外国公司响应他的发现请求。外国公司可能援引它所在的司法管辖区域的保密法,延迟或阻止结构的披露,从而迫使这些问题的诉讼被延迟。最后,美国法官不能命令外国政府非自愿性地解散和清算一个外国公司。为了将公司司法解散,债权人必须在公司成立的外国司法管辖区域内提起诉讼。除了昂贵的费用外,这种诉讼在许多情况下都是徒劳的;外国法庭有可能倾向于尽可能保护在它的司法管辖区域成立的实体,以便继续让离岸公司业务对该司法管辖区域的经济产生积极影响。

国际业务公司

"离岸天堂"成功地建立了一种新的公司类型：**国际业务公司**（International Business Company）。这种公司类型明确地排除了用它所在司法管辖区域中的当地人和公司开展大部分业务。因此，它的目的是在其他地方开展业务。当然，一个普通公司的常见目的是在它成立的司法管辖区域内开展业务。国际业务公司是由离岸避税港和"债务人天堂"为了吸引公司并在那些司法管辖区域成立和管理业务时创造出来的一种反常的东西。

然而，典型的国际业务公司法令会建立一个可以用于许多资产保全目的的实体。除了所有外国公司具备一些优点外，国际业务公司还有额外的显著优点。最大的优点是国际业务公司在"债务人天堂"是不用纳税的，这意味着它在那个司法管辖区域没有税收记录，也就没有债权人可以追踪的文件记录（然而，要注意，美国纳税人可能必须向美国国税局报告他在外国公司中的利益）。类似的，国际业务公司进行的大部分活动都不需要登记，所以债权人可能很难从第3方获得国际业务公司的相关信息。

许多离岸司法管辖区域允许用**无所有权的证券登记者**（nominees）作为股东、董事和高级管理者。这些人通常是当地人，他们的名字会出现在公司的资料里，被公开披露，但是只是按照真正的所有者的指示行动。无所有权的证券登记者几乎总是会提前签署一份没写明日期的辞呈，辞去他们扮演的角色，把职位让给真正的所有者或者真正的所有者指定的人。因此，如果一个无所有权的证券登记者做了某些使真正的所有者不高兴的事，或者真正的所有者想直接管理公司，那么真正的所有者可以简单地把辞呈填上日期并放在公司的记录里。在理论上，真正的所有者还可以把辞呈的日期往回写几天，这样别人就会认为无所有权的证券登记者以公司的名义采取的某些行为是无效的。很明显，真正的所有者不希望无所有权的证券登记者以个人身份被起诉，因为他们可能在证词中说明真正发生的事情。

使用无所有权的证券登记者的结果是债权人将看到一个纯粹的外国公司，它的股东、董事或者高级管理者和美国没有任何联系，也没有以个人的身份从事业务，所以不必服从美国的司法管辖权。这使债权人很难证明是债务人拥有和控制着国际业务公司。在任何与公司相关的公开披露中出现的都是这些无所有权的证券登记者，而不是公司真正的所有者。因此，债权人必须通过其他方式获得信息。

当然，无所有权的证券登记者的服务需要报酬，并且这些报酬可以累积，因为每个公司通常需要若干名无所有权的证券登记者。在一些离岸司法管辖区域，无所有权的证券登记者的业务是相当庞大的。例如，在位于英吉利海峡的萨克岛，一个居民可能是全世界上百家公司无所有权的董事或者高级管理者。

无所有权的证券登记者制度也不是没有风险的。使用无所有权的证券登记者可能会增加业务交易的难度，因为很难经常获得无所有权的证券登记者的签字。即使无所有权的证券登记者没有控制公司的资产,他们也会带来问题。例如,一个无所有权的证券登记者可以利用公司洗钱,这会导致公司的资产被冻结。虽然真正的所有者也许最终能够让法庭相信,无所有权的证券登记者的活动并没有得到授权,但这个过程将是费时的、昂贵的和令人为难的。

不记名股票

有些离岸司法管辖区域仍然允许使用**不记名股票**(bearer shares),也就是公司向非特定的人发行的股票。那些股票代表的公司股权由在特定的时候持有股票的人所拥有。不记名股票实际上是一个古老的概念,可以追溯到公司实体出现的最初时期。不记名股票使公司股票可以自由和简单地交易。

在现代,大部分公司发行的都是将股票所有权记录在股东名册上的记名股票。因此,即使实际的股权证书丢失了或者被偷了,只要所有者在公司记录中被登记为股票的所有者,他就会被当成所有者来对待,并且可以重新获得股权证书。实际上,有了登记就不需要向股东发放实际的股权证书了。这表明新股东购买了股票的收据足以说明股票的所有权。现代的股票出售是通过将新股东的股票登记到公司的记录中完成的,而不用向公司秘书出示实际的股权证书。因此,不记名股票已经不合时宜了,几乎在现代商业中没有任何真正的用处。

最近,不记名股票又被洗钱者大肆用于假冒公司真正的所有权和非法地转移财富。以不记名的方式简单地发行公司股票意味着,在公司记录中没有记载股票的所有者。因为没有证据显示谁拥有了股票,因此洗钱者可以把钱放在一个公司里,并且简单地通过把不记名股票交给那些需要钱的人来转移所有权。因为有可能被这样滥用,不记名股票被许多司法管辖区域所废除。

然而,任何能够使公司隐瞒所有权和财富转移的工具都将作为资产保全工具而引起人们的注意。确实,在今天,仍有许多宣传者把他们的计划建立在使用不记名股票和伪造离岸公司的所有权的基础上。如果出现了债权人,不记名股票可以简单地转让给其他人。不记名股票被用在激进的离岸逃税计划中,通常涉及离岸公司向本国公司开具虚假的或金额明显被扩大的货物或服务发票、给本国公司提供虚假的费用扣除项目并且证明资金的离岸转移是正当的。

涉及不记名股票的计划应该被完全避免。首先,不记名股票不能免除外国实体所有者的严格的税收申报要求,它们也不能使美国纳税者合法地避免所得税;其次,如果不记名股票真被转移了,只能通过出售或赠予的方式。如果是通过出售的方式并且股票在受让人手中升值了,他将要支付资本利息所得税。如果是通过赠予方式,赠予行为可能需要被记录,并且根据股票的价值,可能需要支付联邦和州的赠予税。

此外,因为不记名股票在现代总是与逃税者和洗钱者联系在一起,所以名声很差。法官或者起诉者有可能将不记名股票的存在当成一个靶子,认为它代表着一些不体面的事。法官还会觉得应该修改已经存在的使用了不记名股票的公司结构并取消不记名股票。

其他的股权结构

不记名股票有着显著的缺点，但这并不意味着所有的其他股权结构都是不好的。许多司法管辖区域都提供了股票所有权的其他备选方式，它们从资产保全的角度来看是相当有利的。例如，有些司法管辖区域承认受到**担保**限制的公司，或者同时受到股票和担保限制的混合公司。一个通过担保获得股票的股东没有将资产交给公司；相反，这名股东同意为公司预先指定金额的债务担保。如果公司失去清偿能力，股东将必须支付给公司和担保金额等量的现金。股东担保的金额几乎总是一个有限的数目。例如，如果担保金额是 100 美元，这名股东将有责任支付给公司或公司的接收者或者债权人 100 美元。

通过担保获得的股票所有权的一个显著好处是，没有金钱往来的痕迹可以让债权人追踪，从而使债权人很难发现股东的所有权。如果股东要宣誓回答关于公司所有权的问题，股东将必须披露外国公司的股票所有权。类似的，通过担保获得股权可能不能使股东不向国税局申报和提交后续的文件记录。而且，特别是在诉讼早期，任何未将钱转移到公司的行为都可能阻止股东在公司中的所有权被债权人发现。

还有一些公司允许向同意承担无限责任的成员发行股票。虽然乍一看这种安排是非常不利的，但是如果股东承担了无限责任，股东的资产就被锁定在公司，不能马上被股东的债权人获得。

受控的外国公司

离岸公司的问题是，美国国税局的申报要求迫使守法的股东会留下明显的文件记录，让债权人可以追踪；而不履行申报要求可能使美国纳税人面临着重大的民事和刑事惩罚。

和**受控的外国公司**（controlled foreign corporations，CFCs）相关的规则使大部分试图利用外国公司获得税收利益的美国纳税人受挫。许多宣传者声称建立了使用无所有权的证券登记者的**非受控的外国公司**（non-CFC）或者**解除管制的外国公司**（decontrolled foreign corporation，DFC）结构、使用了有交互所有权的多个实体、担保公司、混合公司、信托和其他策略。如果公司被美国纳税人（或者相关的人或实体）控制，并且解除管制的外国公司的大部分资产来自那个人，那么解除管制的外国公司实际上就是一个受控的外国公司，它的收入将成为美国股东的应税收入，在外国私人控股公司（foreign personal holding company，FPHC）规则或者被动外国投资公司（passive foreign investment company，PFIC）规则下的税收体制将对美国股东非常不利。

就像在对不记名股票的讨论中提到的那样，离岸公司经常在再开票或者转移价格计划中被滥用。这些计划是由离岸公司向本国公司开具一张虚假的或者金额被扩大的发票，从而使本国公司可以使用这些发票进行费用扣除。随后，与发票金额相等的钱将进入离岸公司，并且在那里被持有（假设是免税的），直到真正的所有者（他也拥有那个获得费用扣除额的本国公司）宣称对离岸公司的控制权并取得金钱为止。在解除管制的外国公司计划和再开票计划中，形式将被忽略，结构的本质将决定公司在税收方面得到的待遇。涉及这些计划的美国纳税人最好的结果可能是遭受严厉的民事惩罚，在最糟糕的情况下则会遭受严厉的刑事惩罚。

虽然这些计划用于税收策略时没什么用处，但它们可能是有效的资产保全策略。只要美国纳税人没有把支付给外国公司的发票金额用于费用扣除额，并且所有身为美国纳税人的外国公司的其他所有者都达到了美国的税收申报要求，这些计划就可以有效地阻止最老练的债权人。

第 19 章
抵押令保护实体

抵押令保护实体（charging order protected entities，COPEs）是限制所有者的债权人所采取"抵押令"补救措施的实体，这种实体使债权人有权获得与有关所有权利益有关的分配，但是不允许，至少一开始不允许，债权人实际上获得所有权利益。从资产保全的观点来看，它的优点是很明显的：即使债权人获得了不利于所有者的裁决结果，他仍然没有直接的途径来获得实体的资产。在这章中，我们描述了抵押令保护实体的主要类型：合伙企业和有限责任公司。在第 20 章，我们将研究美国国内抵押令保护实体和特拉华州系列有限责任公司，而在第 21 章我们将研究美国以外抵押令保护实体。

合伙企业

合伙企业（partnership）是由两个或更多个人作为共同分享利润的所有者共同经营的企业。合伙企业有两种基本类型：一般合伙企业和有限合伙企业。

一般合伙企业（general partnership）只由一般合伙人组成。在一般合伙企业中，所有者控制企业，并且没有法律强制一般合伙企业的所有权和管理权相分离，这和一般的公司是不一样的。一般合伙企业由所有的一般合伙人共同管理，其所有合伙人对企业的债务和在合伙企业经营过程中其他合伙人的错误行为负有共同的和连带的责任。因此，一个一般合伙人的个人资产要承担合伙企业的债权人的索赔权。

有限合伙企业（limited partnership）由至少一个一般合伙人和至少一个有限合伙人组成。有限合伙企业的管理和控制权属于一般合伙人而不能属于有限合伙人。一般合伙人在有限合伙企业中的负债和在一般合伙企业中是一样的。然而，一般合伙人对合伙企业的债务负无限责任，有限合伙人对这些债务负有限责任，也就是说，承担的债务等于它们的投资金额。然而，请注意，没有所谓的"被动—主动"有限合伙人，因为如果有限合伙人参与了合伙企业的管理，他有可能因此而必须承担无限责任。

美国《国内收入法》还允许合伙企业进行穿透待遇（passthrough taxation）。一个合伙企业的税收项目（例如，收入、扣除额和应缴税金）可以过户给合伙人，所以合伙企业的收入只需要支付一次所得税。而公司有双重纳税的问题，公司获得的利润要交一次税，股东收到股利的时候也要纳税。相比之下，合伙企业在这方面具有很大的好处。确实，S 公司的优点是它们具有选择权，可以和合伙企业同样纳税。

另一个优点是，向一个合伙企业缴纳的增值资产不必确认为收益。这个一般的规则有两个重要的例外情况：（1）如果合伙人所减少的负债超过了他缴纳给合伙企业的财产，超过的部分要确认为收益；（2）如果建立一个投资合伙企业的结果是使合伙人的资产分散化，向合伙企业缴纳的资产可能就要被确认为收益，以换取在合伙企业中的利益。

有限责任公司

有限责任公司（limited liability company，有限责任公司）是一种混合类型的法律实体，它把公司的某些特征与合伙企业和其他非公司法律实体的某些其他特征结合在了一起。有限责任公司使它的所有者（叫做**成员**）可以获得所有的好处：像合伙企业那样享受税收穿透待遇、像公司一样只承担有限责任、还可以获得出乎意料的所有权和管理结构的灵活性和抵押令保护。

公司法令一般要求企业有大量的被动股东，而有限责任公司法案一般用于小企业。因此，有限责任公司往往是一种更灵活和更容易理解的商业实体。

有限责任公司可以由有限责任公司的成员集体管理（member-managed LLC，**成员管理的有限责任公司**），也可以由一个或多个任命或选举的管理者来管理（manager-managed LLC，**管理者管理的有限责任公司**）。虽然管理者管理的有限责任公司中的管理者通常也是成员，但是根据大部分司法管辖区域的有限责任公司法案，管理者通常不一定是成员。因此，有限责任公司可以只通过一个（和纪录保持）决策层次来管理，相反，公司通常由董事会和执行委员会两层来管理。

有限责任公司的历史

虽然有限责任公司在美国的历史还比较短，但是这个概念在欧洲和拉丁美洲已经存在 100 多年了。你见过一个德国公司的名字以简写 GmbH 结尾吗？或者一个拉丁美洲的公司以简写 SRL 来结尾？GmbH 代表德语 Gesellschaft mit beschränkter Haftung——直译过来就是"承担有限责任的公司"。

SRL 代表西班牙语 sociedad de responsibilidad limitada——也就是"有限责任公司"。它们就是现代美国有限责任公司的历史前身。

在 20 世纪 70 年代中期，怀俄明州的一家公司对它可以选择的法律实体表示了形式上的不满，并决定发明一种新的法定商业实体形式，可以让所有的所有者承担有限责任，同时又可以让所有者在纳税的时候被当成合伙人对待。结果导致 1977 年通过了怀俄明州《有限责任公司法案》，它是美国首个有限责任公司法案。

怀俄明州有限责任公司的有限责任特征是在《有限责任公司法案》中规定的。然而，美国国税局是根据每个案例的具体情况来决定这种新实体形式的税收待遇的。怀俄明州的公司刚一成立就向美国国税局申请，希望后者决定有限责任公司可以作为合伙企业来纳税。11 年后，这家公司最终得到了有利的纳税规则。同时，美国国税局发布了税收裁定（Revenue Ruling）88-76，声明了有限责任公司作为合伙企业纳税时需要的必要条件。

由于税收裁定 88-76 的发布以及它带来的税收确定性，限制的闸门被打开了。这个新法规以空前的速度发布了第 4 版，到 1996 年，每个州都制定了《有限责任公司法案》。法律和税收顾问开始匆忙地学习如何利用这种新实体。

最后，在 1996 年 12 月，美国国税局发布了打勾规则（check-the-box regulations）[1]，允许有限责任公司简单地选择是作为合伙企业纳税，还是作为一个公司纳税。现在，有限责任公司不必为了确定缴纳所得税的方式而奔波了。只要决定打不打勾就可以了。只要这样就可以选定一个有限责任公司的税收待遇。由于出现了打勾规则，有限责任公司迅速受到了商业规划师、不动产规划师和资产保全规划师的欢迎。

税收分类

根据以前税法对商业实体的分类，一个有限责任公司在纳税时被定义为公司还是合伙企业，取决于这个有限责任公司的个别特征。如果所有者想要享受合伙企业的税收待遇，必须满足一定的要求。如果所有者想要享受公司的税收待遇，则必须满足另一些条件。有限责任公司在成立时所依据的特定的《有限责任公司法案》的条款对税收分类具有重要的决定作用，特别是在没有有限责任公司经营协议或者只有基本的有限责任公司经营协议的时候。在 1996 年末，当美国实施了打勾规则后，这一切都改变了。

根据打勾规则，作为公司纳税的美国公司不能选择其他的纳税方式。然而，任何其他不适合以分类为信托的商业实体和根据美国《国内税收法》享受特定待遇的实体，可选择其他的纳税方式。一个有两个或更多个成员的独立商业实体一般会选择被分类为公司或者合伙企业。只有一个成员的实体没有资格被分类为合伙企业。然而，这样一种单一所有者的实体也可以选择被分类为公司，或者在纳税时将不会被当作与它的所有者独立的实体——因此要作为独资企业纳税。

如果一个新实体没有选择税收分类,它将根据一套默认规则被分类,这种规则一般把有两个或更多成员的国内实体分类为合伙企业而只有一个成员的国内实体则不会被视为与所有者独立的实体。

实际上,规则很简单。如果你想把一个合伙企业或者独资企业的税收过户给一个美国国内有限责任公司,你什么都不用做。在那种情形下,它实际上是一个"不用打勾"的规则。

如果一个有限责任公司想作为公司来纳税,它只要简单地填写一张美国国税局的8832表格就可以了,这张表叫实体分类选择表(Entity Classification Election),选择将在提交后的75天内生效,也就是通过打勾的方式书面确认作为公司纳税。一旦有限责任公司选择作为一个公司纳税,它在缴纳所有的联邦税时都将被作为公司对待。因此,一个已经选择作为公司纳税的美国国内有限责任公司也可以选择根据"S子章节"作为S公司纳税(假设它符合S子章节的规定)。图19—1是一个简单的打勾流程图。

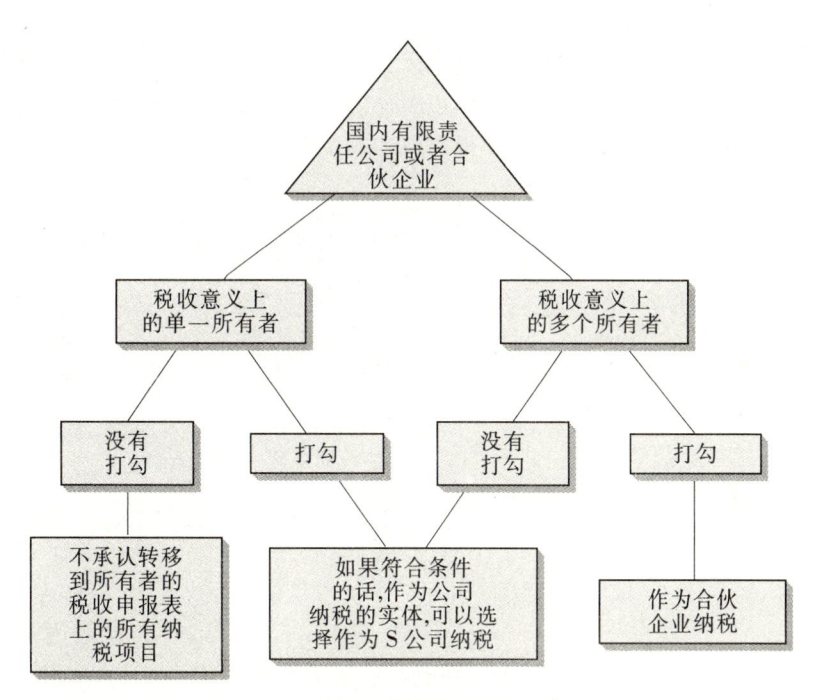

图19—1 国内有限责任公司打勾流程图

在这里应该简单地提一下**实体转变**(entity conversions)。如果一个一般合伙企业或者有限合伙企业根据当地法律转变成一个有限责任公司,而且转变后的有限责任公司没有选择作为公司纳税,那么这个有限责任公司将作为原来的合伙企业的延续纳税。而如果它选择了作为公司纳税,转变将被视为原合伙企业已被解散和清算,然后合伙人缴款成立了一个新的有限责任公司。

如果一个公司根据当地法律转变成一个有限责任公司,转变后的有限责任公司可以选择作为公司来纳税。这样的选择将导致转变被视为以前公司的延续,而没有税收的影响。然而,如果转变后的有限责任公司没有选择作为公司纳税，转变将被视为公司的解散和清算。这可能会导致由增值的资产的清算分配引起的税收灾难。转变将被视为创始人股东对一个新的有限责任公司的缴款。

单一成员实体如果没有选择作为公司纳税，在税收上将不被视为一个独立的实体。最简单的例子是只有一个成员、一个个人的有限责任公司。在这种情况下，有限责任公司的税收项目就是这个个人的税收项目。个人在自己的个人所得税申报时要报告有限责任公司的税收项目：在目录 C 下的商业活动、在目录 D 下的资本利得和损失以及在目录 E 下的租借活动等等。

另一个实体，例如另一个有限责任公司或者另一个合伙企业或公司，也可以作为有限责任公司的惟一成员。在那种情形下，有限责任公司的税收项目要在基础实体的纳税申报单中报告，就像有限责任公司的惟一成员是一个个人所有者一样来处理。例如，一个完全被一家公司拥有的有限责任公司的税收项目，将和公司的其他税收项目一起被记录在公司的 1120 表格中，也就是美国公司所得税申报表中。

把这个概念更进一步，让我们考虑一个有限责任公司，它有一个以上合法所有者，但是在纳税时，所有人都被当成为一个人（见图 19—2）。这种类型的有限责任公司根据打勾规则会被忽略。

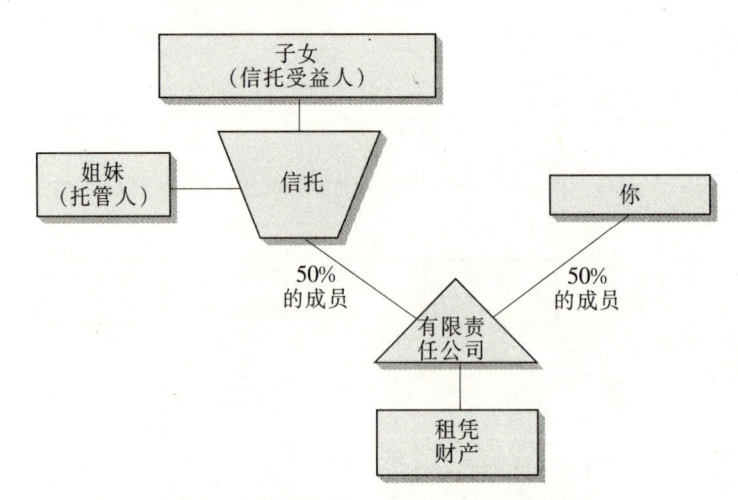

图 19—2　多成员的非实体的有限责任公司

最好用例子来说明这个概念。假设你决定做一些不动产计划，并且为你的子女建立一个信托。你的不动产计划顾问建议你建立一个在所得税意义上属于受让人信托的信托。有了这种类型的信托，信托的收入就成了你的应税收入，而不是按一个压缩信托（compressed trust）的所得税率纳税。你的姐妹是托管人。你为信托提供了几年资金，现在信托本金增加到了 100 万美元。

你有 10 万美元的自有资金，想用来投资租赁产业。你的作为信托的托管人的姐妹认为这对信托来说也是一个不错的投资途径，并且因为信托文件给予托管人在投资方面很广泛的行动自由，她决定由信托投资这 10 万美元。

你和托管人决定成立一个有限责任公司，你和信托分别作为持 50％权益的成员。你没有选择有限责任公司作为公司纳税,因此没有填写打勾选择申请表。那么对于你来说,有限责任公司将不被作为一个被承认的实体纳税。你被作为受让人信托的资产的所有者,并且当然,你也是在有限责任公司中的利益的所有者。因此,你将被当做有限责任公司利益的100%的所有者,即使你实际上没有拥有甚至没有控制100%的利益。

有限责任公司与不动产计划

有限责任公司,包括离岸有限责任公司(将在第21章讨论),可以跟家庭有限合伙企业一样,作为一种不动产计划的工具。如果有限责任公司的结构适当,有限责任公司的利益会因为缺少可销售性和可控制性,在计算遗产及赠予税时被打一个折扣。除了这种折扣转移的可能性,有限责任公司还是把资产转移给年青一代的方便方式。这种方法没有必要不断改变资产的所有权文件来反映所有权的变化,而且通常可以避免不动产和其他资产的转移税,并且对于客户居住地之外的不动产,还可以避免进行辅助的遗嘱验证。

直到20世纪90年代末期,有限合伙企业才取代有限责任公司,成为一种更受欢迎的不动产计划工具。这是因为在有利于遗产和赠予税的折扣方面,大部分有限责任公司法案都落后于有限合伙企业法案。然而,许多州都解决了这个问题,结果现在有限责任公司在许多州都是用于不动产计划的有利工具。

为了给家庭有限合伙企业的一般合伙人提供只承担有限责任的资格,许多实践者会成立一个由家族族长作为一般合伙人的公司。当然,这样做本质上是将一般合伙企业的利益转换成公司股票,这种转换也会带来不利的资产保全后果。

有限责任公司可以作为一般合伙人,并且不会像公司股票一样带来不利的资产保全后果。然而,如果有限责任公司本身被作为不动产计划工具使用,就不需要独立的一般合伙人实体了,因为有限责任公司的管理者不需要像一般合伙人那样承担无限责任。使用有限责任公司也使不动产计划工具可以被构建成一个稍后进行赠予的单一成员实体。如果在建立实体时子女没有缴款,这个安排是很有用的。

保护S公司的股权

在S公司中的股权通常比较难保护。税收规则禁止合伙企业(也就是说,作为合伙企业纳税的实体)拥有S公司的股权。因此,如果有限责任公司控股公司是作为合伙企业纳税的,就不能用这种结构持有S公司的股权。然而,如果有限责任公司控股公司作为一个被忽略的实体纳税,或者有限责任公司的所有者是一个美国的个人(或者其他有资格成为S公司股东的人),税收规则将允许S公司的股权被这个有限责任公司控股公司持有。因此,对

S公司的股权采取双重策略是最好的。首先，将公司转换成一个作为S公司纳税的有限责任公司，从而获得和（下一章将讨论的）抵押令保护有关的资产保全优势。然后，将作为S公司纳税的有限责任公司的成员的利益交给一个作为被忽略实体的有限责任公司。

注释

[1] Treas. Reg. 301.7701～3。译者注：按照这个规则，任何企业都必须在纳税申报表上以"打勾"方式来申请是否属于免税主体。对于那些将当年收益分配给投资者并由投资者交纳所得税的企业，即使它是按公司形式设立，也可以申请作为免税主体；而对于那些未将当年收益分配给投资者并由投资者交纳所得税的企业，即使它是按合伙形式设立，也不能享受免税待遇。这最终解决了公司型创业投资基金的双重征税问题，而有限合伙在税收上也不再具有优势。

第 20 章
美国国内抵押令保护实体和系列有限责任公司

作为公司的股东和作为有限责任公司的成员有一个很重要的差别,这种差别经常被忽略。公司股东的股权很容易遭到股东的判定债权人的索赔。对许多小企业而言,这可能使债权人控制企业,甚至通过清算企业资产的方法来实现裁决结果。

有限责任公司的成员利益受到的保护更多。在美国和实行美国模式的有限责任公司法案的离岸司法管辖区域,合伙企业的合伙人或者有限责任公司的成员的债权人只能得到一个**抵押令**(charging order),而没有权利直接处理合伙企业的资产。抵押令使债权人有权利接收利益所有者获得的任何分配。抵押令就是一种法庭文件,命令有限责任公司的管理者把本应该分配给债务人成员的利益直接转移给债权人,直到裁决的金额全部被支付为止。

乍一看,抵押令似乎不是一种保护。然而,被分配的经济权利就是债权人能获得的所有东西。债权人没有获得管理和投票的权利。有限责任公司的管理者可以决定是否进行分配和什么时候进行分配。在某些情形下,他们不会进行分配;在另一些情形下,分配会被显著地延迟。有些税收专家认为,债权人从债务人成员那里获得的收入是应缴税的,即使债权人从没有获得有关抵押令的任何分配〔这产生了**虚幻收入**(phantom income)这个术语〕。这种想法是否合理还值得商榷,但是这个问题的不确定性会使债权人认为,抵押令会带来潜在的税收。因此,债权人会觉得很不舒服。确实,有限责任公司经营合同的起草方式可能会使持有抵押令的债权人需要纳税。

因此抵押令对大部分债权人来说并不是一种受欢迎的补偿措施。结果,获得抵押令的这种可能性会说服债权人与债务人达成更合理的和解条款。公司的股东很少能使用这种工具,因此,除了作为一种有用的商业工具,有限责任公司还可能是一个有价值的资产保全工具。

英美法律中的抵押令

抵押令是从美国合伙企业法中派生出来的，而美国合伙企业法是从英国的合伙企业法中派生出来的。根据19世纪末的合伙企业法，合伙人的债权人可以直接用合伙企业的资产来赔偿这个与合伙企业业务无关的合伙人的债务。事实证明，这一安排对合伙企业来说带有很大的破坏作用，而且也非常不公平，因为债务人的合伙人没有任何办法阻止企业的瓦解。

在19世纪末前后，英国议会制定了《1890年合伙法》，对英国合伙企业法进行了重大改变。英国议会认为，通过让郡治安官没收合伙企业的资产并将其出售以此来偿还与合伙企业的业务无关的债务的方法来破坏合伙企业是不公平的。该法案规定，合伙人的债权人不能获得执行令状来直接用合伙企业的资产偿还合伙人的裁定负债，而必须通过获得法庭的命令，以合伙人在合伙企业中的经济利益为抵押来实现裁决结果。也就是说，用债务人在合伙企业中的资本和利润分配作抵押。

当美国的合伙企业法在20世纪初被编成《统一合伙法》（Uniform Partnership），并在之后又编成了《统一有限合伙法》（Uniform Limited Partnership Act）时，抵押令的概念就被引入了美国合伙企业法令。因此，抵押令在美国的合伙企业法中已经有了牢固的地位，并且这个概念在几十年前就被引入了《美国有限责任公司法》（American LLC Law）。

单一成员有限责任公司与抵押令

单一成员有限责任公司是一种不正常的实体，因为有限责任公司法基本上是基于合伙企业法的，而且，当然，从来不存在单一成员的合伙企业。在任何有限责任公司法案中，都没有迹象表明抵押令不是单一成员有限责任公司的成员的债权人首选的或者惟一的补救措施。

然而，对于单一成员的有限责任公司来说，不存在抵押令的初始政策理由。没有其他的有限责任公司成员会因为没收有限责任公司的资产或者有限责任公司的利益本身而受到不公平的影响。

如果利用抵押令的资产保全效应是成立有限责任公司的主要目的，就应该谨慎使用单一成员的有限责任公司这种结构方式。在可能的时候，应该增加一个额外的成员以便获得抵押令保护。经常可以在不改变有限责任公司的税收待遇的情况下再增加一个成员——例如使用让与人信托、使用另一个有限责任公司或国际业务公司。

破产中的单一成员有限责任公司的成员问题是另一个潜在的问题。在2003年科罗拉多州的一个破产案例中[1]，法庭认为，由破产托管人继承一个美国科罗拉多州单一成员有限责任公司的成员管理者的管理权利。这种安排可能导致有限责任公司出售它单独的资产、某些的不动产并将收益分配给托管人。

虽然这种结果可能在逻辑上是正确的，但是从法律的观点来看，它会遭到批评。本质上，法庭认为，通过继承债务人成员的成员资格利益，破产托管人也继承了这个成员对有限责任公司的控制权。这和科罗拉多州的《有限责任公司法案》中对**成员资格利益**（membership interest）这个术语的定义相抵触，因为成员资格利益指的仅仅是成员获得分配的权利。因此，这个决定依赖于对有限责任公司法令的本质性的滥用（虽然是故意的）——也就是没有区分一个有限责任公司成员的经济权利和他的管理权利。

法庭还认为抵押令限制不适用于单一成员的有限责任公司，因为没有其他方的利益受到影响。但是法庭完全无法应对支持有限责任公司抵押令保护的最有力的论点，即使对于单一成员有限责任公司——也就是抵押令法令的普通含义。

法庭讨论了，如果有限责任公司有两个成员并且那个主要成员申请破产，可能会发生什么情况。在这种情形下，法庭认为如果非债务人成员不同意破产托管人作为替代成员，即使非债务人成员只持有很少的利益，破产托管人也不会获得管理权利。托管人只有分配权，而没有投票权或者管理权。

总之，法庭的决定有力地支持了多成员有限责任公司提供的资产保全效应。但是法庭拒绝抵押令对单一成员有限责任公司的成员的保护基本上是错误的。

然而，这个结果并不意味着单一成员有限责任公司在资产保全规划中没有用处。如果有限责任公司作为控股实体的附属实体，它可以有效地把不同来源的负债分隔开，例如把不动产单独打包，并把不同的业务分隔开。在这种情形下，保全不是依赖于抵押令，而是依赖于有限责任公司的有限责任本质。也就是说，没有理由怀疑有限责任公司提供给"内部"负债的负债保护比单一股东的公司所能提供的少。

当涉及在美国之外建立的有限责任公司时，一个多成员有限责任公司的成员应该受到美国法庭的抵押令保护。就像上面提到的，抵押令在美国有很长的历史。让我们考虑某个特定的州的法律，它要求对在另一个司法管辖区域的法律下成立的有限责任公司的债务人成员的利益实施自己的抵押令。这个观点与这个州本身关于有限责任公司的债务人成员的利益的公共的政策既没有区别，也不相矛盾。相反，一个外国资产保全信托的债务人财产托管者肯定必须与长期存在的反对自行设立的规定受益人不得自由处理的信托的公共政策作斗争。除了少数几个司法管理区域外，大多数地方的公共政策都是如此。

丧失抵押品赎回权

许多资产保全的评论者都说，许多时候他们担心如果抵押令没有使债权人很快获得补偿，一个有抵押令的债权人可能使被抵押的有限责任公司利益丧失赎回权。债权人经常要求法庭通过使用"取消抵押品赎回权表格"来迅速抵消抵押令的保护。那个表格意味着将颁布大量取消抵押品赎回权的命令。

实际上，关于取消抵押品赎回权的有记录的案例并不多。而且，即使债权人确实使有限责任公司的利益丧失了抵押品赎回权，债权人也能一直获得有限责任公司成员的经济利益，而不是只在履行裁决结果的时间内才拥有这种权利。在实践中，在资产保全诉讼中，这两个期限实际上是一样的。

如果债权人被抵押令限制，他可能必须要等很长的一段时间才能获得补偿。一个获得取消抵押品赎回权命令的债权人可能也要等很长一段时间才能用来自于有限责任公司的分配实现裁决结果，因为这个债权人仍然没有权利强迫有限责任公司进行分配。在一个丧失抵押品赎回权的销售中接收了有限责任公司利益的债权人仍然仅仅是一个经济的受让人，而不能继承债务人—受让人的管理权和投票权。

另一个严重阻止债权人采用取消抵押品赎回权措施的因素是，虽然不能确定持有抵押令的债权人是不是应该根据债务人成员在有限责任公司的收入中占有的份额缴税，但是几乎可以确定的是，一个使债务人的有限责任公司利益丧失抵押品赎回权的债权人必须根据债务人成员在有限责任公司的收入中占有的份额缴税。最后，如果有限责任公司的管理者是在一个非美国的司法管理区域内，债权人—受让人可能必须在一个不友好的司法环境中追讨这个管理者。到债权人受让人提起这种诉讼的时候，管理者可能已经重组了有限责任公司。这种情形可能给债权人留下了巨额的应缴税金，但是没有从有限责任公司获得任何分配来支付它。或者，实际上管理者可能使债权人难以获得资金。

由于担心可能丧失抵押品赎回权，所以有些债务人更喜欢某些有限责任公司法案中所谓的**抵押令排他性条款**（charging order exclusivity provision）。有几个司法管辖区域（包括尼维斯岛）规定抵押令是一个成员的债权人可以用债务人在有限责任公司中的利益满足裁决结果的惟一补救措施。目前还不确定这种排他性是意味着完全排除了丧失抵押品赎回权的可能性，还是简单地加强了一种观点，即法官不应该回到19世纪的合伙企业法，发布执行令状让州长没收有限责任公司的资产。后一种解释可能是美国合伙企业法案实际的立法意图。这种意图可以从许多从美国合伙企业法案派生出来的美国有限责任公司法案中推断出来。在近来修订的特拉华州《有限责任公司法案》的18-703部分也相当清楚地表明了这一点。这个法案既提到了抵押令补救措施的排他性，也提到了丧失抵押品赎回权。然而，排他性将排除丧失抵押品赎回权的观点是如此流行，以至于这种观点实际上在一些司法管辖区域已经具有和法律相同的效力。

欺诈转让问题与有限责任公司

认为有限责任公司是一种资产保全工具的另一个理由是，从欺诈转让挑战的角度来看，有限责任公司的成员处于一种有利的位置。事实上，用来换取有限责任公司利益的财产交易是一种等价有偿交易。这可能使以有限责任公司为基础的资产保全结构比基于信托的结构更受欢迎，因为后者要求进行大量不必要的资产转移。这个事实也意味着，在某些情形下，在不能建立资产保全信托时，有时可以建立基于有限责任公司的资产保全结构。但是，债务人首先必须进行谨慎的欺诈标志分析和偿付能力分析。

根据大部分司法管辖区域的欺诈转让法，等价有偿进行的转让都是很难被挑战的。在那些要求证明转让不是"等价交换"的司法管辖区域中，为了换取一定比例的有限责任公司利益而进行的财产转移很难被质疑成欺诈，不管受让人的意图是什么。

在破产中有限责任公司与有限合伙利益的特殊考虑

《破产法》（Bankruptcy Code）没有特别提到有限责任公司或者有限责任公司的成员。有些案例解决了当有限责任公司的成员申请破产时产生的某些问题。法庭承认有限责任公司成员和合伙人之间的相似性，一般用分析合伙企业的方法来分析有限责任公司，并且得到了不同的结果。

就像前面讨论的那样，抵押令是一种可以用于资产保全计划的、很有吸引力的工具。它可以阻止有限责任公司的成员或者合伙企业中的合伙人的债权人通过直接获得有限责任公司或者合伙企业的资产来实现针对该成员或者该合伙人的索赔权。至少，抵押令保护可以阻止许多类型的债权人，因此经常可以推动双方达成有利于债务人的和解方案。

然而根据《破产法》，有限责任公司的经营合同或者合伙可能被认为是**待执行的契约**（executory contract）。因此，破产托管人有权利对债务人在有限责任公司或者合伙企业中的利益执行权利。如果债务人有权利根据合同出售或分配所有权，并且有抵押令的债权人也获得了相同的权利，债权人就会利用这个权力出售或者分配所有者权利。大部分州的法律都不允许债权人—代理人执行除了接受分配这个纯经济权利以外的任何权利。

一个起草适当的有限责任公司经营合同应该包含一个条款：取消或者给有限责任公司权力取消一个涉及破产诉讼的成员的成员资格。这种除名的权利可能明确规定，只有在破产法庭认为托管人有权力执行或者转移所有者的管理权时，才能行使除名权。在存在除名条款的情况下，根据合同，管理权和投票权应该授予已经存在的有投票权或者管理权的所有者。如果不存在这样的所有者，则应该授予那些原来没有管理或者投票利益的所有者。排除条款可以进一步规定在将某人除名时应支付给他的补偿（例如，按利益的账面价值而不是公平市值）。这个条款还可能规定破产诉讼将对债务人—所有者与企业的协议造成实质性的破坏，这使有限责任公司可以从所有者带来的破坏中恢复过来。而且，条款可以规定，由于打破协议给有限责任公司造成的损失，交付给被除名的所有者的补偿金额应该进一步减少。这些条款会减少将变成要破产的债务人—所有者的财产的金额，并且可以说服托管人抛弃待执行的契约。

破产托管人可能挑战这些条款，但是在大多数司法管辖区域，破产法庭都应该会支持这个条款。大部分司法管辖区域的法律都禁止有限责任公司成员或者合伙企业合伙人的债权人获得除了分配权这项纯经济权利外的任何权利。

特拉华州系列有限责任公司

从资产保全的角度来看，把"危险的"资产和业务隔离在单独的实体里，与其他资产，特别是"安全的"资产分隔开，通常是一个好主意。例如，一个人不应该在同一个实体中同时拥有一个加油站和一栋出租的房子；一个想保护大量的流动资产（例如，现金和证券）的个体也不应该在同一个实体中持有现金和其他业务。

最好的做法是，把每项不同的业务或者重要的业务资产分别放在不同的有限责任实体里。在理想的情况下，如果某人拥有 25 项出租的财产，他就应该建立 25 个独立的有限责任公司，每种财产有一个有限责任公司。但是这种做法通常是不切实际的，因为他必须为每个有限责任公司支付一定的管理费用。一个这样的企业所有者应该怎么做才能以一种符合成本—效益的方式来保护他的资产不受与这些资产无关的负债的影响呢？

成立特拉华州系列有限责任公司。特拉华州《有限责任公司法案》规定可以在一个有限责任公司里增设几个独立的系列（series），它们的债务和其他负债被强制性地限定在这个系列之内（见图 20—1）。这个法案还规定可以建立成员小组或群体，他们拥有有限责任公司合同来说明他们拥有的任何权利。这两个条款结合在一起使一个系列公司可以在许多方面被当成单独的有限责任公司。因此，在特拉华州《有限责任公司法案》中的系列公司条款在一个有限责任的容器中建立起独立的受保护的单元，而不需要建立独立的实体。这种安排避免了建立多个相关实体带来的无效性。这个概念与在百慕大群岛、格恩西岛、开曼群岛、毛里求斯和伯利兹城，为共同基金和受控的保险公司而设计的独立的组合公司和受保护的单元公司很相似。

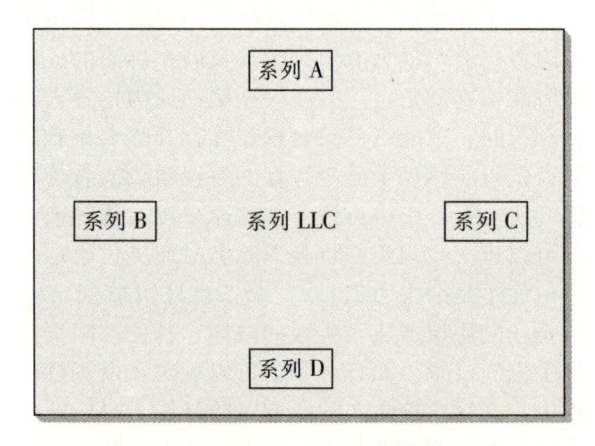

```
┌─────────────────────────────────────┐
│              系列 A                  │
│                                     │
│                                     │
│  系列 B      系列 LLC      系列 C    │
│                                     │
│                                     │
│              系列 D                  │
└─────────────────────────────────────┘
```

在一个有限责任容器中的多个有限责任单元

图 20—1　特拉华州系列有限责任公司

特拉华州《有限责任公司法案》允许有限责任公司合同任命成员、管理者或者有限责任公司利益的系列，这些系列有与特定的有限责任公司财产或者义务有关的独立的权利和义务。因此，每个系列都可以和特定的资产联系在一起，也可以有不同的成员和管理者。如果一个有限责任公司中的不同系列有不同的成员或者不同的成员权利，每个系列在缴纳所得税的时候可以被作为一个单独的有限责任公司对待。这种安排削弱了系列有限责任公司的某些管理优势。

每个系列都可以有它自己独立的业务目的。一个系列可以被终止，而不会影响有限责任公司中的其他系列。一个系列也可以不用考虑其他系列的财务状况而对自己的所有者成员进行分配。

最重要的是，特拉华州《有限责任公司法案》规定了与某个特定系列有关的债务、负债和义务只能向这个某列追讨，一般不能用有限责任公司的资产或者任何其他有限责任公司系列的资产来履行这些债务或义务。为了获得这种保护，每个系列必须被独立对待。必须保留每个系列的账目和资料，并且必须独立地持有和核算每个系列的资产。最终，为了让公众知道自己是在与有限责任公司中的一个系列打交道，它必须在向特拉华州州务卿提交的有限责任公司成立证书中额外注明这一点。使用多个有限责任公司通常是无效的，并且会使其所有者很容易受到攻击（见图20—2）。通过使用系列有限责任公司并在责任分离单元持有多项不动产的方法可以提供一定的保护（见图20—3）。如果持有5项不动产的所有者成立并维持5个单独的有限责任公司，需要支付的费用将包括这5个有限责任公司的法律费用和注册费用、编制5个有限责任公司的纳税申报表的费用、5个有限责任公司的年费，还可能有机构注册费或者外国注册费。

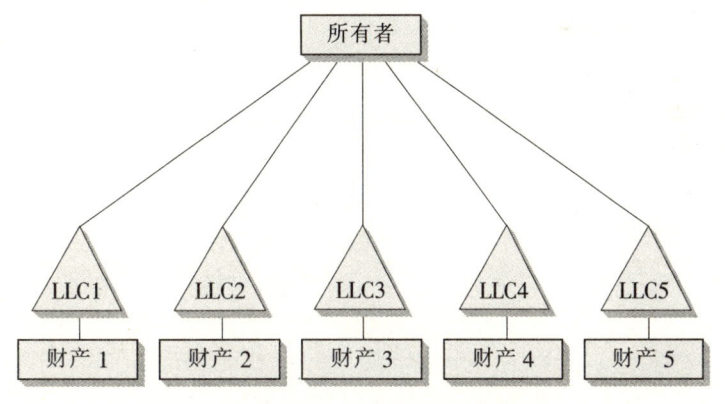

成立5个有限责任公司的法律和注册费用
编制5个合伙企业每年的纳税申报单的费用
每年支付给5个司法管辖区域的年费

图20—2 无效的和易受攻击的多个有限责任公司

在一个特拉华州系列有限责任公司的5个独立系列中持有5种财产，可以在提供重大的资产保全的同时，显著地节约成本。在这种情况下，只需要支付一个有限责任公司的法律费用（虽然有可能比标准的有限责任公司高很

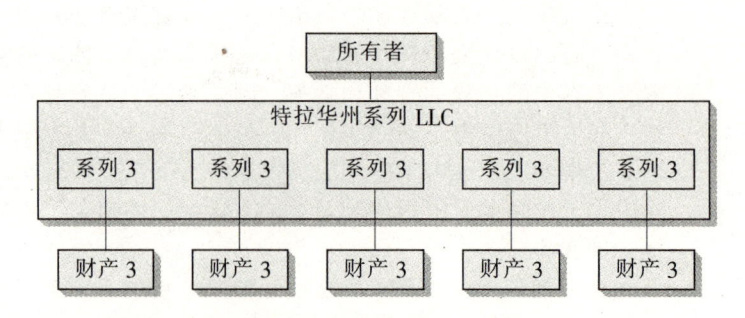

```
                        ┌──────────┐
                        │  所有者   │
                        └────┬─────┘
        ┌───────────────────────────────────────────┐
        │            特拉华州系列 LLC                 │
        │ ┌────┐ ┌────┐ ┌────┐ ┌────┐ ┌────┐        │
        │ │系列3│ │系列3│ │系列3│ │系列3│ │系列3│    │
        │ └──┬─┘ └──┬─┘ └──┬─┘ └──┬─┘ └──┬─┘        │
        └────┼──────┼──────┼──────┼──────┼──────────┘
         ┌───┴──┐┌──┴──┐┌──┴──┐┌──┴──┐┌──┴──┐
         │财产3 ││财产3││财产3││财产3││财产3│
         └──────┘└─────┘└─────┘└─────┘└─────┘
```

成立一个有限责任公司的法律和注册费

每年编制一个合伙企业的纳税申报单的费用

每年支付给特拉华州 200 美元的年税

如果财产所在的州要求企业注册后才能开展业务，只需要一笔注册费

每年支付一次特拉华州的机构注册费

图 20—3　系列有限责任公司的应用

多）和一个有限责任公司的注册费、编制一个纳税申报单的费用、特拉华州 100 美元的年税，和每年特拉华州 100 美元到 200 美元的机构注册费。而且，如果有限责任公司必须在财产所在的司法管辖区域注册才能开展业务，只需要交纳一次注册费。

美国国内有限合伙企业和有限责任公司的一个问题是，尽管立法法案对债务人很有利，但是这些实体是非常出名的，并且债权人会积极想办法突破它们构成的保护圈。在第 21 章，我们将介绍一些运作方式。它们是与美国国内有限合伙企业很相似，但是在境外成立，因此给想突破这些实体的债权人带来了特殊问题的实体形式。

注释

[1] In *re Albright* (Bkrpt. Colo. Case No. 01-11367, April 4, 2003).

第21章 外国抵押令保护实体

在资产保护中有个真理：新奇的事物总是好的。其中的理由几乎很实际，债权人一般很难发现一种从来没看到过的策略，并且设计出突破那种策略的途径。一个必然的结果是，有时一个陌生的或者不寻常的结构会使一个特定的债权人很担心，因为债权人不能利用攻击类似结构的传统方法来攻击它。

这并不意味着资产保全规划师应该采用那些利用了不合理的实体和交易的古怪计划。相反，某种形式的**奇异实体**（exotic entities）、某种可以在美国之外采用的复杂的企业组织形式可以被引入计划之中，使那些对这些实体类型不熟悉的债权人感到某种不确定性。

奇异实体

资产保全规划师的一个主要目标是：巧妙地把客户的计划组合在一个实体里，这个实体的基本结构和法官熟悉的美国实体类似，但是又有足够的不同，使债权人不能用传统的攻击方法对付这种结构。

这就是说，为了成功地在资产保全计划中利用奇异实体，奇异实体在大部分情形下必须是一种在普通的商业计划中常见结构的混合体或衍生物。因为类似的理由，奇异实体不应该具有一个已知的"债务人天堂"的居民身份——这个事实可能会泄露它真正的目的。相反，更成功的奇异实体将来自更传统的没有"离岸债务人天堂"名声的国家，例如英国或者加拿大。

注意，即使在像英国这样"受到尊重的"司法管辖区域中成立实体，债务人仍然会面临一个重要的障碍：美国法庭不愿意介入外国实体的管理。它更有可能告诉债权人在外国法庭提起诉讼，并由外国法庭解决。这种情形与涉及"离岸债务人天堂"的情况不同，在后一种情况下，法官可能知道或者怀疑"债务人天堂"的法庭不会给债权人解决任何问题。由于需要在一个"名声不好的"司法管辖区域提起诉讼，这可能促使法官试图在他自己的法庭内解决问题。

离岸有限责任公司

为了让美国客户和规划师在它们的司法管辖区域建立实体，许多"离岸天堂"颁布了和美国的州有限责任公司法案非常相似的有限责任公司法规。在写这本书时，美国人使用的3种最常见的《离岸有限责任公司法》是加勒比海的安圭拉岛和尼维斯岛的有限责任公司法，以及爱尔兰海的马恩岛的有限责任公司法。

虽然许多离岸司法管辖区域有非公司的《有限责任实体法》，但是美国的法律和税收从业者对它们都不很熟悉。由于意识到怀俄明州风格的有限责任公司将成为美国将来的商业实体的选择，有几个离岸管辖区域实行了以美国为导向的有限责任公司法规：安圭拉岛在1994年出台了《有限责任公司法案》，并在1999年修订了它；安圭拉岛《有限责任公司法案》效仿了怀俄明州《有限责任公司法案》，后者在1994年前并不是一种比较现代的美国有限责任公司法案；同样，安圭拉岛《有限责任公司法案》也没有进行更新，提供支持不动产和赠予税计划折扣的解散和分离条款。

安圭拉岛《有限责任公司法案》规定了抵押令，但是它没有规定抵押令是一个成员的债务人可以得到的惟一补救措施。然而，如果不是出现了异乎寻常的情况，债务人被迅速取消抵押品赎回权的希望很小。即使在其丧失抵押品赎回权的情况下，成员的债权人可以直接获得有限责任公司资产的机会也很渺茫。

马恩岛在1996年开始采用有限责任公司法案。马恩岛《有限责任公司法案》是模仿马恩岛的合伙企业法律制定的，而马恩岛的有限合伙企业法律又效仿了英国的《合伙企业法》。结果，马恩岛的有限责任公司法案看起来和美国有限责任公司法案不太一样。除了通常为美国人和从业者所熟悉外，马恩岛《有限责任公司法案》中有许多令美国人觉得很讨厌的条款。

两个最重要的令人讨厌的条款可能是马恩岛的有限责任公司必须有2个以上的成员，以及马恩岛的有限责任公司必须在马恩岛保持某些的会计资料。几乎所有的美国有限责任公司法案，以及尼维斯岛和安圭拉岛的有限责任公司法案，都允许单一成员的有限责任公司（虽然，就像在第20章讨论过的那样，单一成员的有限责任公司通常不适合用于资产保全计划）。会计资料，包括日常的收支记录、资产负债表和每年清查的日常记载，都必须保留在马恩岛。如果没有遵守法定的会计要求，有限责任公司的每个成员和管理者都会遭受刑事制裁，包括监禁和大量的罚款。美国的有限责任公司法案和安圭拉岛以及尼维斯岛的有限责任公司法案都没有这种强制的会计条款。

马恩岛的有限责任公司法案没有规定抵押令。很明显，马恩岛《有限责任公司法案》的起草者的意图是，有限责任公司的成员应该依赖马恩岛的普通法为有限责任公司的成员资格利益提供抵押令保护。

尼维斯岛的有限责任公司法令是 1995 年颁发的，基础是特拉华州的有限责任公司法案。在 1995 年，《尼维斯岛有限责任公司法令》可能是美国从业者可以利用的最先进的美国《有限责任公司法案》。从那时起，美国的许多州都断然采取了措施来改进它们的有限责任公司法令，而尼维斯岛的有限责任公司法令却没有改变。然而，尼维斯岛的有限责任公司法令仍然是现存比较好的一个有限责任公司法令。尼维斯岛《有限责任公司法令》提供了最大的灵活性、最大的不动产计划优势和最大限度的资产保护。在离岸有限责任公司领域，尼维斯岛的有限责任公司法令远远超出了其他有限责任公司法案。

尼维斯岛的有限责任公司法令明确地规定了抵押令保护，同时还规定抵押令是一个成员的债权人可以获得的惟一的补救措施。在尼维斯岛的有限责任公司法令中没有提到丧失抵押品赎回权，其削弱丧失抵押品赎回权的可能性的意图看起来是很明显的。尼维斯岛的有限责任公司法令也削弱了成员的债权人直接获得有限责任公司资产的可能性。

其他的离岸司法管辖区域采取的是欧式的有限责任公司法案或者混合公司法案（被股票和托管人共同限制的公司），包括巴巴多斯岛、巴拿马和开曼群岛。其中许多法令［例如一些**有限期公司**（limited duration company, LDC）法案］都是在打勾规则（在第 19 章讨论的）的前一两年颁布或修改的。由于外国出现了打勾规则，在与美国有关的许多用途上，许多非美国式的有限责任公司法案基本上都过时了。现在，可以为所有者提供有限责任和税收过户的外国公司形式有很多，并且不仅仅是采取美国式的有限责任公司法案。

马绍尔群岛在 1996 年颁布了美国式有限责任公司法规，但是跟安圭拉岛的有限责任公司法案一样没有被广泛使用，因为尼维斯岛的有限责任公司法令非常流行。库克群岛许多年来一直都没有认真对待美国式的有限责任公司法规。一种很有可能的情况是，其他司法管辖区域会实施美国式的有限责任公司法规，以此促进良性的竞争使离岸世界出现最先进的有限责任公司法案。

把离岸有限责任公司作为资产保全工具

正是由于美国税法的变化和尼维斯岛制定的美国式有限责任公司法规，在最近几年，把离岸有限责任公司当做资产保全工具才变得可能和可行。过去，国际业务公司是流行的资产保全工具（虽然它们作为主要资产保全工具的价值是值得怀疑的），可以通过等价的转移换取国际业务公司的股票。然而，美国税法规定要把分配给外国受控公司的增值资产确认为收益，因此使用这种计划的人要不断缴纳所得税。所以从税收观点来看，这个计划是令人讨厌的。有些顾问试图避免把分配确认为收入：首先让他们的客户把钱放进一个外国资产保全信托，然后用这个信托成立一个国际业务公司并为它提供资本。但是这种安排仍使信托很容易受到与初始转入资本有关的欺诈转让索赔。

在欺诈转让索赔方面，美国国内和国外的有限责任公司都比信托有优势。国外有限责任公司和美国国内有限责任公司相比具有更多的优势，它能使外国有限责任公司的成员可以避免一些美国国内实体更容易受到的债权人的攻击。

一个拥有美国管理者的美国有限责任公司的成员的债权人有可能获得法庭的命令，强迫管理者进行分配，这和抵押令结合起来，将用来偿还成员的判定债务。没有非美国管理者的离岸有限责任公司（例如，英属维尔京群岛的国际业务公司）的成员的债权人不可能在美国获得对非美国管理者的裁决。即使美国法庭发布了命令，也无法强迫非美国管理者遵守，除非在非美国管理者所在的司法管辖区域取得了胜诉。围绕着法律问题选择和在国外司法管辖区域胜诉的可能都有很大不确定性。这种不确定性使债权人更愿意接受比较有利于债务人有限责任公司成员的和解条件。

一个美国有限责任公司的成员的债权人也可能获得解散有限责任公司的法庭命令。这个行动将迫使有限责任公司进行清算分配。借助于抵押令，这将用来实现债权人的裁决结果。一个美国州的法庭也许可以命令根据另一个州的法律成立的有限责任公司解散，也许不可以。如果做出了这样的命令，有限责任公司成立的州的法庭是否必须对这个命令持充分信任与尊重的态度是不确定的。

对于离岸有限责任公司就不存在这样的不确定性。如果一个美国法庭的命令要解散一个外国有限责任公司（例如一个尼维斯岛的有限责任公司）就没有资格得到外国司法管辖区域充分信任与尊重的待遇。如果尼维斯岛的法庭确实承认这样一个命令，若不存在异乎寻常的情况，这将终结尼维斯岛的离岸服务行业。因此在实际中，尼维斯岛法庭基本上不可能执行美国法庭解散一个尼维斯岛有限责任公司的命令。

使用离岸有限责任公司

企业所有者在开展任何类型存在潜在负债问题的业务时，都应该考虑使用离岸有限责任公司，由离岸实体作为管理者的有限责任公司。这个实体有很强的能力给企业所有者提供有限责任保护，使他们只对企业的债务承担有限责任。只要有限责任公司的一部分资产在美国之外的、有利的司法管辖区域持有并且那些司法管辖区域不承认美国的裁决结果，企业所有者就可以得到有效的保护。这些资产将包括营运资本和被剥离在美国之外的财产。

有限责任公司的判定债权人将被迫在债务人持有资产的每个司法管辖区域提起一个诉讼，才能获得这些资产。案件甚至有可能被全部重审。债权人将被迫花费大量的时间和金钱来进行这些额外的法庭诉讼。债权人也将被迫与国外司法体系打交道，而外国司法体系可能禁止惩罚性的赔偿金，禁止为律师安排应急性费用，并且要求败诉的一方为胜诉的一方支付法律费用。

一个离岸有限责任公司结构可能被安排成若干种方式，其中一种安排在图21—1中描述出来了。在这种安排中尼维斯岛的有限责任公司是持有资产的基本实体。美国客户在有限责任公司中持有99%的非管理利益，其他1%

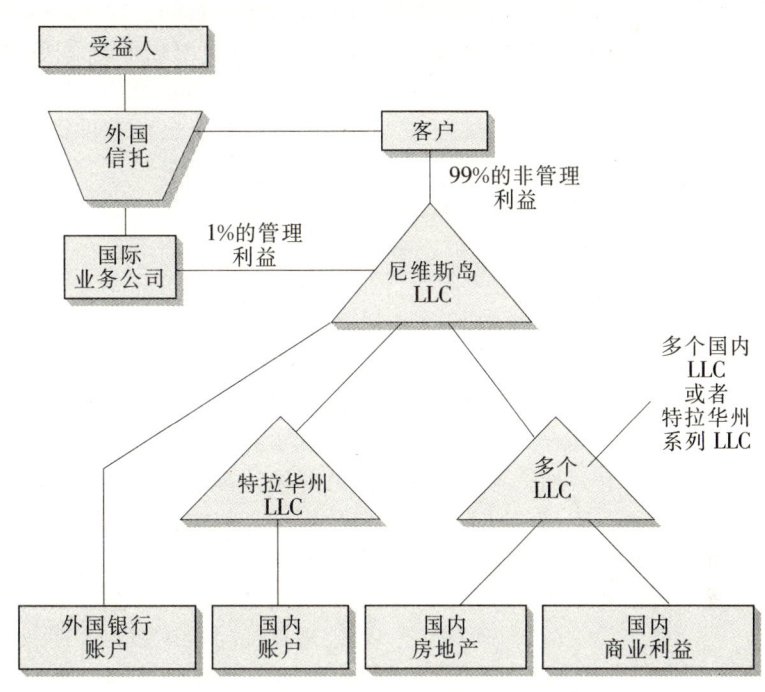

的利益是管理利益，被一个国际业务公司持有。

图 21—1　基本离岸有限责任公司结构

在这种安排中，国际业务公司的股权被一个客户成立的外国信托所持有。那个信托在缴纳美国所得税时属于授予者信托，客户的子女（或者其他的任何人，但是最好不是财产托管者）作为受益人。信托的主要资产就是国际业务公司的股权，而国际业务公司持有的主要资产是在尼维斯岛的有限责任公司中的1%的利益。进行这样的安排，和信托相关的转移被认为是欺诈转让的可能性会减少。这是因为把资产的1%免费转移到资产保全结构中去不可能引起破产问题或其他问题。

信托是一个授予人信托，并且是国际业务公司的惟一股东，而客户是有限责任公司利益的惟一合法所有者。这样，如果有限责任公司和国际业务公司选择作为被忽略的实体纳税，整个结构在缴纳美国所得税时就可以作为被忽略的实体纳税。因此，客户不需要提交在外国的信息报告。如果客户的配偶拥有有限责任公司成员资格利益，这个结构将被作为合伙企业纳税，有限责任公司则必须遵守外国合伙企业的信息报告要求。

如果客户希望用这种结构来持有在美国的不动产，有限责任公司可以建立一个单一成员的特拉华州有限责任公司（成立这种有限责任公司的费用不高，而且很简单，并且特拉华州的有限责任公司法律很完善）。有限责任公司将拥有财产，它的权益被剥离，并且现金被投资在海外。尼维斯岛的有限责任公司本身可以持有外国银行和投资账户。有限责任公司是根据非美国的法律而组建的，这个事实决定了有限责任公司的投资在早期主要投资于外国证券和共同基金。然而，外国共同基金所有权对在美国的税收影响应该引起特别的重视。相似的，对于美国顾问来说，也应该提醒客户在使用没有注册的证券时应特别注意美国《证券法》对其的影响。

如果尼维斯岛的有限责任公司将持有外国股票，对尼维斯岛的有限责任公司来说，最好的方法可能是成立一个国际业务公司并且选择享受穿透处理。外国证券可能由一个公司持有，而不是由一个有限责任公司持有，这将使外国遗产税的处理方法变得很不明确。这种安排将使客户可以在国际业务公司持股的外国公司所在的司法管辖区域避免任何遗产税问题。如果客户想利用一个尼维斯岛的有限责任公司来持有并保护美国投资账户（例如一个在线经纪人账户），可以再成立一个特拉华州的有限责任公司来持有该账户。这种保证可能是必要的，因为有些经纪公司可能对用离岸有限责任公司来持有一个账户感到不熟悉或者不适应——尽管最好的保证是不搞什么税收花招。

如果客户面临一个重大的裁决结果，他最终必须向判定债权人披露他在尼维斯岛有限责任公司中的所有权利益。债权人可以选择设法获得一个针对那个利益的抵押令。在披露的时候，客户可以简单地把有限责任公司的利益全部分配给债权人，也可以执行部分裁决结果。

债权人现在面临着一个不值得羡慕的选择：他可以接受自愿转让有限责任公司的利益，但却明确地意识到他可能要为债务人成员在有限责任公司的收入中占的份额而缴税。他也毫无疑问地意识到，在他试图强迫作为有限责任公司管理者的国际业务公司把收入分配给他时，他可能要在一个或多个司法离岸管辖区域进行长期的法庭战斗。在他试图阻止国际业务公司将有限责任公司的资金转移到其他地方时，也可能出现法庭战斗。债权人也可以争取获得抵押令，但要冒两个风险：(1) 债权人几乎没有什么资源强迫作为管理者的国际业务公司进行分配；(2) 他可能要为债务人成员在有限责任公司的收入中占的份额纳税。无论债权人最终是否应该纳税，这种不确定性可能就是让有限责任公司每年给债权人发一张 K-1 表了。这样做的目的是向债权人表明，他应该纳税，这将使债权人的处境更加困难。

债务人成员自愿把有限责任公司利益转移给债权人的行为将被美国法庭看成是善意的行为。如果债权人拒绝接受转移，债务人成员完全可以说他已经在法律能力的范围内尽了最大努力来补偿与有限责任公司利益相关的债权人。如果债权人接受了转移，债务人成员则完全可以说他已经放弃了有限责任公司利益，没有法律能力再做任何事情。所有这些措施的结果将是，债权人在强大的压力下被迫接受一个金额合理的和解方案。

一般来说，建立一个使用尼维斯岛有限责任公司、国际业务公司和外国信托的离岸有限责任公司结构的成本，将比建立一个外国资产保全信托结构的一般成本少。当然，成本将取决于结构的复杂性（例如，辅助实体、信托和投资账户）和结构中持有的资产的性质。和离岸有限责任公司相关的持续发生的管理费用（例如，申请费用、注册代理费和纳税费）也往往比美国国内有限责任公司的同类费用稍微高一点。

在估计成本时要记住，离岸有限责任公司结构提供的保护不是仅仅存在成分实体就可以的，认真起草相关的文件更为重要。而且要记住，在这个领域中，称职的规划师会花费大量研究成本和差旅费用，并且承担着相当大的风险，他们必然会为自己的服务收取相应的费用。

基于有限责任公司的计划并不排斥使用外国信托。在基于有限责任公司的计划和基于信托的计划之间，并不需要进行非此即彼的选择。例如，一个特别强的结构可能包括在图21—1中描述的实体和信托，而离岸有限责任公司本身又包含一个传统的外国资产保全信托。由于让有限责任公司来建立信托，欺诈转让风险就从客户转移到了有限责任公司身上。

离岸有限责任公司的纳税问题

美国财政部监管文件中包括一个名单，列出了被分类为本质公司的实体，和没有资格选择穿透待遇的外国实体。[1]本质公司中包括一些偶然进入离岸世界的实体，例如，哥斯达黎加的公司和巴拿马的公司（西班牙语为Sociedad Anonima）。然而，大部分离岸实体，包括所有的离岸有限责任公司和国际业务公司，都有资格选择税收穿透待遇。

根据监管文件没有被分类为公司的外国实体（在监管文件中的用语是一个"有资格的实体"）可以在缴纳联邦税时通过填写8832表选择自己的分类，选择将在75天内生效。至少有两个成员的外国有资格的实体可以选择作为公司纳税，也可以选择作为合伙企业纳税。只有单一所有者的有资格的实体可以选择作为公司纳税，或者不作为与所有者分离的独立实体纳税。

如果实体没有进行选择，一个外国有资格的实体在纳税时的待遇是：
● 如果有两个或多个成员，并且至少有一个成员不承担有限责任，可以作为合伙企业纳税；
● 如果所有成员都只承担有限责任，则作为公司纳税；
● 如果只有一个所有者，并且要承担无限责任，则不作为和所有者分离的独立实体。

美国人和外国实体进行的大部分交易，都是与那些所有的成员只承担有限责任的实体进行的交易（例如，有限责任公司或者国际业务公司）。因此，大部分拥有美国所有者的外国实体都肯定会在8832表上选择穿透待遇。

要了解外国实体如何纳税，可以参考图21—2中的外国实体打勾选择流程图。

为什么一个离岸实体的美国所有者希望实体作为公司来纳税呢？如果一个外国有资格的实体的美国所有者希望获得穿透待遇，但是却忘记了填写8832表或者填写的8832表有错误，那结果又会怎么样呢？

如果根据美国税法，公司从事商业活动的所得税可以递延，或者美国所有权非常小，导致美国所有者可以递延所得税，那么外国实体的美国所有者可能希望实体作为一个公司来纳税。一般来说，大部分美国人都有兴趣使用离岸有限责任公司和其他离岸实体作为现金和消极投资的资产保全工具，因为依靠简单地把美国资产转移到离岸实体并不会带来税收递延。因此，美国所有者通常希望通过适当地填写8832表来确保实体可以享受穿透待遇。

如果典型的美国拥有的外国有限责任公司或者国际业务公司没有选择穿

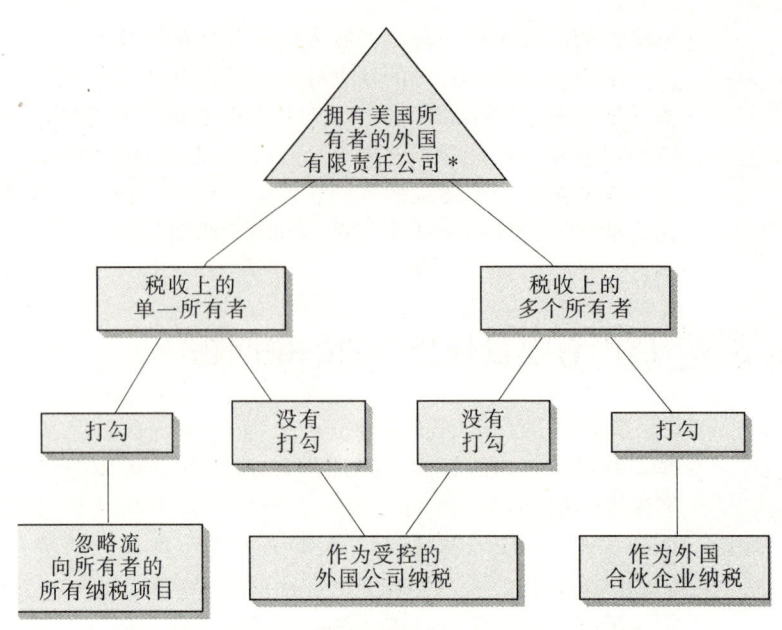

```
                    ┌─────────────┐
                    │ 拥有美国所   │
                    │ 有者的外国   │
                    │ 有限责任公司*│
                    └──────┬──────┘
              ┌────────────┴────────────┐
        ┌─────┴─────┐              ┌─────┴─────┐
        │ 税收上的  │              │ 税收上的  │
        │ 单一所有者│              │ 多个所有者│
        └─────┬─────┘              └─────┬─────┘
         ┌───┴───┐                   ┌───┴───┐
      ┌──┴──┐ ┌──┴──┐             ┌──┴──┐ ┌──┴──┐
      │打勾 │ │没有 │             │没有 │ │打勾 │
      │     │ │打勾 │             │打勾 │ │     │
      └──┬──┘ └──┬──┘             └──┬──┘ └──┬──┘
   ┌─────┴──┐ ┌──┴──────┐       ┌────┴────┐ ┌┴──────┐
   │忽略流  │ │         │       │         │ │作为外国│
   │向所有者│ │作为受控的│       │作为受控的│ │合伙企业│
   │的所有  │ │外国公司 │       │外国公司 │ │纳税    │
   │纳税项目│ │纳税     │       │纳税     │ │        │
   └────────┘ └─────────┘       └─────────┘ └────────┘
```

*外国有限责任公司或其他外国主体并不是依存在责任实体表中

图 21—2 外国有限责任实体的纳税

透待遇，它很有可能在缴纳美国税收时被当作**受控的外国公司**（controlled foreign corporation）。受控的外国公司中某些类型的未分配收益和利润（叫做 F 子部分收入）的利润要直接向受控的外国公司的美国股东征税。

F 子部分的收入包括：
- 被动收入；
- 从股票和证券的销售中获得的净收益，和不产生主动收入的财产带来的收入；
- 相关方带来的收入；
- 某些租金和特许权使用费；
- 净商业收益；
- 某些外币活动带来的净收益；
- 名义上的本金合同带来的净收益；
- 从证券贷款交易派生的代替股利的支付。

也就是说，F 子部分收入包括名声不好的离岸宣传者告诉你可以递延美国所得税的大部分的收入类型。

当一个美国股东出售受控的外国公司股票时，收益将作为股利被征税（也就是说，作为一般收入），只要受控的外国公司有未缴税和未分配的收益和利润。最后，一个美国人转移给外国公司以交换外国公司股票的增值财产，通常必须对收益进行确认，但如果是把财产转移给美国公司就不需要确认收益。因此，债务人通常应避开受控的外国公司法律。

即使一个外国实体在缴纳美国税收的时候被归类为公司，也不能被当作受控的外国公司处理，而很有可能被当成**外国私人控股公司**（foreign personal holding company，FPHC）或**被动外国投资公司**（passive foreign investment company，PFIC）。这将会产生税收成本，就像受控的外国公司法律会使这种公司的一般美国所有者产生税收成本一样。外国公司还必须遵守某些外国公司信息报告要求，这可能构成额外的负担。如果没有达到这些报告要求，会导致大量的罚款。对于一个外国有资格的实体来说，没有选择穿透待遇将是一个灾难。

一般来说，典型的美国拥有的外国合伙企业要像美国国内合伙企业那样纳税。美国《国内税收法》的前一部分规定，对转移给外国合伙企业的资产要征收35%的特许权税。这种规定现在已经被废除了。[2]现在，全部的要求就是填写信息报告表8865，即**与某些外国合伙企业相关的美国人申报表**。需要报告的信息通常不超过1065表的范围，也就是美国合伙企业收入申报表。8865表要求财务信息符合美国公认会计准则（Generally Accepted Accounting Principles，GAAP），这可能要求合伙企业把某些财务数据转换成符合GAAP的数据。

不遵守外国合伙企业报告要求可能被处以大量罚款，包括被迫把转移到外国合伙企业的增值财产确认为收益。

国外非独立实体要像美国所有者直接拥有实体的资产那样纳税。直到2004年，对美国人拥有的国外非独立实体并没有报告要求。从2004年开始，国外非独立实体的美国所有者必须在报告给美国国税局的8858表中报告关于国外非独立实体的某些信息。8858表是**美国人关于国外非独立实体的信息申报表**。

英国有限责任合伙企业

《英国2000有限责任合伙企业法案》（于2001年4月成为英国正式法律）创造了一种新的法律实体形式——**有限责任合伙企业**（limited liability partnership）。就像美国的有限责任公司一样，有限责任合伙企业是一个独立存在的法人实体。对有限责任合伙企业的目的或者能力是没有限制的。就像有限责任公司一样，有限责任合伙企业的成员只承担有限责任、只局限于成员的缴款。除非在担保协议中有所规定，有限责任合伙企业的成员不用为有限责任合伙企业的债务负责。

英国的有限责任合伙企业与英国的有限公司相比的优势，和美国的有限责任公司与美国公司相比的优势很类似：管理的灵活性、缴款及分配利润的灵活性和穿透待遇。

有限责任合伙企业至少要有两个成员，这两个成员可能是自然人、实体、托管人、合伙企业和类似的成员，不一定是英国的居民。有限责任合伙企业的业务必须能够带来利润，但是有限责任合伙企业最可能的目的（包括控股公司）都将满足那些条件。有限责任合伙企业必须在英国有注册地址和注册机构。

有限责任合伙企业的成员的权利和义务和美国的由管理者管理的有限责任公司的成员类似。在默认的情况下，每个成员都有一般的代理权，并且每个成员都可以参与管理，但是这可能被合伙企业的协议改变，并且通常都会被改变。

有限责任合伙企业必须至少有两个**指定的成员**（designated member）。指定的成员有某些法定的责任，所有的成员都要服从披露和会计规定。在下面的内容中，我们将简要讨论这些问题。有限责任合伙企业还必须和英国的有限公司一样服从年度申报和法定会计规定。

然而，小型和中型的有限责任合伙企业可以享受许多豁免权，不用遵守英国公司定的全部法定会计规定（《公司法1985》）。如果在资产保全计划中使用的有限责任合伙企业的营业额少于280万英镑或者资产净值少于140万英镑，它很有可能有资格成为一个小型有限责任合伙企业。那么，它需要遵守的会计要求会相当简单，并且只需要填写一个简化的资产负债表。在资产保全计划中使用的有限责任合伙企业如果营业额少于1120万英镑或者资产净值少于560万英镑，它将有资格成为一个中型有限责任合伙企业。这样的实体要遵守的会计规定会严格一些，但是仍然相当宽松。

英国有限责任合伙企业在缴纳美国税收时将被作为**有资格的外国实体**（eligible foreign entity）。因此，要遵守大部分外国有限责任公司和英国有限责任合伙企业应遵守的规则。英国有限责任合伙企业可以通过填写8832表选择在缴纳美国联邦税时的分类，选择将在75天内生效。如果没有进行这样的选择，有限责任合伙企业将被作为外国公司对待。

英国有限责任合伙企业的成员要根据英国法律作为合伙企业的合伙人纳税。实体层次不需要缴税，税项都将转移给成员。只有在利润来自英国的交易或业务，或者利润来源于英国及来自于成员的利润才需要在英国缴税。为美国客户设计的典型的资产保全结构将不包括来自英国的收入，因此这样的客户不用在英国缴税。英国的税务当局税务办公室（Inland Revenue），对于有限责任合伙企业成员的税收定位取决于有限责任合伙企业实际开展的交易或业务。即使是一项对私人信件的查询业务，如果一个有限责任合伙企业的两个成员属于由英属维尔京群岛管理和控制的国际业务公司，并且该国际业务公司主要的活动是持有一家非英国公司的股权，那么这项信件查询工作将被认为是在从事一项业务。因此"只有在最特殊的情形下"才会认为有限责任合伙企业没有在从事一项业务。

要使资产保全结构有一个低调的形象，建立英国有限责任合伙企业也许是最有用的办法。客户在使用外国实体作为管理公司时会很犹豫，这可能是因为客户对"离岸"公司这种想法感到不安，也可能是因为客户担心使用典型的离岸公司所带来的污名。英国有限责任合伙企业允许使用一个税收透明的外国实体作为管理公司或者控股公司，并以这个结构来作为展示给公众的形象。

有限责任合伙企业是与它的成员相独立的法人实体，并且有限责任合伙企业的财产也不是成员的财产。而且，有限责任合伙企业法律的大部分精神和形式都来自于英国合伙企业法，包括合伙人不必被迫接纳其他合伙人（例如，某个成员的债权人）的观点，也来自于英国合伙企业法。因此，成员的债权人不能通过判决或抵押来获得成员的管理权。而且，如果一个成员破产的话，这个成员就不能介入到有限责任合伙企业业务的管理之中，只能以债权人的名义成立一个信托，把他在有限责任合伙企业中的所有或部分利益转让给债权人，或通过抵押或担保的方式转让。

虽然离岸有限责任公司提供了许多利益，但是它们仍然和任何其他用于资产保全的商业实体一样，存在着许多问题，也就是：谁会控制它？在下一章，我们将讨论管理公司和其他的公司所有权形式。

注释

［1］ Treas. Reg. Sec. 301.7701 2（b）（8）（i）。
［2］ IRC Secs. 1491～1494。

第22章
管理公司、租赁公司和员工持股计划

在资产保全计划中最困难的问题是控制,更确切地说,是如何有效地完全控制一项资产,而不必由于在法律上拥有它而把它暴露给债权人。但是即使间接控制也会涉及所有权的问题。在外国资产保全信托中,财产托管者试图通过使自己成为信托监管来保持远程控制。当法庭判定他们拥有实际的控制权时,这些财产托管者的境遇就会很悲惨。

每个硬币都有两面,我们还要看到,那些管理实体的人可能会为发生在实体中的事情负个人责任,包括公司高级管理者和董事、合伙企业的一般合伙人和有限责任公司的管理者。资产保全计划的一个主要目的就是让人以最大的灵活性从收入和资产的价值中获益,而且在被管理的资产产生负债时不用承担个人责任。

这些控制和解除控制的问题表明,与其说资产保全是一门科学,不如说它是一门艺术。当控制变成实际的所有权和管理者的负债时,艺术就变成了一般的法律规则。在任何情况下都能解决这些问题的统一解决方案根本不可能存在。如果存在那样的方案,法庭或者立法机构也会及时消除这种方法。

很少有例外,就像在一个公开上市公司中一样,一个富裕的人永远都不应该作为公司的高级管理者或者董事,因为这种职位通常会引起重大的负债;类似的,一个富裕的人永远都不应该作为一个合伙企业的一般合伙人,否则合伙企业的负债将直接落在他身上;一个富裕的人也应该避免成为有限责任公司的管理者,因为在实体管理中的疏忽导致实体的负债,可能导致他对债权人的直接负债。

直接负债是最令人不安的。虽然有限责任公司能保护管理者不用对实体的债务承担个人责任,但是有限责任公司不能保护管理者免于承担性骚扰事件中的个人责任。在这种情况和类似的情形下,原告将同时起诉实体和管理者。因此,应该尽量避免成为管理者或者决策者。

成功的商人一般很难遵守这些限制,特别是当他通过一种主动的、直接的管理方式获得财富。因此资产保全计划的一个重要部分就是教育客户，教他如何从一个往往可能被起诉的主动的管理者，转变成一个通常不会被起诉的被动管理者。

这并不是说商人必须放弃对投资交易的全部控制。交易可以通过简单的重组变成间接的控制。我们可以从风险资本家那里学到经验：他们不会去管理那些将简单地增加债务融资的投资，而是会通过投资来表现管理债务融资的重视。如果公司的管理无法达到承诺的标准，将导致股权被发行给投资者。最终，如果公司没有达到承诺的业绩结果，投资者就会获得整个公司和它的资产。如果在没有达到标准时，股权就要被转让给投资者，那么这种业绩标准就叫做量化考核标准。私人实体也可以以同样的方式构造，而且通常也应该如此。

管理公司结构

不是所有的客户都可以转变成纯粹的被动投资者。许多客户将拥有主动的业务，并且需要或者渴望对业务进行某些形式的直接管理和控制。如果每个有价值的资产都已经被放在它自己的资产保全实体之中，下一个步骤就是建立一个或多个管理公司，来控制所有的资产（见图22—1）。

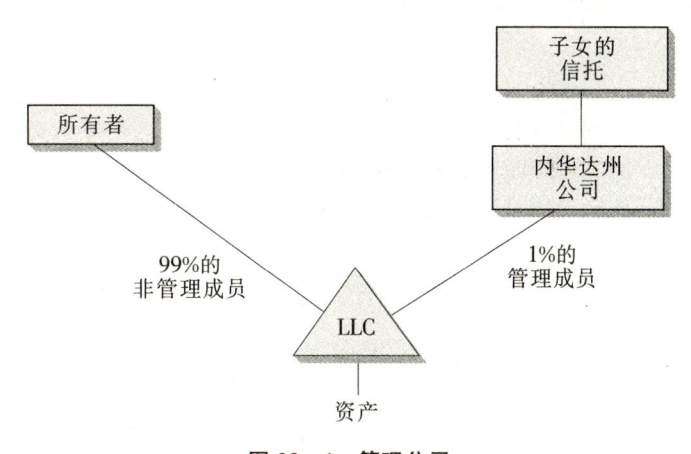

图 22—1 管理公司

一个管理公司的所有者不应该是客户。例如，管理公司可能被一个或多个以客户的继承人的名义建立的美国国内信托所拥有，用除了客户以外的某个人作为信托的财产托管者。这种安排可以实现许多功能：

1. 客户不是管理公司的法定所有者。如果客户被处以一个判决，债权人就不能控制被管理的资产。毕竟，客户仅仅是资产的管理者，而不是所有者。管理公司的是信托，而不是客户。如果信托是不可撤销的，并且信托成立了管理公司，债权人就很难说客户是管理公司的所有者。要了解关于这个主题更多的讨论，可以回头参考本书第12章，那一章讨论了规定受益人不得自由处理的信托。

2. 如果会给管理者带来负债的资产发生了什么事情，这些负债就需要被包括在管理公司里。最后，客户将最大限度地避免对被管理的资产进行日常控制。他为了这个目的必须把日常文件的签字权留给其他继承人。客户的个人控制应该仅用于偶尔转移大量资金或者资产，但不能进行得太频繁。

3. 管理公司结构允许客户通过管理费的方式从他不拥有的资产中赚钱。只要管理费在商业上是合理的，并且是根据管理合同以典型的商业模式支付的，债权人将很难质疑费用的支付是某种欺骗行为。因为管理公司由继承人信托拥有，所有额外的管理费都将流回以继承人的名义成立的信托。这种安排也将使客户只能获得维持生活必需的工资，并且可以通过管理公司的利润将财富转移给他的继承人。

如果可能的话，成立管理公司的信托就不应该由客户设立。理由很简单：如果由客户设立信托，那么初始的支付在后来可能被作为欺诈转让而取消，会存在整个信托被取消和收益被消除的危险。因此，信托应该由客户以外的某人设立。如果客户在信托设立之后通过赠予的方式向信托提供款项或者通过私募养老金以及自取消分期付款票据把资产转移给信托，只要这种行为是在管理公司成立之后进行的并且转移的财产是由独立的评估师进行了公正估价的，就不会出现任何问题。

离岸管理公司

如果可能的话，管理公司应该在管理公司资产所在的州之外的州成立。这种安排可能给债权人在从管理公司获得信息时带来实际问题，特别在案件由州法庭审理而不是由联邦法庭审理时更是如此。更好的安排是，管理公司在一个离岸司法管辖区域成立（见图22—2），这会给债权人带来相当大的困难。

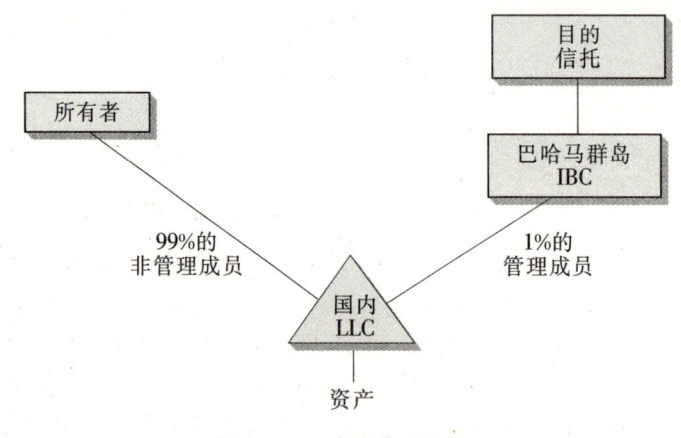

图22—2　离岸管理公司

首先，债权人将很难把诉讼文书送达到管理公司。如果管理公司被认为是诉讼中的**必要当事人**（necessary party），而债权人不能把法律文书送达到管理公司，债权人将很难进行诉讼。

其次，债权人将很难从离岸管理公司获得信息披露。虽然真正参与管理的人可能在美国，公司的账目和资料却可能保存在美国之外。因此，债权人可能必须首先在离岸司法管辖区域申请一个单独的诉讼，才能得到那些文件——甚至可能在这之后也无法得到。

即使某个美国法庭命令离岸管理公司做什么事，离岸管理公司也可以忽略那个命令。虽然一个离岸管理公司这样做的能力不能完全指望，也不应该炫耀，但是这种能力很可能意味着债权人必须在外国司法管辖区域提起新的诉讼，努力让那个司法管辖区域的法庭发布一个类似的命令，并且强迫离岸管理公司遵守它。

例如，一个债权人有可能获得一个针对有限合伙企业的成员的裁决结果，并且基于这个裁决结果，获得针对那个成员的有限合伙企业利益的抵押令（也就是说，债权人将获得关于那个利益的所有分配）。债权人不可能在美国法庭强迫一个离岸管理公司对利益进行分配。相反，债权人将必须在离岸司法管辖区域提起诉讼才能迫使离岸管理公司进行分配——这是一项令人畏缩的任务。

租赁公司

如果使用正确的话，租赁公司可以在资产保全计划中扮演重要的角色。最常见的情况是，租赁公司被用于把业务本身的负债与企业使用的有价值的资产的所有权隔离开（见图22—3）。例如，如果一个生产企业拥有安置设备的不动产，一种明智的做法是把财产转移到一个新公司，新公司再把不动产租赁给企业。租赁是有书面合同的，因此如果生产企业失去偿付能力，租赁将终止。生产企业的债权人如果接管了企业的其他资产，他得到的企业将无法拥有安置设备的土地。

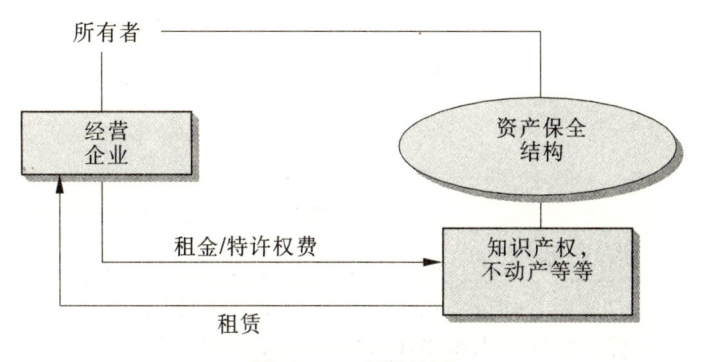

图 22—3　租赁公司

也许资产租赁公司的最佳用途是**知识产权**（intellectual property, IP）。特别是对于技术企业，知识产权是企业的主要资产。在理想的情况下，知识产权永远应该放在一个独立的资产保全实体中，然后再特许给经营企业使用。如果企业经营失败的话，这种安排将保护知识产权。

除了剥离有价值的资产并且把它们从企业中分离以外，租赁公司也可以被用于剥离产生负债的活动，以及将那些活动转移出企业。雇员租赁公司是最常见的例子。通过将雇员转移到一个雇员租赁公司，各种和雇用相关的负债（例如年龄和性别歧视索赔养老金和相关的索赔以及员工的薪酬问题）都可以被隔离在企业之外。

租赁公司的使用充分说明了**分别处理**的概念。这个概念承认，一个企业是由不同的部分组成的。一个企业有价值的资产应该与企业会产生负债的部分分离开，并且应该受到保护。同样，企业中会产生负债的部分应该包含在一个自己独立的实体内，并且与企业的其他部分分隔开。因此，如果被一个企业的分销网络拥有的一辆汽车发生严重的事故，事故导致的负债可能使卡车租赁公司破产，也可能波及分销公司。但是这将被很好地与生产设备和用于生产产品的知识产权隔离开。

员工持股计划

员工持股计划（employee stock ownership plans，ESOPs）在资产保全计划中也可以扮演重要的角色。员工持股计划后面的理念是：公司，或者有时是公司的一部分，基本被出售给它的员工，并且股票被放在一个信托里，直到被授予员工（见图22—4）。在将来的某一天，员工将被授予并且获得公司的股票和公司成长的收益。

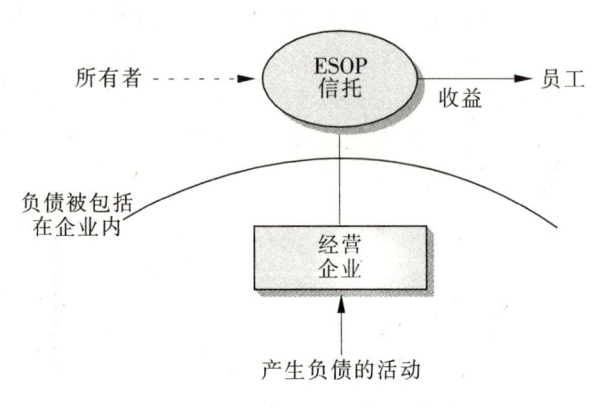

图22—4　标准员工持股计划

一个员工持股计划的主要好处是它会有效地稀释所有权，因为在员工持股计划中的每个员工都被认为是员工持股计划信托的受益人。这种所有权的稀释使债权人很难声称实体只是以前所有者的替身（在他把股票出售给员工持股计划之前），或者应该揭破公司面纱。

一个普通债权人会质疑公司结构是所有者的**替身**。在这种情况下，债权人会声称公司和所有者是一样的，所以公司不应该被作为一个独立实体对待，并且所有者不应该藏在公司背后。有了员工持股计划，就可能在公司出现了负债之后稀释公司所有权，因此可以避免把负债转嫁给惟一的所有者。

其中的理由是，支持替身理论的法律并没有提到应该什么时候进行替身检验：是在发生了糟糕的行为之后，还是在做出裁决结果之后？如果是后者，员工持股计划应该能有效地抵御替身的指控，因为公司所有权现在是分散给许多员工的。至少，在涉及债权人并且会影响债权人对案件的和解意见的未决的法律领域中，会出现一些争论。

但是一个成功的商业的所有者可能不想放弃对员工的所有权。对这种两难困境有许多解决方法。首先，员工持股计划中的所有权不一定要按比例分配给所有的员工。实际上，可以创造一种员工持股计划，只让员工分享企业利润，而不享受其他的所有者权利。然而，出于资产保全的目的，员工必须在公司中有某些实质的所有权利益，以避免被指控为替身和类似的指控。

其次，员工持股计划中可以附带一个预先设定的买断条款，允许所有者在未来的某一天以反映公司的公平市值的协商价格，把股票卖回给公司。在这种安排中，员工的利益必须是真实的和有形的，但是通常只需要支付一个很低的价格，以保护所有者不必承担企业可能的负债。员工买断的具体日期不一定要明确规定；相反，可能有各种**触发事件**（triggering events，所有者可以触发）使员工可以买断。

员工持股计划也可以被用于建立管理公司结构。在一个典型的协议中，关键的管理员工将被放在一个由员工持股计划拥有的管理公司里，关键的管理员工是受益人（见图22—5）。然后，由管理公司为客户的企业提供管理服务。从资产保全的角度来看，这种安排把管理职能与可能产生负债的资产隔离开来，同时也把对各种资产的管理职能统一在一个单一的实体当中。

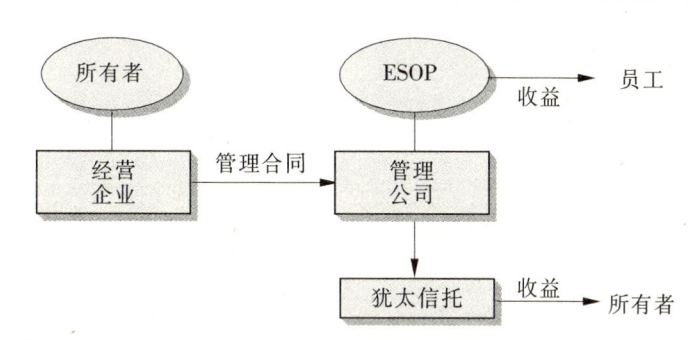

图22—5　员工持股计划管理结构

这种结构也使管理公司可以通过管理费的方式从管理公司管理的资产中分离收入。虽然美国国税局中断了这种做法，但是过去税收规划师曾成功地利用选择了S公司待遇的管理公司，并把管理公司的账面利润转移到员工持股计划中去，同时把资金转移到以所有者和关键员工的名义建立的不符合资格的递延薪酬信托［NQDCT或者犹太信托（rabbi trust）］中（要了解关于递延薪酬安排的资产保全特点，请参考本书第9章相关内容）。新的财政部监管文件导致了使用不同于递延薪酬的不符合资格的待遇安排的类似结构的出现。

这个结构提供了多种资产保全利益：（1）价值被转移到基本企业之外，并且与那个企业的任何潜在负债隔离开；（2）员工持股计划导致了所有权的多样化，这可能阻止了关于替身的指控；(3) 可以在收益计划中安全地保护资产，根据《雇员退休收入保障法》(ERISA)，收益计划可以免受债权人的侵害。

除了《雇员退休收入保障法》对受益信托提供的附带的、但是非常有效的保护之外，这个结构还有另一个很重要的资产保全特点：在受益信托中持有的资产在授予受益人员工之前，在技术上不属于他们的资产，只有在发生触发事件（例如死亡）时才会进行授予。这个结构的实践意义是很重要的。例如，如果一个员工被要求在债权人调查中列出他的资产，他可能无须列出这些资产，因为这些资产还没有被授予给他（也就是说，根据计划规定，他对这些资产的权利还没有成熟）。因此，有了员工持股计划或犹太信托，企业所有者可能从企业中转移上百万美元到犹太信托中去，而不用把那些资产列在他自己的资产负债表中。这确实是一个很有力的工具——并且完全属于美国国内资产保全工具。

第 23 章
高级人寿保险和养老金策略

为了同保护债务人的配偶和受赡养者的公共政策目标相一致，许多州的法令都保护人寿保险和养老金免于承担债权人的索赔。法定免除规定可能会保护现金价值、养老金支付、死亡支付金或者它们的一些组合。

在估计人寿保险提供的资产保全时，一个关键问题是要确定这些州法律的免除规定都适用于什么人。例如，许多州都允许不同等级的免除，这取决于债务人是保单的所有者、被保险人还是受益人。然而，毫无疑问的是，人寿保险在资产保全计划中最重要的应用是在受保护的保单中累积大量的现金价值。

虽然保险和养老金通常在大部分州都能提供一些保护，但是在不同的州提供的保护程度存在很大的差别，差异程度可能比任何其他资产免除种类都要大。而且，各州为人寿保险和养老金提供保护的法令用语通常也是含糊不清的，因此，我们需要对其进行司法解释。

人寿保险

有些州对人寿保险单的现金价值几乎没有提供什么保护，有些州则提供了很大程度的保护。例如，佛罗里达州的法律允许人寿保险单的全部货币价值免于承担保单所有者的债权人的索赔，并且保护人寿保险单的全部死亡支付金免于承担被保险人的债权人的索赔。

然而，大部分州的规定都不是如此明确。在许多州都很难确定被保险人中途解约时的退保现金价值可以在多大程度上免于承担所有者的债权人的索赔。例如，法令有时候只含糊地提到人寿保险单的"收益"——大部分州法庭在遇到这个问题时都认为这种提法中包括货币价值和死亡支付金。

以欺诈债权人为目的而支付的保险费将导致那些与保险费相对应的收益以及相应的现金价值可以被债权人获得。而且，像其他涉及交易报酬的免除计划方法一样，购买人寿保险和养老金也可能是一种有用的资产保全方法。这是因为债权人很难说购买具有欺诈转让的特征，因为这种交易是"等价的"。有许多合法的理由可以说明，购买人寿保险和养老金并不是为了资产保全。而且，即使不能确定人寿保险单和养老金合同最终能否免受债权人的侵害，但是从现金到人寿保险和养老金的这种转换，最后可能给债务人提供额外的武器，他需要用这个武器迫使他的债权人同意一个小于索赔权的全部价值的和解方案。

即使保险费被成功地置疑为欺诈转让，债权人可能也必须等到债务人死亡之后才可以实现实际的价值，这取决于州法律和保单本身的规定。对大部分债权人来说，这都不是一个可以接受的结果，大部分人宁可达成一个金额稍微小一点的和解方案。而且，在人寿保险的保护作用被州宪法认可的地方（例如在美国的北卡罗来纳州），《宪法》的保护将不会受到《欺诈转让法》的影响。正如在霍夫兰对希尔的案例（详见本书第 9 章）中所描述的那样，佛罗里达州宪法规定的房产免除规定提供了防弹式的保护。

保险单经常由个人拥有。为了进行不动产规划，把收益保留在被保险人的财产之外，保险单经常需要被一个不可撤销的信托所拥有。这种信托通常包括规定受益人不得自由处理的条款。只要转移到信托中用于支付保险费的资金不属于欺诈转让，信托资产（包括人寿保险单）就不会被债权人获得。这种信托的财产托管者可以指定他的配偶作为信托的可以自由决定的受益人，从而间接获得信托持有的保险单的现金价值。只要信托的托管人把信托财产分配给财产托管者的配偶（例如，通过保单贷款获得现金），财产托管者就可以在配偶还活着的时候从货币价值中获益。这种信托经常被叫做**配偶终身可获得的信托**（spousal lifetime access trusts，SLATs）。

离岸私募可变通用人寿保险

在过去几年中，关于离岸私募可变通用人寿保险（offshore private placement variable universal life insurance，这里简称为 OPPVULI）的著作和讨论很多。理解它的用处要从理解它的定义开始。它是"离岸的"，因为它是由一个非美国的保险公司在美国之外发行的，这个非美国保险公司在美国没有得到发行保险单的许可。它是"私募的"，这意味着提供的保险单仅局限于合适的、可接受且富有的购买者，而不向一般的公众销售。

"可变"是指，保单中的资产由保单所有者分配给一个或多个投资策略，这些投资策略由保险公司任命的投资经理负责监督。因此，保单的投资账户的价值和死亡支付金的价值是随着投资经理的投资表现而改变的。大部分 OPPVULI 保单发行者允许特别大的保单的所有者（总保费超过 1 000 万美元）来选择公司任命的投资经理。

"通用"，用保险界的话是指，只要在保单投资账户中有足够的资产来支付当前的保险和其他与保单相关的费用，就不需要强制性地支付年度保险费。所有 OPPVULI 保单都有一个最低的保险费承诺，通常是 200 万美元或更多，在 2 年～7 年间支付。然而，有些发行者提供 OPPVULI 保单只需要交纳 10 万美元的承诺保险费。

税收问题

在 OPPVULI 中的"人寿保险"意味着，保单在发行保单的司法管辖区域的法律下，有资格被作为人寿保险。它也意味着，根据美国《国内税收法》（Internal Revence Code），该保单有资格享受人寿保险提供的有利的税收待遇。所有有税收优惠条件的人寿保险单带来的投资增长，对于保单所有者都是免税的。如果在保单中有投资增长，一种叫做修正的养老保险（modified endowment contracts，MECs）、符合税收优惠条件的人寿保险单的现金价值，只有在所有者纳税以后才能被取出或者借用。然而，非修正的养老保险单的现金价值可以从保单中免税地借出，这使保单所有者可以获得金额可能十分庞大的免税投资增长。详细且令人烦恼的美国国税局监管规定清楚地说明了哪些保单是修正的养老保险，哪些保单不是修正的养老保险。判断的依据是保单中纯保险成分的数量、现金价值、数目以及保险费的金额和支付时间。在目前讨论的这个问题上，我们完全可以说，单一保险费的保单几乎肯定是修正的养老保险，而需要在 5 年～7 年的时间里交纳保险费的保单则不是修正的养老保险。

而且，税收优惠条件对任何给定的现金价值都会要求某个最低的死亡支付金。例如，如果一张保单为 40 岁的人提供人寿保险，其现金价值为 100 万美元，死亡支付金为 100.01 万美元，那么这个保单就不能享受税收优惠待遇。根据最常用的美国国税局检验 [**保险费准则和现金价值长廊检验**（guideline premium and cash value corridor test）]，为 40 岁的人提供的人寿保险，死亡支付金最低必须为 250 万美元。美国国税局的监管规定将决定最低的死亡支付金，它必须由一个资深的保险精算师计算出来。任何打算购买私募人寿保险单的人，都必须聘请一位称职的法律顾问，确保被保险人和保单符合美国国税局的监管文件，从而使保单符合税收优惠条件。

可变的保险单（和养老金）要符合税收优惠条件，必须满足一定的、最低的多样化要求。除了现金通常被认为是应该多样化的，一个可变保单中的每个投资组合也必须多样化，应至少包含 5 种不同的投资工具。投资于任何单一资产的金额不能超过账户总价值的 55%；任何 2 种投资工具的金额不能超过总价值的 70%；任何 3 种投资工具的金额不能超过总价值的 80%；任何 4 种投资工具的金额不能超过总价值的 90%。一旦一个组合被充分多样化，不管投资工具的价值如何波动，只要不购买新的资产，组合通常都会一直满足多样化的要求。多样化检验将独立应用于每个投资顾问的组合。在一个可变保单的子账户中的每个组合都必须充分多样化，才能达到美国国税局的要求。

最后，在可变保单投资账户中的资产必须被认为是由保险公司所拥有的，而不是由保单所有者所拥有。保单所有者不必控制投资决策，因为对保单投资账户中的投资决策的直接或间接控制都可能导致该决策是为了逃税的目的而实施的。结果是，在投资账户中所有的收益和收入都要对保单所有者征税。

必须根据多种因素小心选择离岸保险公司。其中有些因素是很明显的：偿付能力、再保险能力、再保险协议的性质、投资灵活性和司法保护。然而，一个很重要的因素却不是这么明显：保险公司本身在美国法律下是如何纳税的？流向一个符合税收优惠条件的保单投资账户的免税收入不一定是投资账户中的投资所带来的。

资本收益、公开上市的债券和美国政府证券的利息以及离岸可变保单中的投资账户所获得的银行存款利息一般不会使外国保险公司需要缴纳美国税收。然而，和美国有关的交易或者商业联系带来的收入（例如，来自合伙企业或者美国企业的有限责任公司收入）、美国不动产利息收益（包括持有大量美国不动产的实体的权益收益）以及来自美国的股利、租金和特许权费对保险公司来说都是应缴税的，即使是离岸的保险公司。那些税收成本将传递给保单的投资账户。结果，最有利的选择往往是使用一个作为美国保险公司纳税的保险公司。在 OPPVULI 交易中聘请一位有能力的美国税收顾问是非常重要的——这一点怎样强调都不过分。

在税收上最有利的以投资为导向的人寿保险单是可变通用保险单，它们具备《国内税收法》所规定的人寿保险的资格。OPPVULI 保单的特殊特点是从它们的国外的、私募的属性派生出来的。

OPPVULI 的特殊优点

OPPVULI 保单直接与保险公司协商，并且直接从保险公司购买。这个结构会产生许多有利的结果。最明显的是，它取消了保险公司中介，而在大部分人寿保险交易中，中介是无所不在的。这种安排有效地把分销费用降低到零，并且节省下来的部分可以传递给 OPPVULI 保单的所有者。因为不需要中介来宣传和出售保单，不会出现使保险的现金价值减少的佣金。对典型的 OPPVULI 保单来说，这会节省几十万美元，而这些钱本来极可能作为佣金支付掉。

私募的保险产品有更多的投资选择。一般在商业上可以购买的可变人寿保险单会提供 12 种～36 种投资基金供选择，这些投资基金都借鉴了在商业上可以购买的美国共同基金。私募的保单没有投资限制。受制于经常改变的美国国税局的限制，OPPVULI 投资基金的投资经理可以在世界上的其他任何地方投资任何东西——从共同基金到个股，到对冲基金、期货、房地产和私募合伙企业等等。然而，在 OPPVULI 投资基金中的份额可能只能作为人寿保险的投资组合工具，不面向普通公众销售。类似的，人寿保险投资组合也不能直接投资于适用于普通公众的投资工具，它只能投资于仅适用于保险的基金和现金。

而且，保险公司一般会从百分比很低的费用中（虽然现金价值很大）获利，因此保险公司经常不会把保单的"真正"保险部分标价为实际的保险成本——两者之间的差异就是现金价值与死亡支付金之间的差异。

因为美国国内保险公司面临着相当大的州监管压力，所以，承诺保险费少于1 000万美元的美国国内私募保单是很少见的。即使一个美国国内的保险公司愿意接受私募的协议，州法律规定的流动性要求（通常是30天）也会阻止保险公司这样做。这些流动性要求是包括对冲基金经理在内的某些投资经理不能接受的。在更灵活的监管环境中的离岸保险公司，允许保单所有者来决定投资经理及使用的投资模式，而不用满足于武断的流动性要求。

而且，大部分离岸保险公司所在的司法管辖区域都没有公司税收。和美国保险公司相比，从事业务的成本会降低，并且与美国国内保险公司相比，保险单签发手续费和相关费用也会降低，从而把降低的成本传递给保单所有者。

有时，理想的选择是转移一定的资产（例如私募股票）来代替保险费（也就是以非现金的形式）支付给保险公司。对美国国内保险单来说，是不可能有这种机会的。虽然通常用来支付股票的转移的现金要承担一定的税收，但是在一个税收条件有利的保险单中持有资产会带来一些税收上的好处，从而抵消要交的税。

最终，因为OPPVULI保单是个别协商的，这使得在保单中可能建立某种有利于资产保全的特征。而且，因为它提供的投资灵活性，在保单的分离账户中持有的资产可以被构造成对债权人不利的形式（例如，非流动的外国LLC利益），从而使债权人无法得到保单资产。

为OPPVULI保单提供资金

可以通过两种方式为OPPVULI提供资金：外部来源和内部来源。当一个保单所有者持有大量现金时（或者可以以较低的税收成本转换成现金的流动资产），他应该考虑把那些税后的"外部"现金放到一个大型的、具有税收优势的OPPVULI保单中去。这种安排和"传统的"为了被保险人的家庭的财务安全进行的人寿保险计划不同，后者的目的是以尽可能少的保险费购买尽可能多的死亡支付金。作为一种投资工具的OPPVULI的目的是，购买尽量少的死亡支付金，而投资尽可能多的保险费。

一个保单所有者有机会在将来提供更好的"内部来源"的方法是，把一项资产或者机会转移给OPPVULI。这个行动过程使保单可以从免税的美元中获得资金。例如，一个保单所有者可以在预期未来会进行首次公开发行的情况下，以转移私下持有股票的形式代替保险费。如果首次公开发行成功了，保单里的股票会增值，并且可以免税出售；得到的现金可以投资于一个更多样化的组合。同样的观点可以应用于其他资产，如专利和版权。以低价转移到保单中的资产会迅速增值或产生大量收入，从而在内部为保单提供资金。

我们必须强调，这些关于OPPVULI保单的规则在写这本书时是有效的。美国国税局已经意识到这些保单涉及的激进的税收策略，并且可能推出进一步的规则来限制这些保险产品的使用和税收影响。

资产保全特征

除了在这一章前面讨论的一般的资产保全特征外，人寿保险单，包括OPPVULI保单，通常具有一些特殊的资产保全特征。

因为OPPVULI是个别协商的，这使其可能在保单里建立某些有利的资产保全特征——例如，**归还价值条款**（level surrender value provisions）。这些条款有效地把保单所有者可以得到的现金价值冻结为支付的保险费，从而降低保险成本和其他管理成本。如果保单的结构是以低价值的资产类型为保单提供外部资金后再通过内部来源为保单提供资金，那么就只有一小部分账户价值会被保单所有者获得——从而会被保单所有者的债权人获得。

在某些情形中，保单可以被起草或者重新协商，被完全取消现金价值。虽然因为在技术上没有现金价值，所以保单所有者不能获得现金价值，但是保单所有者可以用分离账户进行担保贷款，或者从由分离账户中的资产资助的第3方贷款来间接获得分离账户中的资产。没有债权人时，保单可以有现金价值，可以协商在出现债权人时取消现金价值，并且在债权人问题解决后，保单可以再次协商，使所有者可以再次借入现金价值。

而且，在保单的分离账户中持有的资产可以被构造为对债权人不利的形式（例如非流动的外国LLC利益）。如果一个债权人以某种方式获得了保单资产，保单可以允许以非货币的形式支付分配的收益，从而使债权人只能获得不想要的非流动资产。保单可以被进一步构造为，以虚假的合伙企业收入或者虚假的利息收入的形式给债权人带来不利的税收后果（也就是说，债权人产生了应税收入，但是永远无法实际得到这些收入）。

OPPVULI保单提供一个额外的秘密优势：债权人惟一可以看到的信息是在保单中的投资，而不是潜在的资产。因为债权人不能向发行保单的保险公司提出索赔，也就不能轻易地判断在分离账户中持有的是什么资产。对OPPVULI保单来说，一种安全的结构应该是与一个受保护的控股实体相结合——例如第3方外国信托（例如，一个由客户的父母提供的种子基金资助，并且在一个分期付款销售交易中使用的信托）或者外国LLC。在这种情形下，OPPVULI保单可以是一个理想的资产保全计划的组成部分。

例如，在分离账户中持有的资产可能被用于支持担保贷款，这些担保贷款是用于购买保单持有者的个人住宅、度假住宅和商用房地产，可以有效地对这些资产进行资产剥离。在分离账户中持有的资产也可能被用于资助设备租赁公司，再由设备租赁公司把车辆、飞机、制造设备以及其他类型的设备提供给企业所有者的经营公司。最后，在分离账户中持有的资产可以被用于为销售应收款项提供资金和购买知识产权，然后知识产权将被授权给一家经营实体或者另一方使用，从而将资产转移到债权人不能获得的地方。

所有这些安排的结果都是，把资产转移到保单所有者和经营企业的债权人不能获得的地方。虽然也存在潜在的税收利益，但是在判断这种交易的税收后果时要特别小心。大部分这种类型的安排都可能超越美国国税局为滥用交易划定的界限，只有大部分构想巧妙和稳妥的安排能够符合美国国税局的要求。

除了与保单所有者的债权人对他在 OPPVULI 保单中的利益的可获得性的资产保全考虑外，保险公司本身也应该考虑资产保全问题。除了要对公司的偿付能力、名声以及它的本金进行应有的查询外，也应该查询司法管辖区域的保险法规。在一个有《分离账户法》(separate-account legislation) 的司法管辖区域内建立的保险公司，可以为投资提供显著的合法保护。这种法律规定，一个可变保单的投资资产要保留在一个分离账户中，并且那些资产只能用于履行保单规定的义务。分离账户的资产不能被用于偿还保险公司的任何其他债务，即使在公司失去偿付能力或者破产时也是如此。而且还要注意，在大部分情形下，是由投资经理或者另一个金融机构对分离账户进行监管，而不是由保险公司来监管，这提供了又一层保护。

然而，分离账户法规没有为保单所有者的死亡支付金提供任何超出保单的分离投资账户价值的保护。保单的投资账户价值被叫做**风险净额**（net amount at risk），是保险公司的一般负债。大部分离岸保险公司都利用大型的多国保险公司对几乎所有此类风险进行再保险，从而减轻这种风险。

分期付款销售和养老金

像人寿保险的免除规定一样，对养老金的法律免除规定（包括其现金价值和养老金支付的权利）在不同的州之间有很大的区别。例如佛罗里达州、得克萨斯州和密歇根州都免除养老金契约的全部价值和收益。另一方面，佐治亚州、密苏里州和犹他州对养老金合同收益的保护只局限于支持债务人和债务人的被赡养人所必需的金额。其他州只对美元提供保护，还有些州根本不保护养老金。

可以预料得到，在给养老金提供无限保护的地方，诉讼的焦点主要是，债务人的所有权益究竟是不是一个养老金。一般的情况是，债务人可以利用其不确定性为自己服务。债务人应该考虑把任何不能被更好地保护的资产构造或改造成一个养老金。例如，一个应收票据可能被协商或构造成一个养老金。一个由债务人造成的人身伤害或者非法死亡导致的裁决结果，也可以采取一种结构化和解方案的形式。一次性付清的现金或者其他受不到保护的有价值的资产，都可以被转移到一个相关方设立的信托里，交换条件就是信托要建立一个养老金。在所有这些情形下，法庭都会认为这些养老金是有效的，并且可以有效地战胜债权人的索赔。将非免除资产转变为免除资产这个部分本身不属于欺诈，但是获得资产保护的关键是：在构造这些养老金时，要有某些非资产保全的目标，从而避免被认为是欺诈。

虽然一般被当成税收计划工具，但是私募的养老金和分期付款销售也可以是有价值的资产保全计划工具。所有的私募养老金和分期付款销售技巧都可以在缴纳遗产税及赠予税时"冻结"一项资产的价值和增值率，并且可以使出售资产的收益长期递延下去。

私募和下面将讨论的分期付款销售的基本概念是一样的。一项有价值的资产被出售（通常出售给一个家庭成员，或者由家庭成员控制或者以家庭成员的名义设立的信托或实体），交换条件是购买者承诺，在出售者的终生或者一个固定的期限内，定期（通常是每年）支付一定数量的金钱给出售者。资产的价格必须是公平市值。然而，用于计算定期支付金额的最低利率是由美国国税局制定的。这个利率通常比商业利率低，并且通常比预期的出售资产的增值率低很多。出售者的收益带来的税金会递延在整个支付期限内。出售的资产的潜在增值将被转换为家庭成员的收益。

分期付款销售与私募养老金之间的主要区别在于支付期限、保证购买者履行对出售者进行支付的义务的能力、购买者的税收待遇、可以出售的资产类型以及在出售者死亡时资产的不动产税收待遇。

分期付款销售

在一个简单的**分期付款销售**（installment sale）中，出售者把一项资产转移给购买者用来交换一张票据。购买者承诺，在固定期限内，支付给出售者固定的金额加上利息。票据几乎总是由出售的资产作担保，如果购买者拖欠对票据的付款，出售者就有权利取回资产来偿还还没有支付的部分。在出售者死亡的时候，票据的未缴余款将作为他的应税遗产缴纳遗产税，但是出售的资产不属于其遗产，包括它的增值部分也是如此。

自取消分期付款票据

自取消分期付款票据（self-canceling installment note，SCIN）是对传统的分期付款销售技巧的变形。它涉及出售一项财产来换取有固定付款期的分期付款票据。但是如果在支付期结束前出售者就死亡了，票据将被取消。因为这个票据可能在收款人收到和票据面值相等的支付前终止，所以必须支付一笔额外的保险费来换取这种自取消特征（要么是额外的本金，要么是更高的利率），从而使票据的价值与财产的价值相等。和传统的分期付款销售一样，以自取消分期付款票据进行的销售几乎总是用被出售的资产来担保。因为出售者死亡时票据就取消了，没有未缴余款会包括在出售者的遗产中。

因为自取消分期付款票据是在出售者可能死亡的基础上用保险费计算的，所以它是一个等价转移（而不是一种赠予）。债权人通常很难把它作为一个欺诈转让而将其取消。因此，债权人惟一能得到的补救措施可能就是在每次的支付到期时把它扣下来，并且希望出售者不要太快死亡——因为在发生这种不测事件时，支付将自动停止。债权人可能会延迟收到支付，并且支付有可能终止，这些因素将影响债权人的想法，使债权人接受比应付的全部金额少的和解方案。

私募养老金

另一种代替自取消分期付款票据的方法是**私募养老金**（private annuity）。虽然自取消分期付款票据有固定的到期日，但是根据私募养老金协议支付会一直持续到出售者死亡——不管出售者在什么时候死亡。这样，如果出售者预期自己不会活得比正常的平均寿命长，私募养老金就是一个有用的工具。

记住，转移到一个私募养老金中的资产将被受让人拥有，并且因此可以被受让人的债权人得到。然而，即使在这种情形下，如果资产是被转移到一个以受让人的名义成立的、规定受益人不得自由处理的信托中，资产也可以受到保护。如果没有用无投票权或者无管理权的利益来交换私募养老金，出售者会对转移觉得更舒适。

私募养老金有时和离岸私募可变通用人寿保险单结合起来，作为为保单的投资账户提供资金的一种方式。私募养老金交易不是影响将价值转移给子女或者信托的资产冻结，而是被构造为把价值转移到保险单的投资账户中，在这个账户中价值可以免税地增长。

这个交易会分几个阶段进行。首先，一项产生收入的资产被转移到一个离岸实体中去（它选择了穿透待遇）。该离岸实体是由一个以出售者的子女的名义建立的信托拥有，以此来交换私募养老金。这会把产生收入的资产转移到有限责任公司中去，而有限责任公司有义务向出售者支付养老金。

接着，领受养老金的人以他的配偶和子女的名义建立一个不可撤销的人寿保险信托（irrevocable life insurance trust，ILIT），投入比较少的现金，可能是 10 万美元。然后不可撤销的人寿保险信托为除了领受养老金者以外的其他人购买一份 OPPVULI 保单。接着保险单的投资账户的投资经理会从子女的信托中以票面价值购买离岸实体中的所有者权益。他这样做是因为，虽然离岸实体拥有有价值的、产生收入的资产，但是它也有足以抵消这些资产的负债，它必须在领受养老金者在世的时候，每年向其支付养老金。

一旦离岸实体被分离账户拥有，资产产生的收入就会流向保险单的投资账户，增加保险单的现金价值。不可撤销的人寿保险信托的托管人可以以保单的现金价值为抵押借入免税的资金。托管人也可以把这些收益分配给信托的受益人——包括领受养老金者的配偶，从而使领受养老金者可以间接获得资金。

这种交易在最近几年被广泛推销。然而，有些规划师和美国国税局已经表现出对它的关注。美国国税局在一系列国际税收会议上描述了它可能采取的行动。为了经受住美国国税局的潜在攻击，这种交易必须至少满足以下的标准：

● 在私募中领受养老金的人和人寿保险单中的被保险人不能是同一个人。

● 养老金的义务人必须是一个独立的实体，该实体可以作为一个享受穿透待遇的实体纳税，并且养老金安排应该不是虚假的。

● 养老金的义务人将所有者权益出售给人寿保险单的投资账户的行为，必须不能是预先安排的。

● 必须满足所有的外国实体报告要求和外国信托要求。

使用分期付款销售和私募养老金的资产保全计划

债权人通常有个单一的动机：现金。债权人想要得到债务人的现金，并且现在就想要。如果债务人有除了现金以外的其他资产，那么债权人的目的就是把那些资产尽快变成现金（即使以强制拍卖的清算价格进行转换），并且用来自销售的现金收益来履行裁决结果。债权人不想要的是非流动资产或者一项需要不断地工作才能获得现金的资产。

养老金的支付使债权人觉得难以接受。养老金不是马上支付大量的现金，而是每个月慢慢地支付。这意味着债权人每个月都必须向义务人发出一个新的扣押令，使义务人把养老金支付给债权人，而不是债务人。如果债务人住在许多不同的州，而其中有些州保护养老金支付（例如佛罗里达州），或者不允许使用扣押令（例如得克萨斯州），债权人可能没有方法获得支付。

对债权人来说更糟的是，养老金支付会随时停止，因为领受养老金的债务人（随着年龄增加）会死亡，而他的死亡将终止养老金支付。一个多疑的债权人甚至可能怀疑领受养老金的债务人会为了刁难债权人而提早死去。无论如何，债权人剩下的只是一项要花费很多成本才可以勉强获得的资产，而那份资产最后可能对债权人来说没什么价值。所有这些因素都可能使债权人接受有利于领受养老金的债务人的和解条件。

此外，如果私募养老金是递延的（这对规划师来说是一项复杂的起草任务，但是很灵活），债权人通常将要等到领受养老金的债务人选择把支付改为每年支付，在此之前，债权人甚至可能得不到任何支付。领受养老金的债务人也可能选择把支付递延，直到他搬到另一个州——那个州保护养老金支付，或者不允许扣押令。如果这些问题还不够，债权人还要承担义务人失去清偿能力的风险。

由于所有这些理由，债权人通常会把养老金支付视为几乎无法获得的资产。因此，如果债权人不能间接地攻击养老金安排——例如声明资产的初始转让是欺诈转让，债权人可能将只能得到养老金支付。无论如何，所有这些因素都有助于达成有利于债务人的和解方案。

如果设立养老金的主要目的是资产保全，在分期付款销售和私募养老金中可以使用"毒药"防御计划。这种"毒药"防御计划可能包括支付的递延、支付递延的利率提高以及非现金形式支付（例如，非流动的 LLC 利益来支付）的条款。由于两个理由，所有这些"毒药"防御计划都会很有效。（1）虽然债权人获得了票据的名义价值，但是他没有获得现金；（2）如果发生了递延支付，在递延期内累积的利息被认为是应纳税的。在以非流动资产来支付时，债权人将产生应征税收入，但是没有获得用来支付相关所得税的现金。

在构造非正常形式的分期付款票据和私募养老金时，应该考虑去咨询称职的不动产计划和税务顾问。然而有时候，使用这些工具主要是为了进行资产保全，而不是出于对遗产税和所得税的顾虑。

私募的养老金不能被担保，这样才能在纳税时被当作私募养老金，所以出售者可以有很好的理由将一项有价值的资产转换成一项没有担保的养老金：美国国税局让我这样做。最后在像佛罗里达这样的州里，养老金受到免除法律的保护，私募养老金可能是将易受攻击的资产转换成安全的免除资产的有利工具。

从欺诈转让的观点来说，可能更难证明一个没有担保的分期付款票据是合理的，因为它没有用增加的利率来反映增加的偿还风险。然而，即使是一个有担保的分期付款出售也可以是一个有效的资产保全计划工具，特别是如果票据允许以非现金形式支付，并且是一个在出售者死亡时终止的自取消分期付款票据。这种结构增加了债权人获得支付的不确定性，在协商对债务人有利的和解方案时，这是一个重要的因素。

离岸私募递延可变养老金

离岸私募递延可变养老金（offshore private placement deferred variable annuity，OPPDVA）是一些国际保险公司在OPPVULI之外提供的另一种税收递延工具。就像OPPVULI一样，OPPDVA有吸引力的特征是税收递延、投资灵活和资产保全。

因为OPPDVA中没有人寿保险部分，因此没有和人寿保险相关的成本，经常是积累现金价值的更有效的方法。然而，与人寿保险不同的是，在递延可变养老金中所有的收益都要以一般的所得税率纳税——如果它们是以直接分配或者贷款的形式分配的。而且，如果它们在领受养老金者达到59岁前分配的话，收益要承担额外的10%的惩罚性税赋。

尽管存在潜在不利的税收后果，但是和OPPVULI是一种有用的计划工具的原因一样，OPPDVA也仍然是一种有用的计划工具，特别是在领受养老金者无法投保并且无法获得人寿保险单的时候。

第 24 章
受控的保险公司

保险通常涉及把风险转移给保险公司，保险公司以协商一致的保险价格承担风险。保险公司接受这些风险的根本原因有两个：（1）它们可以通过许多被保险人来分摊风险，因为不是所有被保险人都会索赔；（2）保险公司可以收取足够高的保险费，使它们在承销中有获利的机会。

然而，在某些时候，一个企业所有者可能想知道，如果他把保险费留给自己，并且从根本上对自己的索赔进行自我保险，是不是更有利。这个道理引出许多问题：首先，企业所有者没有能力像保险公司那样在许多保单中分摊风险；其次，更重要的是，他的企业不能保留用于支付索赔的储备金，更不能把这些储备金作为纳税抵减项，但是税法允许保险公司这样做。

然而，企业所有者可能认为最好是进行自我保险。他可能有许多保险需求，却找不到一家保险公司愿意以合理的保险费接受这些风险；或者他可能拥有大量的相关业务，可以在这些业务中分摊风险。在某些时候，企业所有者会想，是不是应该拥有自己的保险公司、承保各种业务的风险并把承保的利润留给自己而不让那些利润流向其他地方？企业所有者可能认为，他比任何人都更了解他所面临的风险。因此，企业所有者可能考虑所谓的**受控的保险公司**（captive insurance company），这类公司也可以被笼统地定义为保险公司，主要是用来承保公司所有者其他业务的保险需要。

确实，受控的保险公司是大部分大型公司所选择的风险管理工具。几乎所有大型公司都有受控的保险公司，承保它们相当大部分的保险需求。其中有些受控的保险公司甚至成长为世界上最大的保险公司之一。它们的所有者创造了它们，并从中获得了相当多的利润，就像独立的、卓越的保险公司一样。

受控的保险公司的成立很容易，并且许多司法管辖区域包括外国的都在招揽受控的保险业务，包括外国的和美国的。保险公司可以在司法管辖区域的保险专员那里填写一个申请表，选择作为当地的受控居民，再由该保险专员负责给保险公司颁发许可证。公司必须有保险业务受理人、保险精算师和一个保险管理人。保险管理人必须是成立受控的保险公司的司法管辖区域的居民。受控的保险公司将保留储备金、承保风险并接受年度审计。在所有方面，这个保险公司都是一个充分经营的保险公司，虽然它承保的大部分业务都来自于它的所有者拥有的其他公司。

保险公司经济学

经营一个保险公司就像经营一家银行。保险公司的保单持有者实际上是通过支付保险费把钱贷给保险公司，而保险公司在未来的某个时间把钱还给提出索赔的保单持有者。保险公司主要通过把这些钱和它所有的资本（盈余）以比承保损失高的回报率投资出去，来获得利润。

保险公司也将试图从承保活动中获利。但是即使承保导致损失，保险公司也是有利可图的。例如，我们假设一个保险公司获得了 1 美元的保费，并且 3 年后要支付 1.06 美元的赔偿。你会认为这是亏本的承保吗？应该不是，因为保险公司以 0.06 美元的代价"借"了 3 年钱，实际利率是每年 2%。如果保险公司能在这 3 年中成功地进行投资，假如其平均年度回报率为 8%，那么在支付赔偿前它将获得 1.24 美元，剩下 18 美分可以作为管理费用和利润。

因此，即使在有承保损失的情况下，保险公司仍然可以是有利可图的，并且通常都是这样。在牛市中，保险公司通过以比它的实际费用低的价格出售保险，因为它们预期投资回报将超过它们计算的承保损失。对保险公司来说，重要的是在储备金和盈余上获得投资利润。如果保险公司必须遭受承保损失才能吸引这个投资资本，那么承保损失就是资本成本的一部分。只要投资收益超过承保损失，就是有利可图的。

这些经济效果意味着，在牛市中，保险的费用会由于保险公司要竞争投资资本而人为地降低。在牛市中，保险公司可能选择对保险费的定价远远低于保险公司的实际承保风险；相反，在熊市中，当保险公司没有能力产生投资资本时，保险公司就不愿意在亏损的情况下承保风险，因此，它们会增加保险费，使保险更昂贵。

保险公司比一般企业具有显著的优势：在缴纳公司所得税的时候，为应付将来损失的储备金是可扣除的。例如，如果一个一般的企业预计在未来 5 年将有 300 万美元的损失，并且试图为那些损失做准备，那么在其纳税时，储备金是不应该扣除的；相反，一家保险公司可以从收入中扣除那些储备金，这意味着保险公司在法律上被允许在合理的、精算决定的储备金范围内保护一部分收入。这就是为什么保险公司从来没有披露（应纳税的）利润，但是却拥有大量的资产，并且好像拥有可以看到的每件东西。

当然，受控的保险公司必须是真实的保险公司，拥有在商业上合理的商业计划。所有涉及保险公司的交易（从资本化到承保）都必须在经济上是合理的。这意味着，保险公司必须有保险业务受理人、保险管理人和精算师，并且他们必须实际参与保险业务。对于一个公司来说，把自己叫做保险公司或者拥有一个保险许可证是不够的。关键问题是，保险公司是否实际从事着保险业务，例如承保和发行保单、管理储备金及解决索赔等等。

因为受控的保险公司和封闭型控股保险公司（closely held insurance companies，CHIC，在本章后面会讨论）能够带来丰厚的税收利益，这两类公司数量稳步增长。相信自己有能力建立和管理保险公司的人数也在相应增加。大部分离岸服务提供者现在都在推行成本很高的受控的保险公司和封闭型控股保险公司，希望它们可以获得一个公司许可证———一个在缴纳美国税收时几乎没有任何用处的声明。虽然许可证是决定一家保险公司能否作为保险公司纳税的一个因素，但它远不是决定性的因素。关键的问题是这个公司是否主要从事保险业务，而不是这个公司是否在墙上挂着保险许可证。

在税收方面，保险公司必须实际为第3方承保、分摊和共同承担风险、雇用精算师和保险业务受理人或者与他们签订合同、充分地储备和资本化、拥有长期的保险业务计划并且主要目的是从事保险业务。内容（前述的所有内容）再次胜过形式（公司许可证和保险许可证）。

一个保险公司与其他类型公司相比的主要优点在于，保险公司可以承保保险单、接受保险费并且在缴税的时候扣除储备金。当然，风险会在计算的基础上从保单持有者转移到保险公司。但是只要保险公司有利润，财富也就会从被保险人转移到保险公司。因此除了是很好的风险管理工具，保险公司也是很好的积累和保有财富的工具。

受控的保险公司结构

受控的保险公司是与另一个企业分享普通所有权的企业，并且通常要承保其他企业的部分或全部保险（见图24—1）。"受控"关系的合法性以及母公司与受控的公司之间的保险费的可扣除性在现存的判例法中有充分的依据基础。著名的联合包裹服务公司（United Parcel Service）对保险委员会的案例中的标志性观点，进一步支持了这些特点。[1]在那个案例中，上诉法庭驳回了税收法庭的判决，并且认为联合包裹服务公司支付给百慕大群岛受控的保险公司的保险费是可以被扣除的，保险协议不是一个虚假的协议。它认为，这些安排有明显的经济实质，即使保险费明显超出一般的商业条款。如果保险是真实的并且保险费是合理的，从保险公司购买保险的企业应该可以把支付的保险费作为当年的费用扣除。

为了使保险费对其他商业是可扣除的，保险公司必须也为某些与所有者无关的个人或实体承保风险，并从中获取保险费。而且，收取的保险费必须是合理的，通常要经过精算师的评估。如果保险费不尽合理，这种安排就会遭受挑战。

虽然美国国内受控的保险公司因为特拉华州、夏威夷、南卡罗来纳和其他几个州的激进宣传而变得更流行了，但是大部分受控的保险公司都是离岸成立的。它们的成立与其说是为了税收目的，还不如说是为了避免州保险监

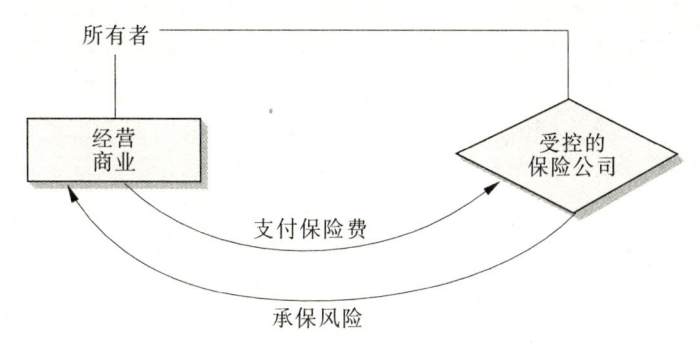

```
         所有者
    ┌──────┴──────┐
    │             │
┌───────┐      ╱─────╲
│ 经营  │     ╱ 受控的 ╲
│ 商业  │     ╲ 保险公司╱
└───────┘      ╲─────╱
    │   支付保险费  ↑
    │ ─────────→  │
    │             │
    │   承保风险   │
    ↑ ←───────── │
```

图 24—1 受控的保险

管者的官僚制度。受控的保险公司可能实际上选择美国税收制度[2]，从而利用非常有利的美国保险公司税收待遇——这种情况并不罕见。

要记住，虽然保险公司在离岸成立，但是资产不一定要转移到离岸，也不一定要受某位离岸人士的控制。实际上，资产通常被投资于美国。受控的保险公司的好处之一就是保险公司和保险公司的资产都由作为保险公司所有者的客户控制。[3]客户没有理由也没有必要把所有权或者控制权弄得很模糊，也不必把所有权或控制权委托给其他人。

保险公司在一个离岸司法管辖区域成立并得到许可的事实，并不意味着它完全不受监管。主要离岸司法管辖区域的保险委员会和金融服务部门会严格监管它们许可的保险公司，以便维护该司法管辖区域的名声。这些监管者通常都要求年度审计。对保险公司的强制性要求是，要有一个当地的管理者，该管理者可以亲自与保险委员会会面，解决产生的任何问题。

受控的保险公司与风险管理

保险涉及通过缴纳精算师计算出的保险费把风险转移到一个保险公司，从而管理那些风险。然而，在保险市场中，被保险人经常遇到价格无效性问题。许多原因都可能导致无效性，包括保险公司的保险业务受理人对特定的商业部门不够了解、在某些市场的保险公司之间缺乏竞争以及保险公司在对储备金和盈余进行投资时或者预防经济低迷时做出了错误的决定。

例如，一个企业所有者可能拥有一个小器具工厂，并且从来没有被起诉过。可是，他可能要支付与街对面的竞争者同样或类似的保险费，而他的竞争者可能陷入许多诉讼并且要支付许多赔偿。因为保险公司的保险业务受理人声明这个企业所有者和他在街对面的草率的竞争者属于同样的风险类别。他缴纳的保险费基本上都被保险公司用来支付竞争者的实际保险成本了。

另一个例子是，当股票市场低迷时，保险费率很有可能因为与风险的管理方式和避免索赔的方式完全无关的原因而上升。很简单，保险公司的投资活动不再为承保损失提供资金。相反，保险公司将试图提高保险费来补偿投资损失。因此，在熊市中，保险费将猛涨，即使索赔现象没有增加。

对于买不到保险的风险或者保险费用太高的风险来说，不管企业所有者是否意识到，他们都对那些风险进行了自我保险。也就是说，如果索赔真的出现了，企业所有者将必须从自己口袋里掏出钱来支付解决索赔的费用。很不幸，当前的税法不允许一般的商业公司把未实现的潜在索赔而准备的储备金作为费用扣除。然而，保险公司可以这样做。

当一个企业足够大，或者一个人足够富有时（一个经验规则是，至少有300万美元的净资产），这个企业或者个人就应该考虑拥有自己的保险公司，来管理自己的法律风险。就像上面提到的，几乎世界上所有最大的公司都会为了这个目的而投资建立自己的下属保险公司。这些保险公司叫做"受控的保险公司"，因为它们的业务经常（但不是一定）局限于为企业结构内的其他子公司承保风险。

企业所有者有强烈的动机成立受控的保险公司。首先，一个受控的保险公司会使企业所有者确切地知道保险公司储备金的金额和质量。关于保险公司是否有支付索赔的财务能力的问题，从来都不是一个公开的问题。企业所有者也会知道，保险公司不会错误地抗拒索赔、支付的很慢，也不会对企业有其他恶意的举动。

其次，企业经常可以获得某些通常无法获得的保险类型，因为受控的保险公司可以承保这家企业的任何风险。同样很重要的是，保单可以根据企业的特定需要量身打造。企业不必被迫接受由保险委员会制定的一般的作为第三方的保险公司不愿意去改变的形式。企业所有者可以起草特殊的保单，这种好处怎么渲染都不过分。例如，保单可能只向企业提供诉讼费用和赔偿金，它们可以明确地禁止原告和债权人直接向保单主张权利。

受控的保险公司还使企业所有者可以根据企业的具体索赔经历来给保单定价。价格不必以行业的经验费率为基础，因为行业经验费率可能由于某种原因没有标明具体企业的特殊风险。受控的安排还可能使企业所有者承保某些有利的保险项目。所以，所有者可以将受控的保险公司作为一个工具，以再保险合同的方式更简单地获得第3方保险。

资产保全与受控的保险公司

一个活跃的企业有可能给自己及其所有者带来负债。如果企业产生了可以留在企业中的利润，债权人就可以获得那些利润。类似的，如果利润流回所有者，所有者的债权人通常就可以获得这些利润，还必须单独为这些利润进行资产保全。

通过向保险公司支付保险费，企业用现金交换了一项资产（保单），这项资产对债权人来说可能毫无价值（见图24—2）。因此现金被转移到安全的地方，进入保险公司，而保险公司本身会受到独立的资产保全，可以免受债权人侵害。如果提供的保险和支付的保险费是合理的，并且有精算研究作为支持，且它们都是通过正常的商业程序完成的，那么保险费的支付很可能不会被当成欺诈转让而被取消。这是因为，如果保险费是合理的，并且可以得到精算师的风险研究支持，保险费的支付就应该被认为是"等价交换的"。

```
┌──────┐   保险费    ◇─────────◇
│ 经营 │ ─────────→ │受控的保险公司│
│ 企业 │            ◇─────────◇
└──────┘
```

一个受控的保险公司的资产保全效果是从经营企业中取出现金，否则这些现金就可能被企业的债权人获得。

图 24—2 受控的保险公司的资产保全成分

另一个优点是，保险费的支付不是一次性转移，而是每个月或者每季度发生的。因此，一旦实施了受控协议，随后就会存在一个机制，定期安静地从企业中转移出财富。只要基础企业有能力支付保险费，这个安排就可以继续下去。

受控的保险公司是一个强大的风险管理工具。它们使企业所有者可以保护自己免受风险的侵害，如果没有保险就会面临这些风险（这种风险叫做**无保护的风险**，naked risk）。典型的企业所有者通常会面临如下的风险暴露，而封闭型控股保险公司可以被用来对这些风险进行保险：

- 用于支付其他保单的免赔额；
- 超额风险（索赔额超过了现存保险的赔付上限）；
- 监管或者行政行为（许可证被吊销或者暂时剥夺）；
- 经济的波动，包括利率波动和货币风险；
- 环境问题和有害物质；
- 涉及性骚扰、年龄或者性别歧视、违反《美国残疾人法》（Americans Disability Act）的诉讼；
- 企业所有者没有保险的许多其他风险。

这些风险是比较典型的，当然，我们还可以列出上百种企业所有者可以投保的风险。在 1999 年，许多企业对"千年虫"电脑问题进行了保险；从 2001 年以来，企业所有者经常对恐怖主义风险进行保险，其中还包括由于恐怖活动引起的经济波动导致的财务损失。

这并不意味着企业所有者为债权人建立了一个巨大的、可获得的资产池，使债权人可以通过保单获得资产。受控的保险公司可以起草一种**诉讼费用保险单**（litigation expense policies）。这种保单不会使第 3 方原告或者债权人因为索赔而得到任何钱。相反，它们只支付实施索赔发生的实际成本，例如支付律师费和法庭费用。这种保单的想法是：债权人会发现，保单只能为企业提供"战斗基金"来战胜索赔，而如果债权人胜诉了，却不会把钱付给债权人。

保单也可以规定，只有所有者可以提出索赔——例如，补偿关键客户的基础企业的损失或者补偿由不可预见的利率变动导致的商业损失。比如，一个建筑设计师可能从他自己的受控的保险公司购买保险，来承担试图撤销他的许可证的诉讼费用；或者一个房地产开发商可以为自己获得某块土地的开发许可证的风险承保。在这两个例子中，建筑设计师和房地产开发商将承担真正的风险，但是任何债权人都不能获得保单的支付。

封闭型控股保险公司

受控的保险公司经常被规模很大的公司使用，并且被用于为所有股东提供利益。这种受控的保险公司的主要目的是降低公司的保险成本，从而增加股东价值。除了公司股东可以直接从使用受控的保险公司中获利外，没有其他人会受益。实际上，它至少违反了高级管理者或者董事的信托义务并且可能违反州和联邦的《证券法》。最糟糕的情况是——受控的保险公司可能被用于将利润从受控的保险公司转移到股东以外的人。

相反，我们定义的**封闭型控股保险公司**是只用于私募企业的受控的保险公司。除了降低保险成本和增强风险管理职能外，一个封闭型控股保险公司的重要目的是将封闭型控股保险公司里的财产与企业所有者分离开来，从而把这些财产与企业所有者的债权人分开。在封闭型控股保险公司结构中，任何承保收入（支付的保险费减去再保险费、管理费和支付的净索赔费）基本上都是从经营企业转移到封闭型控股保险公司中的财富。结果，封闭型控股保险公司可以把财富从经营企业和它的债权人手中转移出去。

虽然许多封闭型控股保险公司由企业所有者拥有，但对它来说，更好的安排是被企业所有者未来的继承人和受益人拥有。就像封闭型控股保险公司可以用于将财富从会产生负债的企业中转移出去一样，封闭型控股保险公司也可以把财产从可能面临个人诉讼风险的企业所有者那里转移出来。这些都是封闭型控股保险公司的主要目的所附带的好处，封闭型控股保险公司的主要目的是降低保险成本和增强风险管理职能，但是转移财产的好处也很重要。

如果封闭型控股保险公司被适当地构造为整体继承计划的一部分，它会是一个很好的隔代财产转移和财富积累的工具（见图24—3）。例如，如果一个封闭型控股保险公司是为企业所有者的子女或孙子女成立的，并且为所有者的企业提供保险，那么净承保收入就会从企业的债权人和所有者可以获得的范围转移到所有者的继承人手中。只要保险安排和保险费支付是以正常交易的条件进行的，就不存在欺诈转让风险。保险公司也可以发行为企业所有者的寿命保险的人寿保单，使这个家庭的保险公司可以获得费用和投资收入，而不是让一个商业保险公司获得这些收入。做到这一点的条件是，保险单和再保险条款是保险市场会普遍采用的条款、交易在经济上具有合理性并且符合复杂的保险税法的要求。

封闭型控股保险公司的另一个优点是，它可以开发大型保险公司可能会忽略的细分市场的机会。确实，许多主要的公开上市的保险公司都是从小型保险公司开始的，最初都是去满足被忽略的保险需求。封闭型控股保险公司通常在离岸成立，并且一般不允许在美国招揽客户或者承保保险（然而，它仍然可以为许多美国被保险人签发保单，特别是为相关方）。但是在将来，

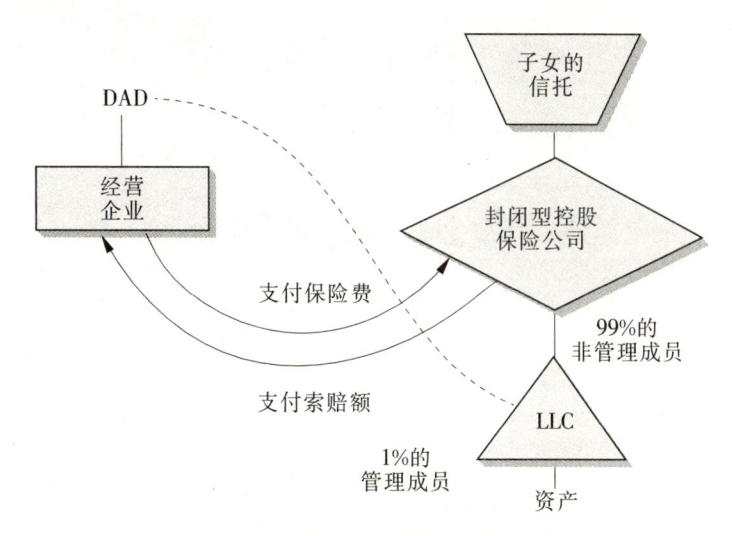

图 24—3　封闭型控股保险公司的财产转移

在美国的一个或多个州可能会允许封闭型控股保险公司提供某些保险服务。对任何公司来说，封闭型控股保险公司的最终目的都是建立一个拥有大量价值的独立企业。如果有适当的储备金并小心地承保，一个封闭型控股保险公司就将有资格被归类为保险公司。这可能使它的价值远远超过它的净资产值。某天，当封闭型控股保险公司被出售给一个大型保险公司时，这些价值就可以实现了。

封闭型控股保险公司具有最好的风险管理、资产保全和保险效果。然而，封闭型控股保险公司是一个真正的保险公司，并且它的所有者必须承担相关的经济风险——包括相当昂贵的维持成本。如果某个客户愿意接受这些责任和风险，封闭型控股保险公司就是一种理想的规划解决方案。然而，如果一个客户既想获得税收利益，又不想承担相关的风险，就应该考虑其他工具。

注释

[1] *United Parcel Service v. Commissioner*，254 F.3 rd 1014（11th Cir. 2001）。

[2] Internal Revenue Code Section 953（d）。

[3] 对客户来说，更常见的作法是作一个持有保险公司股票的有限责任公司的管理者。

第 25 章 其他先进方法

我们身处一个日益复杂的金融世界，在纽约、伦敦、东京、香港和其他地方的精英们，会定期为他们的客户开发新的、独一无二的金融产品和策略。其中许多产品和策略都可以用于资产保全，其潜力有待于进一步挖掘。这些方法之所以被认为是先进的，主要是因为知道这些策略的人很少，而且实施这些策略所需要的法律和财务规则远远超过传统的金融、交易和不动产计划的范畴。

我们还记得资产保全很少赤裸裸地以自己的名义出现。相反，它应该具有更广泛的经济和风险管理目的，并对附带的资产保全利益给予适当的关注。因此，最明智的资产保全计划是尽可能利用普通的商业和金融策略的计划。

就像我们在本书第 8 章中讨论的挑战性分析一样，在资产保全计划中的一般规则是，新的就是好的。新的策略更不可能被债权人或者法庭认为其有资产保全的意图。被作为资产保全工具而大肆推销的策略和结构会使债权人和法庭警惕一个事实，即债务人进行规划的动机就是资产保全。债权人可能很容易攻击已知的资产保全策略，甚至可能想树立一个惩罚介入这种策略的债务人的典范。另一方面，新的策略不会使债权人觉得紧张——因为债权人和他的律师可能以前没见过这种策略，并且可能不熟悉它所基于的特定的商业和金融领域。所有这些因素都会使双方更有可能达成有利于债务人的和解方案。

高级策略还试图改变与债务人行动相关的争议的某些基本特征。例如，债务人的精力不是全部集中在欺诈转让的法令限制，而可能集中在：根据案例的需要，说服法庭相信，存在争议的特定资产具有更低或者更高的价值，例如像可转换债券这样复杂的金融工具。如果有争议，也将是债务人的财务专家与债权人的财务专家间的辩论。这个问题可能很深奥，以至于法庭很难判断债务人是否有轻视债权人权利的意图，即使事实真的是这样。

公司策略

某些先进策略的目的就是：一旦债权人开始试图戳穿实体，向所有者直接主张负债来阻止债权人。这些策略也可以在债权人出现前实施，以便强化已经存在的资产保全结构。其中大部分策略都利用了普通的《公司法》，但是都对公司法有一些独特的扭曲。

一个这样的方法涉及改变公司的资本化结构，其方法是让所有者把非流动的长期债务工具（例如来自他们控制的另一个实体的本票）出资给公司，来暂时性地增加公司价值（见图25—1）。这个策略被叫做**改变资本化结构**（recapitalization），允许股东通过清算或者兑换股权，把有价值的、易受攻击的资产从公司中抽取出来。这个过程就是用更不易受攻击的、更没吸引力的和非流动的资产来替代公司易受攻击的、有吸引力的和流动的资产。改变资本化结构的好处是，公司的资产负债表基本没有改变，虽然流动资产被剥离出来。债权人必须等到这些长期负债到期时，才能凭借这些资产收回债务，而不是立刻收回债务。几乎没有债权人愿意等几十年才可以得到偿付。更重要的是，甚至几乎没有一个债权人的律师愿意等几个月才可以得到偿付，更不用说等几年了。这样，改变资本化结构将有助于达成一个更有利于债务人的和解方案。

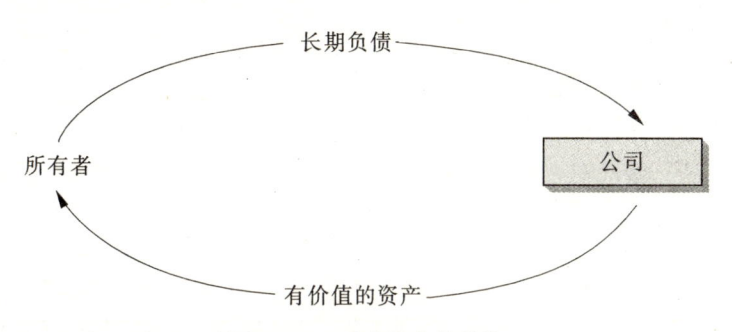

图 25—1　改变资本化结构

改变资本化结构也可以被用于增加公司的资本，从而使公司更不会被怀疑成仅仅是一个投资不足的壳。通过增加公司的资本并且确保公司保持它的独立身份，所有者的个人资产承担的风险将小于公司作为非独立实体时所承担的风险。

当然，为了使改变资本化结构不仅仅是一个虚假的交易，以债务工具向公司出资的义务人，必须在债务到期时有实际的偿付能力。在债权人试图置疑资本化结构的改变时，会衡量义务人的偿付能力。然而，危机过后，义务人可能试图重构公司或者清偿债务。为了便于推行这个之后的计划，义务人不应该是一个个人。相反，义务人应该是一个为了特定目的而成立的实体。

稀释（dilution）策略涉及从一个公司向另一个实体发行额外股权的问题（见图25—2）。这会降低原持有者股票的价值，会增加新发行股票的持有人的财富。因此，如果原持有人的股票后来被一个债权人获得，债权人获得的价值将比稀释前少。

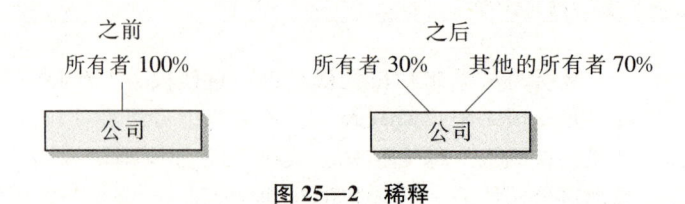

```
      之前                           之后
   所有者 100%              所有者 30%    其他的所有者 70%
    ┌──────┐                    ┌──────┐
    │ 公司  │                    │ 公司  │
    └──────┘                    └──────┘
```

图 25—2　稀释

只要稀释有合理的经济理由，并且股权被稀释和债权人出现的时间不要离得太近，债权人就很难声称发生了欺诈转让。相反，得到股权的债权人可能被迫针对发行公司进行一个股东的派生诉讼。这将是一个困难的诉讼，特别是在原始股东同意稀释的情况下。在许多公司中一个常见的现象是，优先股尤其会面临被稀释的风险。如果在稀释的时间和债权人试图获得补偿的时间之间有一段明显的差距，债权人胜诉的可能性会很低。

债权人可能很难察觉到稀释。他必须追踪债务人在公司的初始投资，并且把它和债权人从股票清算中得到的资产相比较。即使债权人发现原来的股权被稀释了，债权人可能也不会怀疑稀释的目的是降低债权人得到的价值。

迁移策略

建立多层实体，并且在各层之间转移资产，直到资产与可能持有负债的实体分离的过程，叫做**迁移**（migration）（见图 25—3）。迁移策略有时被用于出售一个易受攻击的实体的资产，例如，将专利权从一个有产品责任问题的公司中转移出去。

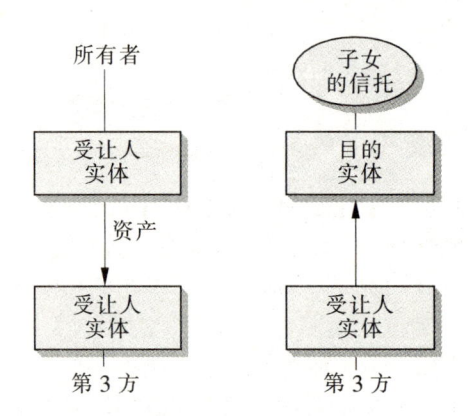

```
      所有者                          子女
                                     的信托
    ┌──────┐                    ┌──────┐
    │ 受让人│                    │ 目的  │
    │ 实体  │                    │ 实体  │
    └──────┘                    └──────┘
       │ 资产                        ▲
       ▼                             │
    ┌──────┐                    ┌──────┐
    │ 受让人│                    │ 受让人│
    │ 实体  │                    │ 实体  │
    └──────┘                    └──────┘
     第 3 方                      第 3 方
```

图 25—3　迁移

成功的迁移策略通常是提前计划好的，使用了许多层实体，并且在一个相对较长的时间内实行。资产被转移到一层中后，产生的壳实体被出售给一个不需要服从美国法庭司法管辖的外国合伙人。壳实体可能被清算或者被保持下来，但是会暂时停止活动，以便在预先决定的一段时间过后再使用——

例如，在欺诈转让的诉讼时效期过后使用。把一个中间实体出售给外国合伙人有可能使债权人更难判断转移的细节和转移产生的实体的所有权结构。这是因为外国合伙人和实体的公司文件都处于法庭的司法管辖范围之外。如果没有外国法庭极端的、不太可能出现的介入，它们就不太可能被发现。

债权人只有在能够追踪不同实体到实体的权利关系的情况下，才能追逐资产。一个离岸实体的介入可能会严重削弱债权人追踪权利关系的能力。或者至少，它将削弱债权人证明一个实体仅仅是一个等价的无害的购买者的能力。第一次转移会在资产和潜在的债权人之间设置一定的距离，随后的转移和时间的推移会建立额外的保险，使资产不会被攻击。

迁移的关键是耐性和巧妙性。转移不应该发生在同一天或者连续的几天内；相反的，应该分散到一段很长的时间内，最好是分散在几年内。每一年，实体都与有债权人顾虑的初始所有者拉开更大的距离。转移应该表现为在不相关的购买者之间正常交易的转移，并且在可能的范围内，它们也应该是正常交易的转移。转移者不太可能是不相关的购买者，但是如果追踪资产的债权人认为购买者是不相关的，那样更好。

赎回

赎回（redemption）方法和迁移类似。赎回试图通过将实体出售给一个与负债隔离的第3方（通常是离岸的），把未知的潜在负债限制在某一个实体内。然后核心的商业资产将被购回（或者叫赎回）到一个新的、没有负债的实体里（见图25—4）。在初始销售和赎回之间至少要间隔1年以上。理想的情况是，直到初始转移被起诉为欺诈转让的诉讼时效过去之后，再进行后面的赎回交易。

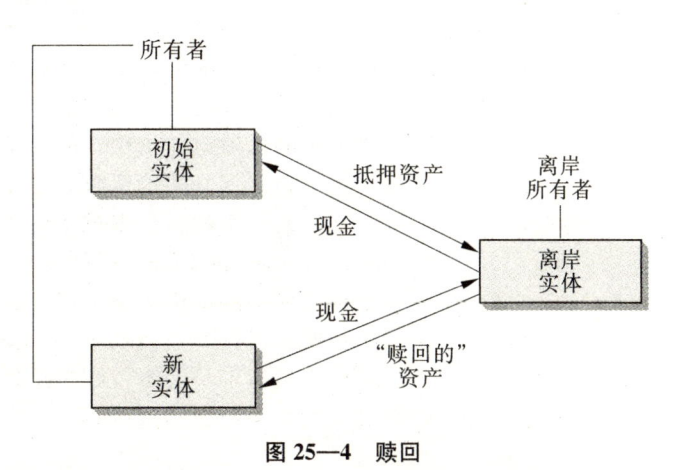

图 25—4　赎回

这个策略避免了传统意义上的直接转移——即把资产从客户的老公司转移到客户的新公司。资产本身没有转移，转移的是资产的赎回权。很难估计这种权利的价值，这将使债权人难以声称这种行为是欺诈转让。即使债权人成功地使赎回权利的转移无效，债权人可能仍然很难强迫初始所有者实施这些权利,特别是在必须向外国当事人支付现金而且合同中还会写明其他偶然事件的时候。

例如,假设一项资产的所有者在 A 公司中持有资产,这个公司可能属于高风险行业,所有者想把资产转移到 B 公司。如果资产简单地从 A 公司出售到 B 公司,后来的债权人可能声称这桩交易在本质上是欺诈行为,因为所有权有重叠部分,B 公司可能被认为是一个"内部相关方"。相反的,A 公司可以把资产出售给一个巴哈马群岛的国际业务公司,这个国际业务公司由巴哈马群岛的居民拥有。在一段时间后,巴哈马群岛的国际业务公司再将资产出售给 B 公司(或者说,B 公司"赎回"资产)。在这种情形下,在 A 公司和 B 公司之间没有直接的联系,并且随着时间的推移,债权人可能很难说这两个交易是欺诈转移。

就像迁移策略一样,赎回策略的主要好处是:第 3 方会在潜在的受让人链中被不断替代。这两种方法会立即对初始销售带来很大程度的影响,并且在过了若干年后可能很难受到挑战。同时,资产会立即被等价转移到第 3 方,从而在初始转移时,立即给资产带来较大程度的保护,甚至在赎回发生前就会带来保护。赎回策略的主要缺点是拖延次级负债(secondary liability),在构造这个结构和转移过程中会产生很高的费用,以及计划和实施这些安排时会有一些困难。

贬值方法

贬值(devaluation)方法试图多次销售某项资产,并且在每个步骤中,资产将以某种方式贬值。最终,贬值的资产通过"等价交换"(以贬值后的价格)出售给第 3 方购买者。随后,第 3 方以贬值后的价格把资产出售给一个受控的实体,这个实体可能持有资产,也可能以实际的市值出售资产。

对资产进行巧妙地改变会有贬值的效果,例如,暂时取消一个企业使用某种专利的权利就有可能达到这种目的。当把资产从第 3 方赎回后,这些改变可以被纠正过来,使失去的价值重新出现。使一项资产贬值的另一种方法是将它分成许多部分,每个独立部分的价值总和小于整体的价值。被贬值的各个部分在随后一段时间内的一系列交易中被出售出去。在欺诈转移的诉讼时效期过去后,客户拥有了一个新实体,再把资产的各个部分买回来,然后,那些部分将在这个新实体中重新构成整个资产。

这样做的结果是减少所有者资产负债表中的价值,然后让这个价值在新实体中重新出现。这种操作虽然不是一个税收策略,也不应该被用作税收策略。但是它可能带来显著的资产保全利益。

延期交割金

在金融背景中,延期交割金(backwardization)是指这样一种市场状况：在这种状况下，未来的价格将日益低于现在的价格，这通常是某种商品或者货币供应不足的结果。也就是说："如果你等，你会得到更便宜的价格。"在资产保全背景下，延期交割金是指这样一种安排：在这种安排下，如果立即执行资产保全合同，价格会非常高。但是随着时间的推移，价格会越来越低。这种安排的效果是：在债权人还没有被识别时，一开始提供一个较高的资产销售价值（也就是考虑更高的价值），但是在一个固定的期限后最终降低到一个较低的成本。到那时，任何债权人都已经被识别出来了，并且索赔也已经解决了。

如果债权人确实出现了，较高的初始销售价格会降低这项转移被当成欺诈转让的可能性。随着时间的推移，欺诈转让索赔的威胁逐渐消失，销售价格会降低得越来越多。所以到销售达成的时候，价格会以远远低于当时的市值出售，大量的价值会从有可能成为诉讼目标的实体中转移出去。当然，销售合同也可以被确定为具有"追溯效力"，即在销售最终完成前的最后一刻确定价格（如果条件允许的话）。也就是说，一旦判断没有债权人出现，双方就会以双方希望的更低的价格重新签订合同。

结构性金融产品

涉及复杂的金融协议的最先进的资产保全方法叫做结构性金融产品（structured financial products，SFPs）。这些产品是金融市场上常用的安排，它们可以用来对冲金融头寸、利用市场的无效性产生套利机会或利用复杂的投机工具来获利。结构性金融产品有巨大的（虽然是无意识的）财富转移潜力，可以以大部分债权人想象不到的方式来转移财富。结构性金融产品是可以采用的最强有力的资产保全工具。另一方面，结构性金融产品的用处非常有限，因为它们很复杂、证券与期货市场有严格的监管规定而且规划师一般都不熟悉那些复杂的金融交易，所以只有很少的金融专家可以操作这种交易。

复制（replication）的方法涉及使用结构化金融衍生产品［也就是所谓的奇异衍生品（exotic derivatives）］。这些衍生产品将把价值从债务人的投资组合中抽离，然后在一个受保护的工具中重组价值——可能是立即重组，也可能是过一段固定的时间后重组（见图25—5）。价值因为错误的金融决策在一个地方消失，然后因为正确的金融决策又在其他地方实现。当然，错误和正确的金融决策是同一个交易的两面，但是债权人几乎不可能发现这个交易，除非他们有意去寻找。即使发现了，可能也很难揭露它。

复制策略涉及使用复杂的期权策略——例如利率上下限，它涉及多重交错的看涨期权和看跌期权。一个资产保全实体或者相关方（例如持相反市场头寸的继承人或配偶）可以在交易中作为交易方。

实现的策略要试图把价值从自己转移到受保护方的客户。客户在交易的大部分时间是亏损的一方——例如，80%的时间。因此客户10次中有8次是亏损的，这意味着交易对方10次有8次是盈利的。因为在这个例子中，

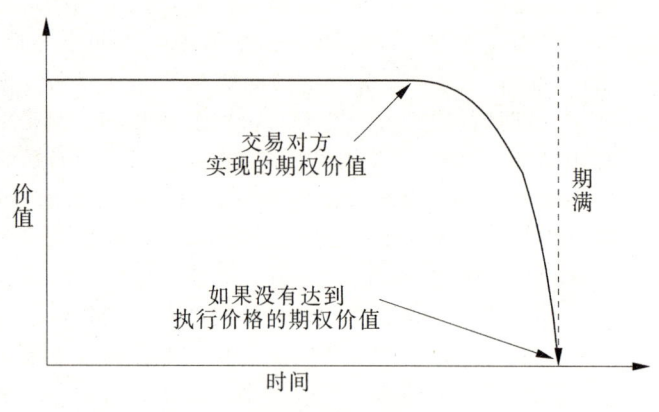

图 25—5 复制

交易对方 10 次中失败了 2 次，抵消了 2 次盈利，所以客户在 10 次中可以有 6 次向交易对方成功地转移资产。

在这个例子中，客户在 60% 的时间内表现为损失，而交易对方有 60% 的时间表现为利润。这种安排使双方可以进行持续的财富转移，直到客户的资产被完全消耗完。随着时间的流逝，试图转移资产的人会出现完全的损失，损失的原因可以完全归咎于进行投机的衍生产品交易。这个解释可以从客户的经纪人报表那里得到支持。几乎没有债权人会进一步调查。

复制方法的优点是，它会在每次交易时立即产生预期的影响。同时，涉及复杂的衍生品头寸的价值评估问题很难归类，这使债权人很难声称转移不是等价的，或者声称交易是为了合法地追求财务收益之外的理由进行的。

复制方法的主要缺点是：（1）这种方法需要一个证券经纪商（或者有时在衍生工具交易中需要许多个经纪商）；（2）设计这个方法的成本可能很昂贵，实施时也需要大量的交易成本。

结构性金融产品的另一个例子是建立一种标准的债务工具来为资产的转移提供便利，然后只把工具的利息部分出售给一个不相关方。给债务人留下的部分叫做零息工具（zero-coupon instrument），这意味着债权人即使得到债务工具，在工具到期看到现金前，也不能得到任何利息支付。在工具到期之前，债权人必须为利息收入支付所得税，虽然在这个过程中债权人没有收到可以用来支付所得税的现金。因此，这样一种工具将不是债权人想要获得的资产。

和几乎所有的资产保全策略一样，成功的关键是工具设计的巧妙性以及接下来把利率部分剥离给第 3 方的交易。这种工具可能包括隐藏的、反对债权人的条款，使债权人很不想得到这种工具。例如，利率可能被显著增加，结果显著地增加了债权人应交纳的所得税，但是这项资产没有提供用来支付所得税的现金流。债权人始终无法确定义务人是否会对他进行支付。这些工具在为其他资产保全策略提供方便的部分很有用，例如使改变资本化结构很方便，甚至可能使其他资产保全策略看上去像普通交易一样。它们可能使债权人觉得疲劳和失望，因此促使双方达成和解。

第 26 章 特殊的情形

为了以实践的方式把这本书中的策略总结在一起,在最后的这一章里,我们将研究一些特殊的客户类型、他们的需要以及一些潜在的解决方法。

房地产开发商

对综合的资产保全计划来说,最好的客户候选人是房地产开发商。由于业务的性质,房地产开发商要为建筑缺陷承担责任。在某些州,这种责任可能要持续 10 年或者更长的时间。房地产开发商还要为环境问题负责,也要为代表他们的分包商的工作行为负责。原告的律师现在经常轻率地为因有毒的材料所引起的健康问题提起诉讼。而且,房地产开发商的项目通常会利用大量的融资,并且他们的购买者也会依赖于借贷,这意味着利率的突然波动或者大量的失业可能很快地破坏他们的财富。

因此房地产开发商非常需要进行风险管理,但是他们的新工程也需要现金来源。因为**贷方**的要求,开发商经常不能承担个人债务,或者可能被拒绝借给他们需要的资本。开发商的许多顾虑都可以通过保险单来缓解,保险单可以为一般的责任、建筑缺陷和环境责任提供保险,但是这些保单通常会有大额的免赔额和扣除额。

首先,每个主要的工程都应该在它自己的实体内开展。这里的一种选择可能是使用系列有限责任公司来持有个人财产。因此,在枫树街 101 号的财产可以被放置在开发商的枫树系列 101 号有限责任公司中,而枫树街 103 号的财产可以放置在枫树系列 103 号有限责任公司中,以此类推。虽然大多数州都已经解决了债务和个人系列有限责任公司的分离问题,但是系列有限责任公司结构可能使原告的律师很惊慌,从而轻率地接受有利于债务人的和解方案。

其次，房地产开发商的常见问题是，他们会亲自介入每个工程和实体，要么作为实体的所有者（或者更糟的是，直接作为房地产的所有者），要么作为高级管理者、合伙人或者管理者。可能的话（也就是说，如果贷方允许的话），房地产开发商应该利用一个管理公司来管理所有的工程，他自己不与开发工程发生任何直接的联系。要注意，房地产开发商仍然可以以自己的名义作为纯粹的消极投资者，为开发工程的实体提供信用支持。

房地产开发商经常是受控的保险公司或者封闭型控股保险公司的理想客户候选人。使用受控的保险公司，开发商就可以为免赔的和豁除的风险提供保险，并且在受控的保险公司积累了大量的储备金后，还可以为市场经济风险提供保险，例如利率风险。而且，如果资本化和储备足够，这个保险公司的盈余和储备金还可能用于投资开发商拥有的工程。因此，在一定程度上，受控的保险公司或者封闭型控股保险公司可以作为开发商的私人银行，为其提供必要的融资，同时也为开发商得不到保险的风险提供保险。

公司董事

很难分析一个公众股份公司的董事的风险。出现负债的原因很可能是股东派生案例。对于这种风险，董事可以从公司董事和高级管理者责任保单中得到某种保护。然而，大部分董事担心的是（而且很不幸，现实情况也的确如此）因为派生诉讼的损害可能使上百万股票的股价下跌，所以它将远远超过董事和高级管理者保单的限额。董事也将因此遭受财务损失。

另一方面，公司高级管理者和董事必须小心避免广泛的资产保全计划和离岸计划。这些计划会让人推测（不管这种推测是否公正）公司的董事和高级管理者知道他的行动是错误的，并且试图在他的错误行动被发现前保护他自己的资产。对一个公开上市公司的高级管理者或者董事来说，资产保全计划必须非常巧妙，并且应该避免已知的有资产保全目的的策略。

董事应该使用巧妙的策略来保护资产和收入，这些策略应该有实际的资产保全效果，但不会被经常用于资产保全。由于会派生诉讼的性质和相对较长的诉讼时效期（因为会使诉讼时效暂停的发现条款会延长诉讼时效期）董事应该避免使用赠予，因为赠予可能很容易被作为欺诈转让而被取消。私募的养老金和私募的人寿保险经常是董事的好选择，特别是如果发生了灾难性的索赔，而当事人住在佛罗里达州或者另一个能给养老金和人寿保险提供相当保护的州，情况就更是如此。

企业所有者

企业的所有者比任何人所面临的风险都多：（1）他们面临企业可能会倒闭的经济风险，那将导致收入立即损失，同时，他们还可能把资产损失转移给贷方——企业所有者已经为这些贷方提供了个人担保；（2）企业经营会产生无限的潜在负债：如果一个卡车司机出现了事故，公司及所有者可能会被起诉；如果一个年长的员工被解雇，公司及所有者可能被起诉；如果制造工厂的一个邻居得了奇怪的病，公司及所有者也可能被起诉。

和房地产开发商一样，企业所有者进行资产保全的第一步也是通过使用控股公司使自己远离企业的经营。接着，企业应该被分类计价，每个有较大价值的组成成分被分成各个独立的实体。然后这些资产会根据某些条款被租赁或者许可而转给经营公司。这些条款规定，如果经营企业破产的话，租赁或者许可权将被终止。在那以后，所有者将可以使用那些被释放出来的资产。员工应该根据他们与经营商业和成分租赁实体相关的职能被分散到各个公司，以便在尽可能的范围内限制员工方面的负债。关键的管理人员应该被分离到一个或多个管理公司。

所有者可能会介入管理公司，最好是作为管理公司的顾问。这种安排使所有者可以向管理公司提出关于经营企业的建议，而又可以在所有者和由于那个建议引起的潜在责任之间划出距离。至于最终的控制，如果管理公司的高级管理者没有服从所有者那些无约束力的建议，管理公司的所有者（可能是一个对企业所有者友好的托管人）可能认为，有必要解雇管理公司的高级管理者。企业所有者作为顾问应该得到的报酬可能包括一个递延薪酬计划，这个计划使所有者以巧妙的、受保护的方式处理掉企业利润。

封闭型控股保险公司对企业所有者来说通常有许多经济意义，因为企业所有者有大量没有得到保险的风险。一个封闭型控股保险公司可以为雇用索赔和环境责任提供保险，甚至提供针对所有索赔的"企业伞式保险"。这种保单可以被起草为诉讼费用保单，使第三方原告除了被严格限制的辩护费用外，得不到任何资金。

如果一个企业所有者打算把他的财产有效地转移给他的继承人，由于两个重要的理由，他必须考虑不动产计划和继承计划，他还应尽快把这些计划和他的资产保全计划结合在一起。第1个理由是，通过尽早把企业（或者至少是企业的一部分）转移给继承人，在交纳联邦的赠予税、遗产税和隔代遗产转移税时，企业的价值增长将被视为不属于所有者的资产；第2个理由是，显著的不动产规划收益将证明某些具有资产保全收益的计划是正当的。同样，私募养老金和私募人寿保险安排是理想的选择。债权人很难取消它们，并且它们可以以最低的税收成本完成大量财产转移。一旦建立了这种安排，它们也将很容易管理。

内科医生

内科医生经常会碰到医疗事故诉讼，因此，一个流行的观念是，内科医生是资产保全计划理想的客户候选人。在某种意义上，这种观点是正确的，而在某种意义上，它又是不正确的。内科医生有很多好理由成为难以应付的客户。律师、财务规划师、会计师、人寿保险经纪人和离岸宣传者经常向他们大肆宣传资产保全策略。这种状况一方面会使他们不信任顾问，另一方面也使内科医生对资产保全的定义和作用产生相当大的误解。

许多宣传者使用恐吓策略来说服内科医生采用最近的、不切实际的策略。确实，每年都会产生大型的医疗事故裁决，并且事实上，大部分医生都认识一个已经遇到医疗事故裁决的同事。然而，几乎没有什么内科医生遇到的裁决超过了他们的医疗事故保险责任范围。医疗事故的判定债权人得到的补偿超过被告的内科医生的保险责任范围的情况就更少了。这种情况虽然很少，但是对许多内科医生来说，已经足够多了。那么，在这些判决结果很严重的案例中，什么地方出错了呢？一个被告的内科医生会受他的保险公司的引诱而进行冒险。不幸的是，这种冒险对保险公司造成的负面影响非常有限——只是保险责任而已，但是对内科医生来说，负面影响是无限的。

甚至在最严重的案例中，原告也将满足于得到保单的限额——如果保单的限额比较合理的话。如果保险公司同意的话，在内科医生同意后，一笔相当于保单限额的金额将会被支付给原告，这样案件就结束了。然而，保险公司往往宁愿让这个案件接受审判，赌一赌运气。对保险公司来说，这是一个不会输的提议。如果双方和解，保险公司将失去保单限额；如果它输掉了审判，它也有可能失去保单限额；然而，如果它在审判中赢了，它只需要支付律师费。

当然，内科医生没有理由冒这个险。如果双方和解了，他不用损失任何钱。但是如果上了法庭，他面对的是超过保单限额的几乎无限的责任。对一个内科医生最好的选择是，当他发现自己是一个案件的被告时，聘请自己的律师（记住，为保险公司辩护的律师是保险公司雇用的）。如果需要的话，这个律师可以审查这个案件，并且要求保险公司在保单限额内与对方达成和解。这会使保险公司注意到，如果它无法与对方达成和解，内科医生将对超出保单限额的那部分负责，那么，内科医生可能对保险公司的不诚信提出索赔。保险公司和它所雇用的律师可能试图说服内科医生，和解肯定会使他的职业名誉受到影响，应该通过审判解决，胜诉是保全他的名声的惟一方式。许多超出保单限额的判决都是试图保存名声的结果，而实际上在很多情况下，如果案件以和解的方式解决，医生的名声根本不会遭受很大的损失。

底线是：一个财力强大的保险公司提供的医疗事故保险可以支付一个合理的赔偿，这会使大部分案件得到解决，除非是极端特殊的情况。如果内科医生有选择的话，选择保险公司是很关键的。内科医生会由于某些保险公司财力不稳定而承担大量风险，这可能比病人带来的风险还大。在某些州的某些内科医生几乎没有什么选择，只能购买不够理想的保险公司的保险产品。在这种情况下，可以并且应该制定资产保全计划，为极端的超额判决做准备。但是只要内科医生可以从合格的保险公司那里获得金额合理的医疗事故保险，就可以依靠这个保险提供保护。资产保全规划师如果鼓励他们的内科医生客户放弃医疗事故保险，那将是一个很糟糕的建议。

由于上述的理由，一个内科医生的风险自留组织（RRG）和受控的保险公司类似的被保险人拥有的保险公司，经常可以很好地替代传统的医疗事故保险工具，或者替代内科医生对过失索赔完全不加以保护的作法。通常，风险自留组织将使保险费率更稳定，并且比大部分保险公司更能适应内科医生的特殊需要。不幸的是，风险自留组织往往只接受以前索赔额比较低的内科医生，并且经常不会为已经面临大量索赔的内科医生承保。

根据我们的经验，来请我们帮助制订规划的内科医生往往都是由于离婚和错误的金融决策而导致大量的财产损失，而不是由于医疗事故。为离婚进行的资产保全计划是很特殊的情况，最好是在婚前协议中处理。因为内科医生是每一个财务规划师、计划师以及销售员的目标客户，所以某些内科医生不可避免地会介入到不良的投资策略或者避税项目中去。

许多内科医生在 20 世纪 80 年代末期都因为不了解成为石油和天然气投资合伙企业的一般合伙人的意义而面临破产。在同一时期，许多内科医生在房地产有限合伙企业的避税实体中备受煎熬，并且被迫缴纳税金、罚金和利息。有些人在 20 年后仍然受到负面的税收后果的影响。在 20 世纪 90 年代后期科技股蓬勃发展的时候，许多内科医生又一次参与了避税策略。有些策略很激进但是看似很有道理，而有些则完全没有道理。随着我们在 21 世纪开始 10 年的发展，越来越多的内科医生接到了从美国国税局打来的令人害怕的电话。内科医生跟其他的企业所有者一样，应该让自己通过控股公司结构作为纯粹的消极投资者来指导投资企业。

过去 10 年不幸的事实是，服务费的降低和保险费的增加使一般内科医生很难承担得起高级的资产保全解决方案。例如，乍一看，封闭型控股保险公司似乎是内科医生的理想选择，它可以为额外暴露的医疗事故以及相关风险提供保护。但不幸的是，内科医生往往难以为公司提供上百万美元的资产，所以不能使用这种方法。然而，有一些很好的资产保全解决方案，例如在经济上合理的、高级的退休金计划解决方案。退休金计划解决方案的副作用是，它们会对使用者施加强制性的金融管制，内科医生可以用这些金融管制作为理由回绝试图引诱他们参与有问题的投资策略的同事和财务顾问。

最后，内科医生经常持有大量的应收账款。应收账款融资工具可以立即释放出经营现金，并且可以被利用来抵御未来能出现的债权人攻击。这些项目中有一些是由大银行实施的老套交易，只能提供表面的债权人保全，但是如果安排得当的话，这些方法会有显著的资产保全优点。

整体计划

人们对资产保全和财务计划之间的关系了解得很不充分，但这种关系相当关键。就像我们重复声称的那样，资产保全基本上就是风险管理。任何客户都可能由于不良的资产分配、自私的财务顾问和糟糕的投资比那些在资产保全研讨会上谈及的掠夺性原告更有可能失去财富。同时，资产保全经常涉及以某种债权人无法获得的方式冻结资产，但是债权人得到资产的可能性比客户期望的还小。自然的，客户在现在和未来会有某些现金流需求和其他金融需求，在实施保全策略时还必须考虑到这些金融需求。

财务计划经常为客户提供正当的经济理由来重新安排他的事务，在这个过程中，可以巧妙地实施资产保全计划。客户可能会认为，为了给他的继承人提供最好的金融利益，应该出售他所拥有的共同基金，并且利用这些资金投资于有现金价值的人寿保险。当然，这会附带一些资产保全效果。共同基金的份额是暴露给债权人的，但是在很多州，人寿保险的现金价值会受到保护，免受债权人的侵害。甚至在最坏的情形下，如果客户没有住在一个保护人寿保险的州，他也可以通过搬到一个提供这种保护的州，而获得明显的资产保全收益。

成功的资产保全计划所需要的财务计划往往不能只简单地把非免除资产转换成免除资产。大部分资产保全结构会有一个明确的有效期，在那之后，客户可能希望自己持有资产，也可能把资产转移给继承人。对一个要在 10 年的时间里保护资产的实体来说，涉及有风险的短期交易在财务上是不明智的，这个交易可能导致本金的损失。相反，在理想的情况下，那个结构应该持有一种在第 10 年末能带来的回报最大，同时财务风险又在客户可以接受的范围内的风险。

有几次作者实施了很有效的资产保全策略，结果发现，和我们的建议相反，资产由于糟糕的投资决策而被浪费掉了。一个没有处理潜在本金损失的规划师对客户来说是没有帮助的，这种本金损失会把钱白白送给掠夺性原告。如果客户不愿意在建立的资产保全结构内明智地投资资产，也许应该建议客户，资产保全计划可能不符合成本/效益原则。毕竟，由于不良的财务决策可能损失的资产不需要大量的资产保全计划。确实，某些资产保全方法可能影响客户利用投资损失减轻所得税负担的能力。最终的结果是，我们在这本书中提议的资产保全计划的整体方法，应该以同样的热情被用作财务计划。

补救和计划过程

作者有相当大的一部分工作是关于补救措施的——也就是说，纠正有缺陷的资产保全结构和使客户脱离糟糕的税收或者财务状况。为什么是这样呢？答案是，资产保全已经变成一种产业，并且受到大肆宣传。有些宣传纯粹是引诱顾客购买高价的商品，资产保全计划是吸引客户的诱饵，顾问的精力主要集中在能够产生大量佣金的金融和保险产品上。这经常导致客户的资产保全需求基本上得不到满足，因为顾问只顾着追求大笔的佣金。

也许一个更大的问题是，大部分资产保全规划师只能给客户提供一两种老套的策略，不管客户面临着什么样的状况。例如，如果一个规划师老套的结构是离岸信托，那么每个进入该规划师办公室的客户都会获得一个离岸信托。如果客户需要的是遗嘱，她也只能获得离岸信托；如果她需要一个用于投资风险业务的企业实体，她获得的仍然是离岸信托。不管他们的客户实际需要什么，他们获得的都是离岸信托。很明显，许多宣传者都在像佛罗里达州那样进行他们的计划，在那些州有大量的债权人免除规定，都是比离岸信托好得多的计划工具。离岸信托需要大量费用，而房产保护不需要费用，即使房产被证明是非常有效的，而离岸信托也有可能使你进入监狱。这是产品推销，根本不是资产保全计划。当然，它和这本书中建议的整体资产保全风险管理形式没有任何相似之处。

我们用来收集关于客户的信息和分析信息的时间可能比作其他任何事都多。一个新客户来找我们时，必须提供大量的文件，包括财务报表、诉讼历史、公司文件、遗嘱、信托、企业和个人纳税申报单、企业和个人保险单以及许多其他文件。在可能的情况下，我们会在第一次见面前浏览这些文件。我们浏览这些文件是为了得到尽可能多的关于客户的信息，从而可以提供最好的规划服务。但是我们这样做也是为了确保客户没有涉及非法活动。我们经常同客户的其他顾问讨论客户的情形，弄清楚已经实施了什么计划以及客户是如何开展业务的。接着我们会开始总结出各种备选的计划方案，直接与客户讨论。

我们更喜欢亲自会见客户，但因为我们的客户在世界各地，有时这种见面是不现实的。然而，通过会见客户，我们可以了解他的个性和他如何处理企业和个人财务问题。我们可以讨论各种解决的方法，并且确定客户想要实现什么目的，是个人的目的还是企业的目的。我们还可以知道，如果客户被传唤，他是否愿意站在法官或者陪审员面前，这可能取决于我们推荐的计划中的某些巧妙的部分。同时，我们也可以收集到没有反映在财务报表或者纳税申报单中的资料，例如婚姻的稳定性或者企业合伙人和家庭成员的可信任度和可信性。

然后我们会让客户了解实施的计划、实施的时间表以及涉及的费用，包括法律以及咨询费用以及第3方费用，例如成立费、托管费及评估费。有时候，实施首先需要补救先前糟糕的计划或者客户的疏忽。客户现存的实体的公司账目和资料可能需要更新。有缺陷的结构可能需要重新组织或重新构造。我们还可能建议客户放弃某些职位——例如高级管理者、董事、一般合伙人、管理者、托管人或者保护人，并且如果可能的话，应该教育客户从积极的投资者转变为消极的投资者。

如果我们发现客户可能涉及税收欺诈、逃税或者特别激进的税收计划，我们通常不会接受客户的委托，除非客户雇用了一位刑事税务律师，并且开始采取积极的措施来完全遵守税法。如果为一个涉及税收欺诈的客户或者欠美国国税局很多税负的客户提供资产保全计划，规划师本身也可能面临税收欺诈或者洗钱索赔。

有太多的规划师为客户实施老套的策略，然后，他们之间的关系实际上就结束了。相反，我们会在很好地解决客户的初始问题之后，努力继续保持与客户的顾问关系。我们会帮助客户管理他们的问题，帮助他们保持当前的文件，并且通常会作为他们遭遇的某些新问题的咨询者。通过不断地帮助我们的客户，我们经常可以使他们远离麻烦——当然，这是最好的资产保全计划。

资产保全必须是有效的。如果资产保全计划是无效的，客户就不会使用它们。因此，客户的财务状况相当关键。对一个拥有2.5亿美元净财富的客户的合理计划对一个只有200万美元净财富的客户来说可能就是不合理的。我们不会拒绝没有大量净财富的客户，而只会建议他们，最好不要使用奇异的、复杂的计划结构,而是要使用免除计划、金融和退休金产品、基本的实体结构、美国国内的和海外的产品。随着客户逐渐积累起财富,他们可以逐步使用复杂的结构。

我们会预先为客户估计初始的计划成本和每年的维护费用。根据使用的策略不同,我们有时可以在监督的基础上提供解决方案,使客户可以把自己的决策建立在每年使用的策略的基础上。如果一个策略太昂贵,在实施前决定比在实施后决定好。

一个需要签订保密协议的资产保全策略是不应该被实施的策略。一个不能被同等身份的专家检查的策略在法庭上是不可能产生作用的。通常,保全计划并不真正需要保密协议。使用保密协议的策略经常是另一种伪装的、老套的策略,是为了使客户认为他们得到了某些特别的东西的营销手段。这意味着从一开始,规划师是基本上不诚实的,而一个不诚实的规划师是应该不惜一切代价来避免的。

对某些宣传者来说,最近的趋势是声称他们的产品或者策略是"有专利权的"。这是纯粹的营销骗局,因为事实上,一个有专利权的策略对购买它的人来说没有任何好处。相反,某个策略是专有的这种事实,经常会有负面的含义,暗示着它是被滥用的。这也意味着,重要的是策略本身,而不是策略有多么符合一个人的需要。也就是说,"有专利权的"只是"老套"的另一种表达方式而已。客户应该避开这些策略,以及销售这种策略的宣传者。

对客户的其他顾问来说,重要的是意识到我们的资产保全计划、实施它的理由以及如何保持它。客户其他的顾问会担心客户可能忘记提到某些状况。我们鼓励客户把已经存在的顾问带进计划和会议,之后,让他们密切地介入到计划的实施和保持过程。这也可以帮助我们了解客户在做什么,从而使资产保全计划和客户的其他计划更好地配合。

结束语

许多人需要资产保全计划。如果计划实施得正确且稳妥,并且没有欺诈或伤害别人的意图,它就是完全合法的。随着这种计划成为法律和财务计划的主流,基于基本的法律原则开发新的策略是很重要的。在开发资产保全计划时,考虑道德和伦理问题也很重要,以免立法机构实施自己的解决方案。

作者建立了一个网站 www.assetprotectionbook.com 来支持这本书。该网站上有补充资料、附加的信息、更新和一个对各种资产保全问题的活跃的论坛。

通过网站也可以和作者进行在线联系。同时,如果读者想联系作者,使用作者提供的专业服务,可以拨打免费电话 1-888-359-8851。

索 引

A

Accountant-client confidentiality privilege　会计师与当事人之间的特许保密权
Accountants　会计师（作为规划师）
Accounts receivable　应收账款
Alaska DAPTs in　阿拉斯加州
Alien corporations　外来公司
Alter ego, corporation as　替身，公司
Anderson case　安德森案例
Anderson relief/remedy　安德森式赔偿/补救措施
Anguilla　安圭拉岛
Annuities　养老金
　　exemptions for　免除
　　offshore contracts for　离岸合同
　　offshore private placement deferred variable　离岸私募递延可变养老金
　　private　私募养老金
Anti-alienation provision　反转让条款
Articles of incorporation　公司章程
Asset freeze　资产冻结
Asset protection　资产保全
　　and applicable law　和适用的法律
　　avoiding landmines in　避开地雷
　　under bankruptcy laws　根据《破产法》
　　and charging orders　抵押令

  continuing professional education courses on　专业进修教育课程
  definition of　定义
  dynamic nature of　变化的特征
  insurance coverage for　保险责任范围
  in-your-face　直接对抗型的
  key to　关键
  lack of body of law on　缺少法律实体的资产保全
  legal loopholes used in　法律漏洞
  and legal risk management　法律风险管理
  morality　道德
  negative legal attitude toward　消极的法律态度
  novelty in　资产保全的新颖性
  before offshore trusts　离岸信托前
  as prelitigation planning　作为诉讼前计划
  primary goal of　主要目标
  promotion of　宣传
  as race between debtors and creditors　债务人与债权人之间的比赛
  as risk management　风险管理
  sleaze factor in　不名誉的因素
  theories of　理论
Asset protection consultants　资产保全顾问
Asset Protection Journal　《资产保全期刊》
Asset protection mills　资产保全制造厂
Asset protection planners　资产保全规划师
  as arbiters of moral issues　道德问题的仲裁者
  as co-defendants in civil conspiracy actions　作为民事案件中的共同被告
  credentials of　证明
  expertise required in　需要的专家
  and lack of litigation experience　缺少诉讼经验
  litigation issues for　诉讼问题
  nonattorney　非律师
  penalties for　惩罚
  wealth preservation by　财产维护
Asset protection planning　资产保全计划
  in holistic planning process　在整体计划过程中
  integration of estate planning and　与不动产计划相结合
  marketing of　宣传
  most difficult question in　最困难的问题
  as prelitigation planning　诉讼前计划
  purpose of　目的
  remedation in　补救

  sale of kits for　出售工具包
  as scripting for good stories　为一场盛大的戏剧写剧本
  skills needed for　需要的技巧
  strategies for　资产保全规划的策略
  and tax planning　税收计划
  time decay in　时间弱化
  for worst-case scenarios　最差的情形
Asset protection plans　资产保全计划
  exlusion of assets from　排除资产
  multilevel marketing of　多级市场营销
  offshore sleaze factor in　离岸的不名誉的因素
  secrecy in　保密性
Assets　资产
  bankruptcy and conversion of　破产和转移
  core　核心
  current　流动资产
  exempt　免除
  freezing of　冻结
  liquidation of　清算
  methods of transferring　转移法
  nonexempt　非免除
  offshore, tax reporting of　离岸，税收报告
  and opportunity shifting　机会转移
  protection of　保全
  repatriation of　遣返
  separation of　分离
  simple vs. complex　简单资产 vs. 复杂资产
  trusts and control of　资产的信托和控制
  UFTA definition of　《统一欺诈转让法》对资产的定义
  unbundling of　分别处理
  value of　价值
Attorney-client privilege　律师与当事人之间的特许保密权
Attorneys　律师
  asset protection litigation experience of　资产保全诉讼经验
  for asset protection mills　资产保全工厂
  confidentiality privilege with　特许保密权
  continuing professional education courses for　专业进修教育课程
  estate planning　不动产计划
  litigation duties of　诉讼职责

B

Backwardization 延期交割金
Badges of fraud test 欺诈标志
Bahamas 巴哈马群岛
Banking, offshore 银行业务，离岸
Bankruptcy 破产
 asset planning to avoid 避免破产的资产计划
 assets exempt in 资产免除
 automatic stays during 自动中止的规定
 criminal issues in 犯罪问题
 exemptions in 破产免除
 homestead exemptions in 房产免除
 in *Lawrence* case 劳伦斯案例中的破产
 LLC interests in 有限责任公司利益
 as "neutron bomb" of creditor remedies 债权人补救措施中的"中子弹"
 partnership interests in 合伙企业利益
Bankruptcy laws 《破产法》
 and "acceptable" prebankruptcy planning "可接受的"破产前计划
 and anti-alienation provision of ERISA 《雇员退休收入保障法案》中的反转让条款
 asset protection under 资产保全
 changes in 变化
 criminal implication of 《破产法》的刑事意义
 and effectiveness of DAPTs 国内资产保全信托的有效性
 federal 《联邦破产法》
 fraudulent transfer laws in 《欺诈转移法》
 homestead protections under 房产保全
 limits on exemptions under 豁免的限制
 proposed reforms in 曾被提议的改革
 recent change proposals for 最近的改革建议
 required expertise in 需要的专家
 Section 152 of Bankruptcy Code 《破产法》的第 152 条
 Section 522 of Bankruptcy Code 《破产法》的第 522 条
 Section 548 of Bankruptcy Code 《破产法》的第 548 条
 state 州破产法
Bankruptcy-remote entities (BREs) 破产隔离实体
Barbados 巴巴多斯岛
Bear Stearns 贝尔史登公司
Bearer shares 不记名股票
Belize 伯利兹城

Beneficiary-controlled trusts 受益人控制的信托
Benefits-only ESOPs 只享受收益的员工持股计划
Bermuda 百慕大群岛
Bonds 债券
BREs 破产隔离实体
Brink，Van 范·布林克
British protectorates 英国保护国
British Virgin Islands 英属维尔京群岛
"Bulletproof" strategies "防弹"策略
Business entities 商业实体
 conversions of 转移
 exotic entities 奇异实体
 law related to 相关的法律
 tax classification of 税收分类
Business owners, strategies for 企业所有者，策略
By-laws, corporate 议事程序，公司

C

California, limitations period in 加利福尼亚州，诉讼时效期
Captive insurance companies 受控的保险公司
 asset protection with 资产保全
 closely held insurance companies 封闭型控股保险公司
 economics of 经济学
 formation of 成立
 and risk management 风险管理
 structure of 结构
Caribbean havens 加勒比海天堂
Cayman Islands 开曼群岛
Cells，LLC 容器，有限责任公司
CFCs 受控的外国公司
Challenge analysis 挑战分析
Channel Islands 海峡群岛
Chapter 7 bankruptcy 《破产法》第7章
Chapter 13 bankruptcy 《破产法》第13章
Charging order protected entities（COPEs） 抵押令保护实体（COPEs）
 bankruptcy issues with 破产问题
 charging order in 抵押令
 Delaware series LLCs 特拉华州系列LLC
 domestic 国内的抵押令保护实体
 and estate planning 不动产计划
 foreclosure on 丧失抵押品赎回权

foreign　外国
　　　fraudulent transfer issues with　欺诈转移问题
　　　limited liability companies　有限责任公司
　　　partnerships　合伙企业
　　　S corporations　S 公司
　　　tax classification of　税收分类
Charging orders　抵押令
　　　in Anglo-American law　英美法系
　　　in Anguilla LLC act　安圭拉岛《有限责任公司法案》
　　　exclusivity provisions　排他性条款
　　　and foreclosures　丧失抵押品赎回权
　　　in Nevis LLC Ordinance　尼维斯岛《有限责任公司法令》
　　　and single-member LLCs　单一成员的有限责任公司
Check-the-box regulations　打勾规划
CHIC　封闭型控股保险公司
Civil law　民事法律
　　　conspiracy lawsuits under　民事共谋案例
　　　tax issues　税收问题
Civil procedure　民事诉讼法
Closely held insurance companies（CHIC）　封闭型控股保险公司
Co-defendants，planners/promoters as　共同被告，规划师/宣传者
COLATOs　习惯法信托机构
Collateralization　抵押
　　　accounts receivable　应收账款
　　　commercial equity stripping　商业资产剥离
　　　contingent equity stripping　暂时的资产剥离
　　　controlled debt financing　受控的债务融资
　　　controlled equity stripping　受控的资产剥离
　　　cross-collateralization agreements　交叉担保协议
　　　equity stripping　资产剥离
　　　margin credit　差额信贷
　　　for professional firms　专业公司
Collection actions，forum shopping for　证据收集行动，法庭
Colorado LLC Act　《美国科罗拉多州有限责任公司法案》
Commercial equity stripping　商业资产剥离
Commercial law　商法
Common stock　普通股
Common-law trust organizations　习惯法信托机构（COLATOs）
Complex assets　复杂资产
Comprehensiveness　整体性
Confidentiality agreements　保密协议

Confidentiality privilege 保密性特权
Conflict-of-laws issues 法律冲突
Constitution of the United States 美国《宪法》
Constitutional trusts 机构信托
Constructive fraudulent transfers 推断的欺诈转移
Consultants, asset protection 顾问，资产保全
Containment of liabilities 负债限制
Contempt of court 藐视法庭
  in bankruptcy 破产
  in debtor examinations 债务人讯问
  and repatriation of assets 资产的遣返
  and settlor's power of repatriation 财产托管者的遣返权力
Contingent equity stripping 暂时的资产剥离
Continuing professional education courses 专业进修教育课程
Contract Clause 合同条款（美国《宪法》）
Contractual liability 合同负债
Control issues 控制问题
  with employee stock ownership plans 员工持股计划
  with foreign asset protection plans 外国资产保全计划
  with leasing companies 租赁公司
  and liability 负债
  with management companies 管理公司
  with offshore management companies 离岸管理公司
Controlled debt financing 受控的债务融资
Controlled equity stripping 受控的资产剥离
Controlled foreign corporations 受控的外国公司（CFCs）
Cook Islands 库克岛
COPEs 抵押令保护实体
Core assets 核心资产
Cornez, Arnold L. 阿诺德·L·科纳
Corporate directors 公司董事
  duties of 职责
  liabilities of 责任
  strategies for 策略
Corporations 公司
  alien 转让
  as alter ego 替身
  by-laws of 议事程序
  domestic 国内的
  foreign 国外的
  International Business Companies 国际业务公司

   in Nevada 内华达州
   per se 本质公司
   professional 专业公司
   S corporations S公司
   strategies for 策略
   taxation as 税收
   vulnerability of shares in 股权的易受影响性
Cost efficiency (of plans) 成本是合理的（计划）
Costa Rica 哥斯达黎加
Credentials (of planners) 证明（计划者）
Creditors 债权人
   in asset protection race 资产保全比赛
   and automatic stays 自动中止
   classes of, in bankruptcy 种类，破产
   company shares attached by 获得公司股权
   creating liabilities for 产生负债
   exposing liabilities of 暴露负债
   flexibility of action by 行动的灵活性
   information available to 可利用的信息
   legitimate vs. unjust 合法的 vs. 不公平的
   litigation and differences in 诉讼和不同
   moral issue of harm done to 伤害的道德问题
   post-judgment 裁决后
   as predator plaintiffs 掠夺性原告
   pressure on planners by 规划师的压力
   and psychology of settlement 和解心理
   and repatriation of assets 资产的遣返
   rights of 权利
   and subtlety of plan 计划的巧妙性
   UFTA definition of 《统一欺诈转让法》中的定义
   and use of attorneys vs. accountants 使用律师和会计师
Crime-and-fraud exception 犯罪与欺诈例外条款
Criminal actions (in bankruptcy) 刑事诉讼（破产中）
Cross-collateralization agreements 交叉担保协议
Culpability, transfer of 过失，转移
Current assets/liabilities 流动资产/负债

D

DAPTs 国内资产保全信托
Debt financing 债务融资
   advantages of 优势

body of law related to　相关的法律实体
　　controlled　受控的
　　and potential bankruptcy　潜在的破产
Debtor havens　债务人天堂
Debtor planning　债务计划
Debtor-creditor law　债务债权法律
Debtors　债务人
　　"Anderson relief" against　安德森式赔偿
　　in asset protection race　资产保全比赛
　　offshore jurisdictions friendly to　离岸管辖区域有利于
　　physical location of　地理位置
　　post-judgment debtor's examinations　裁决后债务人讯问
　　solvency of　偿付能力
　　tax filing positions of　税收申报状况
　　UFTA definition of　《统一欺诈转让法》中的定义
Debts　债务
　　during bankruptcy　破产中
　　superseding statutory exemptions　替代的法令免除
Decontrolled foreign corporations　解除管制的外国公司（DFCs）
Defense-in-depth strategy　防御战略
Defined benefit plans　一定的收益计划
Defined contribution plans　一定的贡献计划
Delaware　特拉华州
　　captive insurance companies in　受控的保险公司
　　DAPT legislation in　国内资产保全信托法
　　General Corporation Law in　《普通公司法》
　　LLC Act in　《有限责任公司法案》
Delaware series LLCs　特拉华系列有限责任公司
Depositions　存款
Derivative actions　派生诉讼
Designated members　指定的成员
Devaluation methodology　贬值方法
DFCs　解除管制的外国公司
Dilution provisions　稀释条款
Dilution strategy　稀释策略
Directors　董事
Disbelief, doctrine of　怀疑的信条
Discharged debts　履行债务
Discovery orders　披露命令
Discretionary spendthrift trusts　可自由决定的规定受益人不得自由处理的信托

Discretionary trusts　可自由决定的信托
Dissociation methodology　不相关方法
Diversification test　多样化检验
Diversity　多样化
Dividends　股利
Divorce　离婚
Doctrine of disbelief　怀疑的信条
Domestic asset protection trusts　国内资产保全信托（DAPT）
 appropriateness of　合适性
 FAPTs vs.　外国资产保全信托
 limitations of　限制
 mechanics of　机制
 potential weaknesses of　潜在的弱点
 and repatriation orders　遣返命令
Domestic corporations　本国公司
 as bankruptcy remote entities　破产隔离实体
 Delaware General Corporation Law for　特拉华州《普通公司法》
 in Nevada　在内华达州
 professional corporations　专业公司
 and registration of foreign corporations　外国公司注册
 rights of creditors in　债权人权利
 state of incorporation for　合并的州
Duress clause　胁迫条款
Dynasty trusts　朝代信托

E

Early settlements　提前付款
Efficacy Challenged strategies　有效性受到挑战的策略
Efficacy Known strategies　有效性已知的策略
Efficacy pyramid　有效性金字塔
Eligible foreign entities　有资格的外国实体
Embezzlement (offshore accounts)　盗用（离岸账户）
Employee leasing　员工租赁
Employee Retirement Income Security Act　《雇员退休收入保障法案》
Employee stock ownership plans　员工持股计划
English common law　英国普通法
Entity conversions　实体转换
Entrepreneurs, strategies for　企业，策略
Equity stripping　资产剥离
 commercial　商业的
 contingent　暂时的

  controlled　受控的
  cross-collateralization　交叉担保
ERISA　《雇员退休收入保障法案》
ESOPs　员工持股计划
Estate freezes　不动产冻结
Estate planning　不动产计划
  applicable law in　可适用的法律
  asset protection strategies　资产保全策略
  integration of asset protection planning and　资产保全计划的组合
  and LLCs　有限责任公司
Estate planning attorneys　不动产律师
Ethics　道德
Executory contract　待执行的契约
Exemptional methods　免除的方法
Exemptions　免除
  for annuities　养老金
  in bankruptcy　破产
  debts superseding　债务替代
  under federal law　根据联邦法律
  and forum shopping for collection actions　选择有利的司法管辖区域
  412（i）plans　412（i）计划
  homestead　房产
  and joint tenancy　联合共有
  judges' view of　法官的观点
  and lender's security interest in property　贷方对财产的担保物权
  for life insurance　人寿保险
  for natural persons only　只为自然人
  for retirement plans　退休金计划
  under state laws　根据联邦法律
  and tenancy by the entirety　共有财产的全部占有
  and tenancy in common　共有财产
  wage attachments　工资冻结条款
Exotic derivatives　奇异衍生品
Exotic entities　奇异实体
Extended litigation　扩展的诉讼

F

Fair market value　公平市场价值
Family limited partnerships　家庭有限合伙（FLP）
FAPTs　外国资产保全信托
Fedral Bankruptcy Act　《联邦破产法》

Fedral laws 联邦法律
    bankruptcy 破产
    as preemptive of state law 优先的州法律
    on self-settled spendthrift trusts 自行设立的规定受益人不得自由处理的信托
    on wage attachments 工资冻结条款
Federal Rules of Civil Procedure 民事诉讼法的联邦规则
Fiduciaries, moral issues with 受信托的, 道德问题
First International Bank of Grenada scandal 格林纳达第一国际银行丑闻
Flexibility (of plan) （规划的）灵活性
Flight clause (in FAPTs) （外国资产保全信托中的）飞行条款
Florida 佛罗里达
    annuity exemptions in 养老金免除
    homestead exemption in 房产免除
    life insurance exemption in 人寿保险免除
FLPs 家庭有限合伙
FORCOLATOS 外国习惯法信托机构
Foreclosure 丧失抵押品赎回权
Foreign asset protection trusts 外国资产保全信托（FAPT）
    advantages of 优点
    from asset protection mills 资产保全制造厂
    control issues with 控制问题
    DAPTs 国内资产保全信托
    disadvantages of 缺点
    failure of 失败
    with family limited partnerships 家庭有限合伙
    inbound migration of 境内版本
    institutional trustees for 机构的托管人
    and offshore trust boom 离岸信托蓬勃发展
    planning uses of 计划使用
    and private trust companies 私募信托公司
    trust protector arrangements for 信托监管安排
    trustee arrangements for 托管人安排
Foreign charging order protected entities 外国抵押令保护实体
    exotic entities 奇异实体
    offshore LLCs 离岸有限责任公司
    taxation of 税收
    U. K. Limited Liability Partnerships 英国有限责任合伙
Foreign common-law trust organizations 外国习惯法信托机构（FORCOLATOS）
Foreign corporations 外国公司

advantages of　优点
　　alternative forms of share ownership in　股权所有权的其他形式
　　bearer shares in　不记名股票
　　controlled　受控的
　　International Business Companies　国际业务公司
　　registration of　注册
Foreign personal holding companies　外国私人控股公司
Foreign trust companies　外国信托公司
401（k）plans　401（k）计划
412（i）plans　412（i）计划
FPHCs　外国私人控股公司
Fraud　欺诈
　　badges of fraud test　欺诈标志
　　with offshore investments　离岸投资
　　Ponzi schemes　庞氏骗局
　　in relation to offshore trusts　和离岸信托相关
　　unreported income　未记录的收入
Fraudulent transfer（fraudulent conveyance）　欺诈转移（欺诈转让）
　　badges of fraud test　欺诈检验标志
　　in bankruptcy　破产
　　constructive　指定的
　　and crime-and-fraud exception to prividege　欺诈犯罪免除特权
　　to DAPTs　国内资产保全信托
　　and exempt assets　免除资产
　　gifts considered as　赠予权考虑
　　with life insurance and annuities　人寿保险和养老金
　　LLCs and charges of　LLCs 和抵押令
　　with LLCs vs. trusts　LLCs vs. 信托
　　in offshore jurisdictions　离岸司法管辖区域
　　reviewed by bankruptcy courts　破产法庭的检查
　　and trust gifting　信托赠予
　　and Uniform Fraudulent Transfers Act　《统一欺诈转让法》
　　while no claims are pending　没有未决的索赔权
Full Faith and Credit Clause　充分信任与尊重条款（美国《宪法》）

G

General liability insurance　综合责任保险
General methodologies　一般方法
General partnerships　一般合伙企业
General power of appointment　任命的一般权力
George，Lloyd　劳合·乔治

Georgia 佐治亚州
 annuity exemptions in 养老金免除
 reverse veil-piercing in 逆向揭破公司的面纱
Gibraltar 直布罗陀
Gifting 赠予权
Global Prosperity 全球繁荣
GmbH 股份有限公司
Goals of asset protection 资产保全目的
 containment of liabilities 负债的限制
 cost efficiency 成本效率
 creation of offensive opportunities 攻击机会的建立
 diversity 多样化
 early settlement 早期的安排
 favorable psychology of settlement 有利的和解心理
 flexibility 灵活性
 primary 初级的
 redundancy 冗余性
 subtlety 精明的
 totality of protection 保护的全部
 transference of liability/culpability 责任/过失转移
Golden parachute 金降落伞
Grenada 格林纳达
Guarantee, share ownership by 担保, 股权所有权
Guernsey 根西岛
Guideline premium and cash value corridor test 保险费准则和现金价值长廊检验
Guilt-by-association 连带犯罪

H

Harris, Marc 马克·哈里斯
Harris Organization 哈里斯机构
Havens 天堂
Havoco v. Hill 霍夫兰对希尔
Hawaii, captive insurance companies in 夏威夷, 受控的保险公司
Holding companies 控股公司
Holistic planning 整体计划
Homestead exemptions 房产免除
 adoption of 采纳
 for bankruptcy purposes 为了破产目的
 and cash investments in home 在国内现金投资
 exceptions to 例外

in Florida 佛罗里达州
in North Carolina 美国北卡罗来纳州

I

ILITs 不可撤销的人寿保险信托
Implementational methodologies 执行方法论
Impossibility defense 不可能抗辩
Inbound migration (of a trust) （信托的）境内版本
Income, unreported 收入，未记录的
Individual retirement accounts 个人退休账户（IRAs）
Inheritances 继承
Innovative Frontier strategies 创新的前沿策略
Insiders 内幕人
    losing money to 失去金钱
    transactions by 交易
    transfer of assets to 资产的转移
Insolvency 无力偿还
Installment sales 分期付款销售
Institutes, asset protection 机构，资产保全
Institutional trustees 机构托管人
Insurance 保险
Iusurance companies 保险公司
    captive 受控的
    closely held 封闭型控股
    economics of 经济
    during litigation 诉讼中
    reaching settlements with 达到和解
Integrational methodology 集成方法
Intellectual property 知识产权（IP）
Intent, concept of 意图，观念
Inter vivos trusts 生存信托
Internl Revenue Service 美国国税局（IRS）
    and abusive 412 (i) plans 滥用的 412（i）计划
    disclosure of information to 信息的披露
    information-sharing agreements with 信息分享协议
    LLC tax rulings by 有限责任公司税收规则
    matching of credit cards and offshore accounts by 信用卡号与离岸账户相匹配
    and offshore financial accounts 离岸金融账户
    and OPPVULI strategies 离岸私募可变通用人寿保险策略
    and pure trust advocates 纯信托宣传者

  and pure trust tax evasion 纯信托逃税
  reporting of offshore accounts to 离岸账户的报告
International Business Companies 国际业务公司
In-your-face asset protection 直接对抗型的资产保全
IP 知识产权
IRAs 个人退休账户
Irrevocable gifts 不可撤销的赠予权
Irrevocable life insurance trusts 不可撤销的人寿保险信托
Irrevocable trusts 不可撤销的信托
IRS 美国国税局
Isle of Man 马恩岛
Isle of Sark 萨克岛

J

Joint tenancy 联合共有
Journal of Asset Protection 《资产保全期刊》
Judges 法官
  and blatant plans 无耻的计划
  moral issues considered by 考虑的道德问题
  and offshore anticreditor planning 离岸反债权人计划
  perceptions of asset protection by 资产保全观点
  perceptions of offshore assets by 离岸资产观点
  predicting responses of 预期的反映
  varied application of rules by 规则改变的应用
  view of exemptions by 免除观点
Juries 陪审员
  and blatant plans 无耻的计划
  moral issues considered by 考虑的道德问题
  perceptions of asset protection by 资产保全观点
  predicting responses of 预期的反映
Jurisditional methodology 裁决权方法
Jurisdiction（s） 司法管辖区域
  among states 州之间
  changing 改变
  and conflict-of-laws issues 法律冲突问题
  offshore 离岸
  over domestic corporations 超过国内公司
  respectable vs. unrespectable 可敬的和不可敬的
  wise selection of 明智的选择
Justice Department 司法部

K

Kits, asset protection　工具包，资产保全

L

Law enforcement agencies　执法机构
Lawrence, Stephen J.　斯蒂芬·J·劳伦斯
Lawrence case　劳伦斯案例
Law(s)　法律
 areas of, in asset protection planning　领域，在资产保全计划中
 asset protection　资产保全
 bankruptcy　破产
 business entity　业务实体
 charging orders in　扣押令
 civil　民事的
 civil procedure　民事诉讼法
 commercial　商业的
 conflict-of-laws issues　法律冲突问题
 corporation　公司
 and DAPT fraudulent transfer　国内资产保全信托欺诈转移
 debtor-creditor　债权人—债务
 Delaware General Corporation Law　《特拉华州普通公司法》
 duration of plan and changes in　计划和改变期限
 federal　联邦
 gray areas in　灰色地带
 importing　进口
 loopholes in　漏洞
 moral issues in application of　应用中的道德问题
 negative perception of asset protection in　资产保全的消极的观点
 in offshore jurisdictions　离岸司法管辖区域
 partnership　合伙企业
 retroactive changes in　回溯的改变
 state　州
 strategies and developing body of　策略和发展实体
 tax　税收
 unauthorized practice of　未经许可的法律事务
LDCs　有限期公司
Leasing, employee　租赁，员工
Leasing companies　租赁公司
Legal risk management　法律风险管理
Lender's security interest　贷方担保物权

Level surrender value provisions　归还价值条款
Liabilities　负债
　　containment of　限制
　　contractual　合同的
　　current　流动的
　　potential, creating　潜在的，建立的
　　transfer of　转移
Liens　留置权
Life insurance　人寿保险
　　bankruptcy and payments from　破产和支付
　　as core asset　核心资产
　　exempt cash value of　免除货币价值
　　offshore contracts for　离岸合同
　　offshore private placement variable universal　离岸私募可变通用人寿保险
　　ownership of　所有权
　　state law exemptions for　州法律资产免除
Limitation periods　时效期
Limited duration companies　有限期公司（LDC）
Limited liability companies　有限责任公司（LLC）
　　bankruptcy issues for　破产问题
　　as bankruptcy-remote entities　破产隔离实体
　　charging order rights in　扣押令权利
　　Delaware series　特拉华州系列
　　and estate planning　不动产计划
　　exemptions for　免除
　　and foreclosure　丧失抵押品赎回权
　　fraudulent transfer issues with　欺诈转移问题
　　history of　历史
　　membership interests of　成员利益
　　number of　数目
　　offshore　离岸
　　offshore entities as managers/partners in　离岸实体作为管理者/合伙人
　　single-member　单一成员
　　tax classification of　税收分类
Limited Liability Company Act（Texas）　《有限责任公司法》（得克萨斯州）
Limited liability partnerships（LLPs）　有限责任合伙企业
Limited liability protection　有限责任保全
Limited partnerships　有限合伙企业
Limited power of appointment　任命的有限权力
Liquidation of assets　资产的清算
Litigation　诉讼

bad-faith 不诚信
 as competitive storytelling 有竞争力的说故事者
 and creditors' flexibility of action 诉讼的债权人灵活性
 duties of planner in 规划师的职责
 extending 拓展
 against foreign corporations 反对外国公司
 human facets of 人性各方面
 immunities in 免疫的
 lack of planners' experience in 缺少规划师经验
 lack of secrecy in 缺少保密性
 liquidation of assets during 资产的清算
 marketing materials of planner in 规划师的市场营销资料
 necessary parties in 必要的当事人
 privileges in 特权
 and purpose of asset protection planning 资产保全计划目的
 recent surge of 最近的兴盛
 and types of creditors 债权人的类型
 raried application of rules in 应用不同的规则
Litigation expense policies 诉讼费用保险单
Living trusts 生存信托
LLCs 有限责任公司
LLPs 有限责任合伙企业
Loopholes, legal 漏洞，法律的
Loyalty (of planners during litigation) （在诉讼中规划师的）忠诚
Luxembourg 卢森堡公国

M

Macaroni defense 麦克罗尼防御
Malpractice litigation 玩忽职守诉讼
Management companies 管理公司
Manager-managed LLCs 管理者管理的有限责任公司
Mareva injunction 玛瑞瓦禁令
Margin credit 差额信贷
Marketing 市场营销
 asset protection as term in 资产保全
 by asset protection mills 资产保全工厂
 of asset protection planning 资产保全计划
 of asset protection plans 资产保全计划
 "institutes" devoted to "机构"
 language in materials for 在材料中的语言
 lies in 在于

  litigation experience vs. 诉讼经验
  multilevel 多级
  of offshore trusts 离岸信托
  of scam structures 欺诈结构
Marriage, asset protection planning in 婚姻，资产保全计划
Marshall Islands 马绍尔群岛
Mauritius 毛里求斯
MECs 修正的养老保险
Meeting requirements 满足要求
Member-managed LLCs 成员管理的有限责任公司
Members，LLP/LLC 成员，LLP/LLC
Membership interest 成员利益
Merrill Scott & Associates, Ltd. 梅里尔·斯科特公司
Methodologies 方法
  advanced 高级的
  backwardization 延期交割金
  challenge analysis for rating 评级的挑战分析
  corporate 公司
  devaluation 贬值
  general 一般的
  implementational 执行的
  integrational 合成的
  jurisdictional 司法管辖区域
  migration 迁移
  opportunity shifting 转移机会
  redemption 偿还
  separation 分离
  structural 结构化的
  structured financial products 结构性金融产品
  temporal 暂时的
  transfer 转移
  unbundling 分别处理
Michigan, annuity exemption in 密歇根州，规定受益人不得自由处理的信托资产
Migration strategies 迁移策略
Mills, asset protection 制造厂，资产保全
Mississippi, spendthrift trusts in 密西西比河，规定受益人不得自由处理的信托资产
Modified endowment contracts 修正的养老保险
Moral issues 道德问题
  application of 适用的

  in application of laws　法律的应用
  in commercial relationships　在商业关系中
  and divorce　离婚
  and fiduciaries　受托人
  as greatest challenge in asset protection planning　资产保全计划中最大的挑战
  importance/effects of　重要性/效果
  in plan design　计划设计
Multilevel marketing　多级市场营销
Mutual assistance treaties　共同协助协议

N

Naked risks　无保护的风险
Nauru　瑙鲁岛
Necessary parties　必要的当事人
Net amount at risk　风险净额
Nevada　内华达州
  corporation law in　公司法
  DATP legislation in　国内资产保全信托法规
  self-settled spendthrift trusts in　自由设立的规定受益人不得自由处理的信托
Nevis　尼维斯岛
New Zealand　新西兰
Nominees　无所有权的证券登记者
Non-CFCs　非受控的外国公司
Nonexempt assets　非免除资产
NQDCTs　不符合资格的递延薪酬信托
North Carolina　美国北卡罗来纳州
  homestead exemption in　房产免除
  life insurance protection in　人寿保险保护
Novelty (in planning)　新的
NQDCTs　不符合资格的递延薪酬信托

O

Offensive opportunities, creation of　进攻的机会，建立
Officers (of companies)　管理者
Offshore accounts　离岸账户
Offshore LLCs　离岸有限责任公司
  as asset protection tools　资产保全工具
  taxation of　税收
  utilizing　使用

Offshore management companies　离岸管理公司
The Offshore Money Book　《离岸货币》（阿诺德·L·科纳）
Offshore planning　离岸计划
　　choice of banks in　银行选择
　　and conflicts of laws　法律的争议
　　creditors' options in dealing with　处理债权人的选择
　　and jurisdictions of offshore havens　离岸天堂的裁决权
　　and mutual assistance treaties　互助谈判
　　and physical location of debtor　债务人的地理位置
　　and repatriation of assets　收回资产
　　stigma attached to　紧密联系
　　and tax reporting of offshore　离岸税收报告
　　tax schemes with　税收策略
Offshore private placement deferred variable annuities　离岸私募递延可变养老金
Offshore private placement variable universal life insurance　离岸私募可变通用人寿保险
　　advantages of　优点
　　asset protection features of　资产保全特征
　　funding of　用发行长期债券的方法来收回短期债券
　　tax issues with　税收问题
Offshore trusts　离岸信托
　　in *Lawrence* case　在劳伦斯案例中
　　marketing of　市场营销
　　mass-marketing of　大肆的宣传
　　multiple layers of　多级
OPPDVA　离岸私募递延可变年金
Opportunity shifting　机会转移
OPPVULI　离岸私募可变通用人寿保险
Options　期权

P

Pacific havens　太平洋天堂
Panama　巴拿马
Partnership law　合伙企业法
Partnerships　合伙企业
　　bankruptcy issues for　破产问题
　　charging order rights in　抵押令权利
　　family limited　家庭有限
　　foreign　外国
　　general　一般

limited　有限的
　　　limited liability　有限责任
　　　offshore entities as managers/partners in　离岸实体作为管理者/合伙人
Passive foreign investment companies　被动外国投资公司（PFIC）
Passthrough taxation　单层征税
Patented strategies/products　专利策略/产品
Per se corporations　本质上的公司
Perpetuities，rule against　非永久性规则
PFICs　被动外国投资公司
Phantom income　虚幻收入
Physicians，strategies for　内科医生，策略
Piercing the corporate veil　揭破公司面纱
Planners　规划师
Planning　计划
　　debtor　债务人
　　holistic　整体
　　LLC-vs. trust-based　有限责任公司，基于信托的
　　prebankruptcy　破产前
　　prelitigation　诉讼前
　　tax　税收
Plans　计划
Poison pills　毒药
Ponzi schemes　庞氏骗局
Post-judgement creditors　裁决后债权人
Post-judgement debtor's examinations　裁决后的债务人讯问
Powers of appointment　指定权
PPLI　私募人寿保险单
Prebankruptcy planning　破产前计划
"Predator plaintiffs"　"掠夺原告"
Preferential transfers　优先转让
Preferred stock　优先股
Prelitigation planning　诉讼前计划
Private annuities　私募养老金
　　asset protection planning with　资产保全计划
　　basic concept for　基本观点
　　installment sales vs.　分期付款销售
　　offshore private placement deferred variable annuities　离岸私募递延可变年金
Private placement life insurance　私募人寿保险单
Private trust companies　私人信托公司（PTC）
Privileged information　特权消息

Professional corporations/firms　专业公司/事务所
Professionals　专业的
　　lack of standards for　缺少标准
　　malpractice/disciplinary/criminal litigation against　玩忽职守/纪律/刑事诉讼
Promoters of strategies　策略的宣传者
　　penalties for　惩罚
　　reputation defense by　抗辩名声
　　sale of "kits" by　出售"工具包"
Property　财产
　　bankruptcy and　破产
　　as collateral　抵押的
　　forms of ownership　所有权的形式
　　real，protection of　不动产，保护
Prosperity International League Ltd.　繁荣国际联盟有限公司
Psychology of settlement　和解心理
PTCs　私人信托公司
Pure trusts　纯信托

Q

Qualified Domestic Relations Orders（QDROs）　适格家庭关系证明书

R

Rabbi trusts　拉比信托
Ratings（of strategies）　评级（策略）
Real estate developers　房地产开发商
Real property，protection of　不动产，保护
Reasonable equivalent value　合理的等价价值
Recapitalization　改变资本化结构
Redundancy（in planning）　冗余性（计划）
Registered agents，corporate　注册机构，公司
Reinvoicing schemes　重新计价策略
Remediation　补救
Repatriation of assets　资产的遣返
Repatriation orders　遣返命令
Replication methodology　复制方法
Reserves（insurance）　储备金（保险）
Residency requirements　居留要求
Retirement plans　退休金计划
　　bankruptcy and exemption of　破产和免除
　　ERISA provisions for　《雇员退休收入保障法案》条款

412(i) plans　412（i）计划
　　and offshore employees leasing　离岸雇员租赁
Retroactive law changes　回溯法律改变
Reverse veil-piercing　反向揭破公司面纱
Revocable living trusts　可撤销的生存信托
Revocable trusts　可撤销的信托
Rhode Island，DATPs in　美国罗得岛，国内资产保全信托
Risk management　风险管理
　　asset protection as　资产保全
　　with captive insurance companies　受控的人寿保险
　　legal　合法的
Risk retention groups（RRGs）　风险自留组织
Rogers，Will　威尔·罗杰斯
Roth IRAs　罗斯个人退休账户
RRGs　风险自留组织
Rule against perpetuities　非永久权规则

S

S corporations　S公司
Savings Incentive Match Plan　雇员储蓄激励配套计划
Scams　欺诈
Schneider，Jerome　杰尔姆·施奈德
SCINs　自主取消条款
Secrecy　保密性
　　and hiding of offshore accounts　隐藏离岸账户
　　in litigation　诉讼中
　　of Nevada corporations　内华达州公司
Securitization　证券化
Self-canceling installment notes　取消分期付款
Self-settled spendthrift trusts　自行设立的规定受益人不得自由处理的信托
Seminars　研讨会
SEP IRAs　简化的雇员养老金个人退休计划
Separate-account legislation　分离账户立法机构
Separation methodology　分离方法
Settlement（s）　和解
　　insurance　保险
　　psychology of　心理
SFPs　结构性金融产品
Share structures　股权结构
　　advantages of debt financing for　债务融资的优点
　　asset protection for　资产保全

  and classes of shares　股权分类
  containment of liabilities in　债务的限制
  corporate stock options in　公司股票期权
  and creditors' powers as shareholders　债权人作为股东的权力
  directors'/officers' liability in　董事/高级管理者的负债
   for foreign corporations　外国公司
  and incorporated companies　合并公司
   legal identity of　法律身份
  liability of shareholders in　股东的负债
  and piercing the corporate veil　揭破公司面纱
Simple assets　简单资产
SIMPLE IRAs　简单的个人退休计划
Simplified Employee Pension（SEP）IRAs　简化的雇员养老金个人退休计划
Single-member LLCs　单一成员的有限责任公司
Spousal lifetime access trusts　SLAT（配偶终身可获得信托）
Sleaze factor　不名誉的因素
"Smell" test　"嗅觉"检验
Sociedad Aronoma
Solvency　偿付能力
South Carolina，captive insurance companies in　南卡罗来纳，受控的保险公司
Special power of appointment　特别任命权
Spendthrift trusts　规定受益人不得自由处理的信托
  discretionary　自由决定的
  self-settled　自行设立的
  third-party-controlled discretionary　第三者控制的可自由决定的
Spousal lifetime access trusts　配偶终身可获得信托
Spray trusts　喷雾式信托
Sprinkling trusts　洒水式信托
SRL
St. Kitts　圣基茨岛
St. Vincent　圣文森岛
State laws　州法律
  for annuity exemptions　养老金免除
  bankruptcy　破产
  Delware General Corporation Law　特拉华的普通公司法
  exemptions under　免除
  and "full faith and credit" of judgments　裁决权的"完全信任与尊重"
  for homestead exemptions　房产免除
  on IRA exemptions　个人退休计划免除
  life insurance exemptions under　人寿保险免除

　　　　living trusts under　生存信托
　　　　retirement plan exemptions under　退休金计划免除
　　　　self-settled spendthrift trusts under　自行设立的规定受益人不得自由处理的信托
　　　　spendthrift trasts under　规定受益人不得自由处理的信托
　　　　on tenancy by the entinety　共同财产的全部占有
　　　　on transfers and time of claim filing　转移和索赔权的时机掌握
Statutes of limitations　限制法令
　　　　in bankruptcies　破产
　　　　in offshore jurisdictions　离岸裁决权
　　　　for unreported income tax fraud　未记录的所得税欺诈
Stock　股票
Stock options　股票期权
Storytelling, asset protection planning as　说故事，资产保全计划
Strategies　策略
　　　　backwardization　延期交割金
　　　　"bulletproof"　"防弹"
　　　　for business owners　企业所有者
　　　　categories of　分类
　　　　challenge analysis for rating　评级的挑战分析
　　　　corporate　公司
　　　　for corporate directors　公司目录
　　　　court/legislative negation of　法庭/法规的否定
　　　　debtor/creditor use of　债务人/债权人使用
　　　　defense of bad　糟糕的抗辩
　　　　defense-in-depth　深层抗辩
　　　　devaluation　贬值
　　　　dilution　稀释
　　　　effective life of　有效的生命
　　　　Efficacy Challenged　有效性受到挑战的
　　　　Efficacy Known　有效性已知的
　　　　and holistic planning　整体计划
　　　　Innovative Frontier　创新的前沿
　　　　migration　迁移
　　　　novel　新的
　　　　offshore　离岸
　　　　perfect　完美的
　　　　for physicians　内科医生
　　　　and promoters' reputations　宣传者的名声
　　　　for real estate developers　房地产开发商
　　　　recapitalization　改变资本化结构

  redemption 赎回
Structural methodology 结构的方法
Structured financial products（SFPs） 结构性金融产品
Subpart F income F 子部分收入
Subpoenas 传票
Subtlety（as planning goal） 巧妙性（作为计划目的）
Subpremacy Clause 最高条款（美国宪法）
Surplus（insurance） 盈余（保险）
Switzerland 瑞士

T

Tax evasion 逃税
  bearer shares used for 不记名股票
  early asset protection as 早期的资产保全
  link of asset protection and 资产保全的链接
  with offshore accounts 使用离岸账户
  with offshore plans 使用离岸计划
  with pure trusts 使用纯信托
  roots of offshore trusts in 离岸信托的根源
Tax information-sharing treaties 税收信息分享协议
Tax issues 税收问题
  with accountant planners 使用会计师规划师
  in asset protection planning 资产保全规划
  check-the-box regulations 打勾规则
  in creation of plan 计划的建立中
  for insurance companies 保险公司
  in litigation process 诉讼过程
  passthrough taxation 通过税收
  reporting of offshore assets 离岸资产的记录
  with retirement plans 退休金计划
  tax information-sharing treaties 税收信息分享协议
Tax law（s） 税法
  association of asset protection with 与资产保全相关
  changes in 改变
  civil law 民事法律
  ERISA qualification of retirement plans 符合 ERISA 要求的退休计划
  for foreign entities 对外国实体
  pure trusts under 纯信托
Telephone records，information from 电话记录，信息
Temporal methodology 暂时的方法论
Tenancy by the entirety 共同财产的全部占有

索 引

Tenancy in common　共有财产
Testamentary trusts　遗嘱信托
Texas　得克萨斯州
　　annuity exemptions in　养老金免除
　　homestead exemption in　房产免除
　　limitations period in　时效期
　　Limited Liability Company Act in　《有限责任公司法》
Theft of assets　盗用资产
Theories, asset protection　理论，资产保全
Thinking outside the box　考虑逃离困境
Third-party-controlled discretionary spendthrift trust　第三者控制的可自由决定的规定受益人不得自由处理的信托
Time decay　时间弱化
Time (in planning)　时机掌握（计划中）
Transfer methodology　转移的方法
Transfer pricing schemes　转移定价策略
Transferee　受让人
Transfer(s)　转移
　　of bearer shares　不记名股票
　　dissociative　分离的
　　fraudulent　欺诈
　　of liability/culpability　负债/过失
　　limitation periods for challenges to　挑战的时效期
　　methodology of　方法
　　of nonexempt to exempt assets　免除资产的非免除
　　preferential　特惠的
　　prior to bankruptcy filing　破产申请前
　　UFTA definition of　《统一欺诈转让法》中的定义
　　of wealth　财富
Transformation methodology　转移方法
Triggering events (ESOPs)　触发事件
Trust companies, foreign　信托公司，外国
Trust protectors　信托监管
Trustees　托管人
Trusts　信托
　　as asset protection tools　资产保全工具
　　beneficiary-controlled　受益人控制的
　　constitutional　宪法的
　　control of assets with　资产控制
　　defined　一定的
　　discretionary　可自由决定的

discretionary spendthrift　可自由决定的规定受益人不得自由处理的信托
domestic asset protection　国内资产保全
dynasty　朝代信托
and estate freezes　不动产冻结
foreign asset protection　外国资产保全
inbound migration of　内地移民信托
irrevocable　不可撤销的
irrevocable life insurance　不可撤销的人身保险
limit on life of　生命的限制
and liquidation of assets during litigation　在诉讼时效期间资产的清算
living　生存信托
nonqualified deferred compensation　非合格递延补偿收入
offshore　离岸信托
powers of appointment with　指定权
pre-Anderson case　安德森案例前
pure　纯信托
rabbi　拉比信托
revocable　可撤销的
revocable living　可撤销的生存信托
self-settled spendthrift　自我控制的挥霍
spendthrift　挥霍
spousal lifetime access　配偶终身可获得信托
spray　喷雾式
sprinkling　洒水式
testamentary　遗嘱的
third-party-controlled discretionary spendthrift　第三者控制的可自由决定的规定受益人不得自由处理的信托
and UFTA　《统一欺诈转让法》
Twyne's Case　特怀恩案例

U

UCC　《统一商法典》
UFTA　《统一欺诈转让法》
Umbrella insurance　伞式责任保险
Unbundling　分别处理
Unfunded retirement plans　未付的退休金计划
Uniform Commercial Code　《统一商法典》
Uniform Fraudulent Transfers Act　《统一欺诈转让法》
Uniform Limited Partnership Act　《统一有限合伙法》
Uniform Partnership Act　《统一合伙法》
United Kingdom　英国

United Parcel Service v. Commissioner UPS v. 专员
Unity of interest and ownership 统一利益和所有权
Universal insurance
Unreported income 未记录的收入
U. S. Constitution 美国《宪法》
    Contract Clause of 合同条款
    Full Faith and Credit Clause of 信任与尊重条款
    Supremacy Clause of 最高条款
Utah 犹他州
    annuity exemptions in 养老金免除
    DATP legislation in 国内资产保全信托法规

V

Value 价值
    of assets transferred 转移的资产
    of real property 房地产
    reasonably equivalent 合理的等价物
    separation of 分离
Vanuatu 瓦努阿图
Variable insurance/annuities 可变的保险/养老金
Veil piercing 揭破公司面纱
Vigilante justice 看守正义
Virginia, reverse veil-piercing in 弗吉尼亚，反向揭破公司面纱

W

Wage attachments 工资冻结条款
Warrants 担保
Wealth 财富
    preservation of 维护
    transfer of 转移
Work product immunity 工作成果豁免权
Wyoming LLC Act 《怀俄明州有限责任企业法》

Z

Zero-coupon instruments 零息票工具

译后记

本书由当今两位最优秀的法律资产保全专家杰伊·D·阿基森和克里斯托弗·M·赖泽所著。杰伊·D·阿基森是当代资产保全领域最重要的权威人士，是国际上最受欢迎的资产保全网站（quatloos. com）的创始人，是美国参议院财政委员会的专家，其言论多次被《华尔街日报》（*Wall Street Journal*）、《福布斯》（*Forbes*）以及其他有影响的出版物引用。克里斯托弗·M·赖泽是一个专门为高收入人士提供资产保全和商业/不动产计划的美国税收律师。作为美国律师协会资产保全计划委员会（American Bar Association's Asset Protection Planning Committee）的副主席，他曾周游各地研究离岸服务提供商。同时他也是一个在资产保全问题方面受欢迎的演说者，其言论定期被主要的法律和金融出版物引用。本书详细描述了在现代社会中保护一个人资产的最成功的、合法且被法律允许的策略。读者在阅读本书时也会发现，本书提供了一整套资产保全策略，并介绍了每种策略的利弊、适用范围以及使用环境等等，描述了在不可预知且充满金融风险的世界里，怎样在法律允许的条件下合法地保护你的资产。本书详细讨论了信托是什么、怎么使用和在什么时候使用信托，《破产法》和《统一欺诈转让法》潜在的缺陷及离岸计划的神奇和如何使用；同时本书也讨论了资产保全方面的道德问题以及如何影响法官和陪审员的裁决、如何使用道德来解决问题以避免在诉讼中处于不利地位。

资产保全在我国目前还没有受到足够的重视，但是随着我国加入WTO，2006年年底金融业、保险业等领域将对外资全面开放，我国经济与世界经济的关系将越来越密切。随着人们对自己财产的保护意识和法律意识的加强，如何保护自己的财产免受侵害将会引起越来越多的关注，希望本书的出版会带动国内对资产保全的研究。

感谢在整个翻译过程中对我们的翻译提出过建议、提供了帮助以及督促我们完成进度的朋友、同学和老师。本书由世纪纵横组织翻译，参与翻译工作的有宋晓丹、田敏、于洁、李青、杨静、李小君、胡倩、曹晓爱、魏秋萍、谢晓霞、时希杰、颜扬、李诺丽、李仕宾、王刚、车建国、谢伦裕等。

  鉴于译者水平有限，书中难免存在有待商榷之处，敬请读者批评指正，来信请致

译者
2007 年 8 月

Adkisson

Asset Protection

ISBN: 0-07-143216-7. Copyright © 2004 by the McGraw-Hill Companies, Inc. Original language published by The McGraw-Hill Companies, Inc. All Rights reserved. No part of this publication may be reproduced or distributed by any means, or stored in a database or retrieval system, without the prior written permission of the publisher.

Simplified Chinese translation edition jointly published by McGraw-Hill Education (Asia) Co. and China Renmin University Press.

本书中文简体字翻译版由中国人民大学出版社和美国麦格劳—希尔教育（亚洲）出版公司合作出版。未经出版者预先书面许可，不得以任何方式复制或抄袭本书的任何部分。

本书封面贴有 McGraw-Hill 公司防伪标签，无标签者不得销售。

北京市版权局著作权合同登记号：01－2005－1673

图书在版编目（CIP）数据

资产保全：概念与战略/阿基森，赖泽著；世纪纵横译
北京：中国人民大学出版社，2007
（工商管理经典译丛·财务与金融管理系列）
ISBN 978-7-300-08811-2

Ⅰ. 资…
Ⅱ. ①阿…②赖…③世…
Ⅲ. 资金管理
Ⅳ. F830.45

中国版本图书馆 CIP 数据核字（2007）第 193531 号

工商管理经典译丛·财务与金融管理系列
资产保全
——概念与战略
杰伊·D·阿基森
克里斯托弗·M·赖泽 著
世纪纵横 译

出版发行	中国人民大学出版社			
社　　址	北京中关村大街31号		邮政编码	100080
电　　话	010 - 62511242（总编室）		010 - 62511398（质管部）	
	010 - 82501766（邮购部）		010 - 62514148（门市部）	
	010 - 62515195（发行公司）		010 - 62515275（盗版举报）	
网　　址	http://www.crup.com.cn			
	http://www.ttrnet.com（人大教研网）			
经　　销	新华书店			
印　　刷	河北涿州星河印刷有限公司			
规　　格	185 mm×260 mm　16开本		版　次	2008年1月第1版
印　　张	15.5 插页2		印　次	2008年1月第1次印刷
字　　数	335 000		定　价	32.00元

版权所有　　侵权必究　　印装差错　　负责调换

教师反馈表

McGraw-Hill Education,麦格劳–希尔教育出版公司,美国著名教育图书出版与教育服务机构,以出版经典、高质量的理工科、经济管理、计算机、生命科学以及人文社科类高校教材享誉全球,更以丰富的网络化、数字化教学辅助资源深受高校教师的欢迎。

为了更好地服务于中国教育界,提升教学质量,2003年**麦格劳–希尔教师服务中心**在京成立。在您确认将本书作为指定教材后,请您填好以下表格并经系主任签字盖章后寄回,**麦格劳–希尔教师服务中心**将免费向您提供相应教学课件或网络化课程管理资源。如果您需要订购或参阅本书的英文原版,我们也会竭诚为您服务。

书名:	
所需要的教学资料:	
您的姓名:	
系:	
院/校:	
您所讲授的课程名称:	
每学期学生人数:	____人 ____年级 学时:
您目前采用的教材:	作者:_____ 出版社:_____ 书名:
您准备何时用此书授课:	
您的联系地址:	
邮政编码:	联系电话:
E-mail:(必填)	
您对本书的建议:	系主任签字 盖章

我们的联系地址:

中国人民大学出版社
北京经之策文化传播中心
联系人:高翠
电话:010-82618157转601
传真:010-82619738
电子邮件:ice_cream 1031@sina.com
网址:http://www.wenjiebook.com

麦格劳–希尔教育出版公司教师服务中心
北京–清华科技园 创业大厦907室
北京 100084
电话:010-62790299
传真:010-62790292
教师服务热线:800-810-1936
教师服务信箱:instructorchina@mcgraw-hill.com
网址:http://www.mcgraw-hill.com.cn